The Making of

A Saga dos Capelinos

Albert Paul Dahoui

The Making of
A Saga dos Capelinos

Série 2

Volume 6

Copyright © 2012

Programação visual da capa:
Andrei Polessi

Revisão
Cristina da Costa Pereira

Editora Heresis
Caixa Postal 164 – CEP 12914-970
Bragança Paulista – SP
Telefone: 11 3181-6676
Site: www.lachatre.com.br
E-mail: editora@lachatre.org.br

2ª edição – Novembro de 2016

A reprodução parcial ou total desta obra, por qualquer meio,
somente será permitida com a autorização por escrito do autor.
(Lei 9.610, de 19.2.1998)

Impresso no Brasil
Presita en Brazilo

CIP-BRASIL. CATALOGAÇÃO NA FONTE

D139t Dahoui, Albert Paul, 1947 – 2008
The Making of A Saga dos Capelinos / **Albert Paul Dahoui. Bragança
Paulista, SP : Heresis, 2016.**

ISBN: 978-85-8291-058-0
216 p.

1.Espiritismo. 2.Drama Épico. 3.Capela. I.Título. II.Coleção
Saga dos Capelinos. III.Série 2

CDD 133.9   CDU 133.7

Sumário

Nota da Editora, 7

Prólogo, 9
Introdução. Algumas palavras sobre o autor. Problemas de semântica. Houve influência espiritual na produção da Saga? O problema da violência.

A Queda dos Anjos, 15
Introdução. Atlântida, mito ou recordação de vidas passadas? A época e a localização dos primeiros capelinos. Os capelinos eram da forma como os descrevi? O problema do exílio maciço de espíritos.

A Era dos Deuses e *O Primeiro Faraó*, 41
Lendas egípcias e realidade. O segredo das pirâmides egípcias.

Os Patriarcas de Yahveh e *Moisés, o Enviado de Yahveh*, 65
Os patriarcas. Yahveh é um deus de guerra hurrita? A formação do povo hebreu. Moisés e o êxodo.

Jesus, o divino discípulo, 87
Introdução. Yeshua, o filho de quem? Yeshua, descendente de David? Yeshua, nascido onde, quando e como? A influência persa na vida do messias. Fatos reveladores a respeito de

5

6 A SAGA DOS CAPELINOS

Yeshua. Yeshua e sua família. Yeshua tinha um irmão gêmeo univitelino? Yeshua tinha sotaque egípcio? Yeshua teve uma discussão teológica no templo? Yeshua era uma criança precoce? Yeshua foi essênio ou terapeuta? Yeshua esteve na Parthia e na Índia? Quem foi de fato João Batista? João Batista foi a reencarnação de Elias? Yeshua foi discípulo de João Batista? Yeshua teve uma experiência mística durante o batismo?

Jesus, o divino mestre, 137

Introdução. Como Yeshua reuniu seus apóstolos? Qual era a verdadeira missão de Yeshua? Os seus apóstolos conheciam a sua missão? Yeshua queria ser rei desde o início? Que tipo de rei Yeshua queria ser? Qual era o cerne da mensagem de Yeshua? Yeshua realmente fazia milagres? Estava previsto para Yeshua morrer na cruz? Yeshua era um profeta escatológico e apocalíptico? Yeshua acreditava e falava em reencarnação? Yeshua falou que voltaria? Yeshua tinha rixas com o templo de Ierushalaim? Iehudá Iscariotes era um traidor? Yeshua realmente morreu na cruz? Yeshua ressuscitou de fato? No que os apóstolos acreditavam? Yeshua informou que enviaria um consolador? O que aconteceu com o corpo de Yeshua? A religião cristã fazia parte dos planos de Yeshua? Teremos um terrível apocalipse na Terra? Era Yeshua, Orofiel renascido?

Teodicéia, 199

Introdução. Deus não existe. Não é possível se afirmar sobre a existência de Deus. Deus é uma força, uma energia, impessoal. Deus é o próprio universo. Deus é um ser pessoal, distinto do universo. Deus é a causa eficiente do universo? Quais são os atributos de Deus? De onde vem a matéria? O que dá forma à matéria? Deus cria tudo? Outras características de Deus. Nota final do autor.

Bibliografia, 213

Nota da Editora

Albert Paul Dahoui sempre demonstrou imenso prazer em atender seus leitores desejosos de conhecer mais profundamente detalhes de sua obra. Isso se dava frequentemente nos diversos eventos de que participava ou por correspondência, em papel ou virtual, nas quais o autor tinha grande preocupação em responder a qualquer interpelação que lhe fosse feita acerca de sua obra.

Este livro – *The Making of A Saga dos Capelinos* – busca reunir as respostas às perguntas mais recorrentes que foram dirigidas a Dahoui por seus leitores e admiradores.

Albert Paul Dahoui, ainda relativamente jovem, em 2008, retornou à pátria espiritual.

Prólogo

1 – Introdução

Eu venho de uma família de pessoas que gostam de escrever. Meu avô, Albert Dahoui, escreveu alguns livros em francês, e também algumas peças de teatro. Foi ele que me passou a vontade de escrever. Outras pessoas da minha família também escreveram, como o meu pai, só que nunca publicou nenhuma obra, e meu tio-avô, Serge Dahoui, que conseguiu publicar vários romances na França. Estava, portanto, no sangue a vontade de escrever.

Dois assuntos me instigavam bastante: a história universal, especialmente os primórdios da civilização, e os capelinos, com os quais tomei contato através dos livros A caminho da luz e Os exilados de Capela. Que estranha história! O começo de uma civilização sempre me atraiu. Como começou? Quem começou? Como aconteceu? Foi por acaso que a civilização foi implantada ou foi intuído pelos espíritos superiores? As coisas mais simples nos parecem prosaicas, porém antes de terem sido inventadas ou descobertas, como aconteceram?

A partir desses dois fatos, resolvi escrever um romance. Sempre achei que uma aventura, pois não deixa de ser uma grande aventura a estadia humana na Terra, era bem mais apaixonante do que um tratado denso e, de certa forma, frio, sobre a história. Para completar o raciocínio, um fato que sempre me aguçou a curiosidade é o sofrimento humano. Por que sofremos? Por que existe esta violência, desde tempos imemoriais? Não há outra forma de evolução? Não haveria um modo mais fraterno,

10 A SAGA DOS CAPELINOS

bondoso e gentil de progresso? Por que somos achacados por doenças, pestes, crimes, desequilíbrios telúricos, além de uma outra infinidade de formas de sofrimento? O sofrimento faz parte da evolução? Será um corolário absolutamente necessário?

Há um sentimento bastante presente na cultura ocidental sobre o qual me pergunto muitas vezes se não teria origem na frustração sentida pelos exilados capelinos: é o que afirma que o processo de aprendizagem é sempre doloroso e lento. Como os capelinos, ao perderem a oportunidade de permanecerem em seu planeta, foram mandados para este. Misto de prisão e escola, quem sabe não permaneceu em seu inconsciente que não há outra forma de aprendizagem que não seja pela dor.

Mas a aquisição do conhecimento, como elemento libertador, pode ser agradável, mesmo lúdica, e aí estão as modernas correntes da psicologia e da pedagogia a nos repetirem isso. Foi este o motivo que me levou a escrever a coleção A saga dos capelinos: apresentar de forma agradável e atraente o expurgo que ocorreu em Capela, e que ocorre continuamente e de forma natural em todo o universo, chamando a atenção para o processo por que passa a Terra, de transformação de mundo de expiações e provas em orbe de regeneração. Nada melhor neste sentido do que contar a saga dos capelinos em forma de romance. É lógico que isso me trouxe diversas dificuldades, mas a excelente aceitação do público me comprova o acerto da escolha.

Um outro ponto que sempre me suscitou dúvidas, e algumas vezes, indignação, é o fim do mundo. Claro que um dia a Terra, assim como o próprio universo, há de chegar a um fim, mas o que sempre me deixou irritado era a forma como isso era colocado por alguns autores espiritualistas, e pelas próprias religiões. Afiançar que o mundo irá acabar em cataclismos terríveis, em fogo e enxofre, com luas negras, e outras formas apocalípticas, sempre me passou a idéia de que as religiões continuam exatamente iguais ao que eram há seis mil anos.

Tinha que escrever algo para mostrar as minhas idéias, não só sobre Deus, como também sobre a escatologia – fim dos tempos. Não é possível que os espíritos superiores façam tanto esforço para nos ajudar a evoluir, para tudo terminar de forma tão terrível como as religiões descrevem. Creio que esse fim dos tempos anunciado é o grande expurgo espiritual pelo qual já estamos passando, mas não precisa ser provocado por um cataclismo telúrico de imensas proporções, e nem por um morticínio tenebroso. Deste modo, resolvi escrever sobre o processo que eu acredito tenha acontecido em Capela, e que deverá ser similar na Terra.

Eu comecei a escrever o primeiro livro de *A Saga dos Capelinos* – *A queda dos anjos* – em julho de 1993. Durante alguns meses, eu lutei com os primeiros capítulos, sem bem saber como deveria começar a história. Em parte, ela estava em minha mente, mas como nunca tinha escrito um romance, eu tinha certa dificuldade em iniciar o texto.

À medida que fui me dedicando a escrever sobre os capelinos, é que as idéias foram surgindo. Eu não esperei ter tudo na minha cabeça para começar a escrever, mas fui escrevendo à proporção que as coisas foram surgindo em minha mente.

2 – Algumas palavras sobre o autor

Nasci em abril de 1947 no Rio de Janeiro, filho de pai francês e mãe brasileira. Como meus pais se separaram quando eu era muito pequeno, fui criado, a partir dos quatro anos, pelos meus avós paternos, de origem francesa.

Como meu avô, Albert Dahoui, era diplomata, acabei conhecendo países exóticos como a China, Sri Lanka, Aden (Yemen do Sul, na península Arábica) além de alguns países europeus como a França, a Itália e a Inglaterra.

Após a morte de meu avô, voltei a morar com minha mãe, já com vinte anos, e meu padrasto, no Rio de Janeiro. Formei-me em ciências econômicas. Trabalhei em várias empresas, nacionais e internacionais, sempre na área comercial onde adquiri razoável experiência de vendas e *marketing*. Fui consultor de empresas e dei alguns cursos na área comercial, onde fui dedicando-me a escrever apostilas para as aulas que ministrei. Com isto, minha vontade de escrever, que sempre tive desde pequeno, ampliou-se.

Durante um certo período de minha vida – dos dezenove aos vinte e dois – fui um materialista convicto. Era tão convicto de minhas afirmações que, hoje, já não sendo ateu, tomo um redobrado cuidado com minhas crenças. Se eu achava que estava certo, naquela época, e depois mudei, quem me assegura q ue eu não estou errado hoje, achando que estou certo, em minhas afirmações? É preciso, portanto, um cuidado permanente para questionar todos os nossos conhecimentos e ter uma mentalidade aberta para tentar entender a realidade.

Para definir melhor o autor, devo dizer que sou um espiritualista que não se filiou a nenhuma corrente específica – até para não ser radical – mas, milito livremente numa ordem esotérica, no espiritismo, na umbanda e no candomblé, sendo bem-aceito por todos. Em termos políticos, sou um neoliberal com tendências socialistas, o que pode parecer um contra-senso, mas que apenas define minha posição hoje, em face de uma realidade atual. Vejo a necessidade de progresso material, nisto incluindo a educação e os investimentos sociais, como corolário indispensável à evolução espiritual. No entanto, não acredito, para o atual estágio da evolução espiritual humana, em utopias socialistas e comunistas, principalmente devido ao egoísmo humano.

Sou casado em terceiras núpcias, tenho quatro filhos, sendo que os dois mais velhos já me deram netos, e o mais novo, nascido em 1996, é um temporão, que me ajudou a rejuvenescer. Vivo, atualmente, no Rio de Janeiro, e sou franco-brasileiro, mas brasileiríssimo de coração. Como sei disto? Torci pelo Brasil no final da copa de 1998. De qualquer modo, sou um dos poucos penta-campeões de futebol do mundo; quatro pelo Brasil e um pela França.

Espero que o leitor me ature com todos os meus defeitos e qualidades.

3 – Problemas de semântica

Um dos problemas que devemos resolver de início são os gerados pela semântica. Por exemplo, as palavras espírito e alma, em várias passagens, são usadas como sinônimos. No entanto, estas duas palavras têm significados muito diferentes, dependendo da filosofia que se aborde.

De forma simplista, para os espíritas kardecistas, o espírito é a alma em erraticidade, enquanto que a alma é o espírito encarnado. Para certos grupos esotéricos, a alma é a tríade superior, e para outros, é a tríade inferior. Como se pode ver, não há concordância. Como meu livro foi feito para entreter o leitor e não para tergiversar sobre semântica, eu uso a palavra 'espírito' e 'alma' com o mesmo significado, não importando se está ou não encarnada ou em erraticidade.

Outro ponto em que eu não quis me aprofundar muito são as definições de ordem espiritualista. Por exemplo, os espíritas chamam o conjunto de vários corpos energéticos espirituais de 'periespírito', já os esotéricos definem cada corpo, mas até mesmo nessa área não há consenso.

Alguns definem sete tipos de corpos e outros chegam a nove. Portanto, para não entrar numa seara conturbada, preferi usar, quando necessário, palavras que todos podem entender e não ser muito sujeito a discussões acadêmicas estéreis.

Peço ao leitor que não se apegue muito a palavras e eventuais conceitos, pois a ciência – se é que podemos chamar assim – espiritualista ainda é uma terrível colcha de retalhos, sobre a qual ninguém pode ter certeza de nada. Mesmo quando espíritos sérios nos dão mensagens, temos que ter cuidado, já que o médium é falível, e, portanto, sujeito a erros.

4 – Houve influência espiritual na produção da Saga

Muitos leitores têm me perguntado se tenho recebido o romance de alguma forma mediúnica. A resposta é sim e não. Explico-me. O trabalho de escrever é meu e, portanto, sujeito a vários erros. No entanto, após escrever um determinado bloco, começo a ficar inquieto, pois para mim o que eu escrevera estava certo, mas algo começava a 'buzinar' em minha cabeça, como a me dizer que estava errado. Até descobrir o que não estava certo, eu levava um certo tempo.

Neste período de pesquisa, vários livros e trechos 'pulavam' sobre mim. Claro que estou falando em sentido figurado, mas realmente alguém me emprestava um livro, ou eu comprava um livro que me dava a resposta, ou simplesmente eu pesquisava em outras fontes e descobria que estava 'laborando em erro'. Deste modo, eu voltava e consertava o que tinha sido escrito.

Foi um período de grandes surpresas, pois muitas vezes o fluxo de meu lado direito do cérebro (ou seria um guia a me intuir?) me levava a caminhos que eu não tinha sequer imaginado. No final, tudo dava certo, mesmo que haja e ainda possa existir uma certa imprecisão em alguns detalhes. Em cada nova edição, eu pretendo aprimorar as informações e aperfeiçoar a *Saga*. No entanto, o grosso das informações está correto desde a primeira edição. O que irei consertar são pequenos detalhes que não invalidam as edições anteriores.

No final deste livro há uma bibliografia a qual tive a oportunidade de ler e consultar, não só para fazer a coleção em foco, mas que também estudei no decorrer dos últimos trinta anos, e que muito me ajudou a formar minhas opiniões.

5 – O problema da violência

Muitos leitores se queixaram do nosso estilo um tanto violento para descrever cenas de crueldade extrema. Teria sido necessário? Na minha opinião tais cenas que, aliás, foram suavizadas ao extremo, têm um duplo aspecto. O primeiro é mostrar tempos terríveis, onde a crueza humana era pior do que as de hoje, mesmo não havendo a sofisticação de armas tão letais como as contemporâneas. Segundo, é alertar o leitor sobre aspectos nebulosos da nossa história. Eu me explico.

Quando lemos a história universal, as guerras nos são apresentadas de um modo 'pasteurizado', um tanto higiênico, como se ninguém tivesse morrido, ou se isto que aconteceu fosse um fato distante, quase acidental, onde números frios são citados. Isto traz uma falsa visão da realidade, como se a violência, a maldade, a crueldade e as ignomínias não estivessem presentes. Quando eu descrevo, mesmo de forma bastante atenuada, a violência dos sumérios, dos povos de então e os crimes hediondos praticados na calada da noite, eu desmistifico esta forma 'higiênica' de apresentar a guerra.

Quando um livro diz que os sumérios atacaram e tomaram tal cidade, nos parece algo de distante e tranqüilo, mas quando eu descrevo a cena, mostrando cabeças degoladas, braços arrancados, olhos vazados e mortes horrendas, eu presto um serviço ao leitor: conscientizar para o horror da guerra e dos atos tenebrosos praticados pelos seres humanos, para que nós não venhamos jamais a cometer algo semelhante. Espero que aqueles que tenha ficado horrorizados com as cenas de violência me perdoem a crueza das palavras, mas posso lhes afiançar que são pálidos reflexos da verdadeira violência de que é capaz o ser humano.

Capítulo 1

A QUEDA DOS ANJOS

1.1 – Introdução

Sem dúvida, *A queda dos anjos* foi o mais difícil livro a ser escrito, pois, inicialmente, eu me guiei pelas informações dadas pelos livros existentes. O primeiro foi *A caminho da luz* de Emmanuel, psicografado por Chico Xavier, e o segundo foi *Os exilados de Capela* de Edgard Armond. No entanto, havia discrepâncias irreconciliáveis entre os dois e, mais do que isto, as pesquisas da ciência oficial – históricas, paleontológicas e arqueológicas – não favoreciam a versão de Edgard Armond. Longe de mim criticar a obra do emérito dr. Armond, mas entre o que a ciência oficial e a ciência oculta me falam, eu ainda prefiro ficar com a ciência oficial.

Acho que a metodologia da ciência oficial nos oferece um pouco mais de informações seguras, mesmo que ela não seja perfeita, do que muitos livros da ciência oculta. Há, infelizmente, neste campo, uma série de trabalhos que se basearam em pura especulação imaginativa, e que não encontram respaldo na realidade.

Neste primeiro livro da coleção, dois fatos basicamente me incomodavam; o primeiro era a localização no tempo para a chegada dos capelinos; e o segundo era a localização precisa da mítica Atlântida. Para melhor entendimento dos dois pontos, sugiro que o leitor me acompanhe no meu raciocínio, e tire suas próprias conclusões.

1.2 – Atlântida, mito ou recordação de vidas passadas?

O primeiro relato que se conhece sobre a Atlântida foi feita por Platão (428-348 a.C.) em sua obra *Timeu e Crítias*, escrita quando ele tinha por volta dos setenta anos. Antes disto, Platão tinha escrito sua obra prima *A república*, onde o principal protagonista era Sócrates, seu antigo mestre que, com outros personagens, conversava sobre a filosofia ideal de governo. Platão tentou sem êxito implantar tal sistema junto ao soberano de Siracusa, na atual Sicília.

Os estudiosos mais céticos acreditam que Platão escreveu uma história de ficção para dar apoio às suas próprias idéias, expressas em *A república*, mas apenas à guisa de informação para os leitores que não tiveram a oportunidade de ler *Timeu e Crítias*, daremos um resumo desta obra inacabada de Platão.

Timeu, que também participou como personagem de *A república* era um astrônomo, e como tal tratava do mundo natural e de suas origens. Era, portanto, a visão de Platão sobre o universo físico. Crítias aparece como outro personagem que comenta as assertivas de Timeu, e afirma que conhece um lugar onde o sistema de governo proposto pelo livro *A república* foi implantado com sucesso. Crítias, personagem fictício do livro, conta que Sólon, um estadista grego, ouvira falar de tal lugar há cerca de um século e meio antes, quando estivera em Saís, no Egito, através de um sacerdote egípcio, e que tal história fora transmitida oralmente por parentes.

Abrindo um parêntese dentro da história, devemos ser extremamente céticos em relação a esta história. Mesmo sendo espiritualistas, devemos ser extremamente críticos quanto às coisas que nós contam. Pode-se depurar desde o início que *Timeu e Crítias* é fundamentalmente a defesa do livro *A república*, por parte de Platão. Esta história deve ser lida com extremo cuidado, pois Platão nos conta uma lenda transmitida oralmente, portanto, que deve ter sofrido interpolações, acréscimos e exageros naturais de todo aquele que nos conta um conto. Mas, afinal o que ele nos diz?

De acordo com o sacerdote egípcio, Atlântida era um lugar situado além das colunas de Hércules (atual estreito de Gibraltar, que separa a África da Europa), sendo uma ilha maior do que a África e a Ásia Menor (atual Turquia) juntas. Nesse continente-ilha surgira 'uma grande e extraordinária potência' que iria ampliar sua influência sobre o mediterrâneo até a Itália central e o Egito.

Durante uma parte da narrativa, Crítias expõe como era formado o governo de Atlântida com seus dez reinados, divididos pelo deus Poseidon.

Os arrogantes atlantes estavam procurando dominar o mundo e foram derrotados, numa grande batalha, pelos guerreiros atenienses, que libertaram todas as cidades à leste do estreito de Gibraltar. O sacerdote egípcio localizou estes fatos há cerca de nove mil anos antes de Cristo.

Logo após esta vitória retumbante, houve terríveis terremotos e inundações que provocaram o afundamento de todo o continente atlante, assim como da própria Atenas, que perdeu todo o registro de tal fato. Aliás, sem querer ser cáustico, esta destruição foi providencial, pois acabou com os indícios, tanto de um lado como do outro. Tudo fica bastante claro se olharmos apenas como uma história de ficção onde Platão inventa um continente para confirmar as idéias de um governo perfeito expostas na *A república*, mas o que levou esta lenda a ser incluída nos anais da ciência oculta?

A bela história de Atlântida conservou-se no imaginário popular. Muito antigamente, poucos sabiam ler e escrever, portanto os textos de Platão eram reservados a uma elite religiosa católica, que não tinha maiores interesses em divulgar esta lenda, pois conflitava com a criação do mundo. Para os católicos, assim como os judeus, a grande criação divina havia acontecido há quase seis mil anos. Portanto, uma lenda que falava sobre a Atlântida em épocas anteriores só podia ser uma mistificação. No entanto, à medida que a invenção de Gutemberg ampliou as possibilidades de leitura e os livros começaram a ser publicados em série, a história de Platão voltou a ser mencionada.

Com o descobrimento do Novo Mundo, um espanhol, Francisco Lopez de Gomera, foi um dos primeiros a tornar a América um candidato natural para ser o local da antiga Atlântida. Depois disso, em 1553, *sir* Francis Bacon escreveu um livro denominado *A nova Atlântida*, que não passava de um romance de utopia. Mais tarde, em 1882, o americano Ignatius Loyola Donnely lançou um livro chamado *Atlântida*, onde ele detalhava tudo o que havia acontecido no suposto continente, encontrando explicações muito variadas para vários fatos arqueológicos e botânicos. Para ele, como para muitos, os sobreviventes de Atlântida haviam migrado para a Grã-Bretanha, o antigo Egito e a Mesoamérica.

Seu livro encontrou um público ávido de novidades e tornou-se um sucesso marcante, especialmente porque estava acontecendo uma enor-

18 A SAGA DOS CAPELINOS

me onda de ressurgimento do espiritualismo no mundo inteiro. Médiuns e videntes proliferavam, cada um com efeitos físicos mais fabulosos do que os outros, mesmo que muitos usassem de fraudes e artifícios enganosos para convencer suas crédulas platéias. De qualquer forma, tanto na Europa como nas Américas, o espiritualismo, seja espírita de Alan Kardec, seja a teosofia de Helena Blavatsky, estava em plena ascensão.

Helena Petrovna Hahn tornou-se Helena Blavatsky após casar com Nikifor Blavatsky, num casamento arranjado pela família, que durou pouco devido à diferença de idade entre os dois. Esta impressionante figura, em 1888, lançou sua *Doutrina secreta* com dez volumes, cada um com cerca de mil e quinhentas páginas. Ela viria a dar não só impulso à idéia de Atlântida como também à do continente perdido da Lemúria, pretensamente situado no oceano Índico e à do continente perdido de Mu, uma invenção do francês Charles-Etiene Brasseur de Bourbourg datada dos anos de 1860/70.

Outro pensador que viria a confirmar os continentes desaparecidos seria Rudolf Steiner, fundador da Sociedade Antroposófica, um ex-adepto da teosofia de Blavatsky. Edgard Cayce, o profeta sonâmbulo americano do século XX, também viu cenas vívidas de Atlântida, com sua magnífica civilização, seu extraordinário avanço tecnológico, com aviões voando para todos os locais e dominando a Terra.

No século XX, com a aceleração da emergência espiritual por que uma enorme camada da população terrestre está passando, as histórias de Atlântida, Lemúria e Mu passaram a fazer parte integrante da ciência oculta. Até mesmo o sisudo espiritismo kardecista aceita a existência de Atlântida como se pode ver no livro *A caminho da luz* de Emmanuel. A imensa maioria das escolas iniciáticas ocidentais aceitam estes continentes-ilhas como fato verdadeiro, incontestável. No entanto, uma análise mais séria nos mostra alguns problemas de ordem natural e lógica que nos leva a acreditar que nada disto seja real. Portanto, tenho sérias dúvidas quanto à afirmação do grande mestre Emmanuel quando cita que os capelinos começaram a renascer no planalto do Pamir e se dirigiram para a distante Atlântida. Nem preciso dizer que discordo totalmente do emérito Edgard Armond que os situa nascendo na Atlântida no final da terceira raça-mãe. Quanta ousadia de minha parte!

O leitor provavelmente já está furioso comigo, mas já que chegou até aqui, me dê mais alguns momentos de sua atenção, pois a conclusão poderá lhe ser interessante. De qualquer modo, eu o farei pensar e refletir sobre este tema tão apaixonante.

Edgard Cayce, assim como outros videntes, nos afirma que a Atlântida se destruiu em duas ou três etapas. A primeira há cerca de 50.000 a.C., quando grande parte afundou, mas mesmo assim restaram grandes porções de terra. A segunda há cerca de 28.000 a.C., quando quase tudo foi engolfado pelas águas, e finalmente, há cerca de 10.000 a.C., quando o restante da pequena Atlântida desapareceu por completo.

Nós, que acreditamos na sobrevivência do espírito e na pluralidade de existências através do processo de reencarnação, devemos nos esforçar ao máximo para sermos lógicos e coerentes. Temos por obrigação questionar tudo e tirar ilações profundas de todas as coisas. Não podemos aceitar como fato qualquer coisa que queiram nos impingir, venha de quem vier, seja de um espírito que se manifeste através de um médium, seja através de um autor, e esta regra se aplica também às minhas palavras e raciocínios. Eu faço este intróito, pois temos que analisar com grande seriedade qualquer assunto, por mais absurdo que possa parecer no início.

Tudo isto que eu acabo de mencionar é para preparar o espírito do leitor para outras formas de raciocínio. Ou seja, se os atlantes tinham uma tecnologia tão avançada e deram origens aos egípcios e povos da Mesoamérica, por que esta tecnologia não sobreviveu? Na realidade, todos temos um fascínio pelos egípcios e pelos mesoamericanos, pelas suas magníficas construções, mas eles eram uma sociedade neolítica. Apenas para se ter idéia, os egípcios antigos não dominavam o ferro, suas facas eram de ossos, suas flechas não tinham sequer ponta de metal, seus arcos eram primitivos e não arremessavam flechas, a mais de trinta metros, com precisão. Seus barcos eram feitos de papiros e, mesmo sendo bonitos, não tinham grande capacidade de carga, pois eles não conseguiam fazer grandes naus. Onde foi parar a fabulosa tecnologia atlante?

A resposta mais óbvia é que os atlantes se degradaram e perderam esta tecnologia, só permanecendo com alguns dos seus conhecimentos, tais como astrologia e construção civil. No entanto, uma sociedade avançada tem absoluta necessidade de energia e nenhuma das sociedades antigas dominava a energia elétrica, nem qualquer outra forma, a não ser a energia dos escravos.

Imaginem que um grande cataclismo atingisse a Terra nos dias atuais. Digamos que houvesse a destruição de noventa por cento da população mundial. Mesmo assim cerca de seiscentos milhões de pessoas sobreviveriam. No meio destas pessoas teríamos cientistas, médicos, engenheiros, políticos, assim como gente simples e ignorante. Não é crível que toda a tecnologia amealhada desaparecesse da noite para o dia e voltássemos para os primórdios da civilização. O mais natural é que os sobreviventes tentassem manter um certo nível de conforto, e até mesmo usando seus atuais conhecimentos, para melhorar o estado geral dos remanescentes. A única possibilidade de se perder tudo o que temos, seria uma morte seletiva, ou seja, só iriam sobreviver os índios da Amazônia, os nativos das aldeias africanas pobres e ignorantes ou tribos ainda primitivas.

Imaginar, no entanto, uma sobrevivência seletiva para o pior seria imputar a alguma força sobrenatural o desejo de exterminar a raça humana. Os pessimistas poderiam até imaginar tal coisa, mas não há lógica em pensar que Deus, ou qualquer outra força espiritual que governa a Terra e o cosmo, queira a destruição de nossa atual tecnologia, pois se existem alguns aspectos negativos – armas e arsenais atômicos – também existe um número infinitamente maior de benesses. Não é à toa que a população mundial cresceu, pois a média de vida, em relação aos tempos egípcios e mesoamericanos, dobrou. As doenças endêmicas foram quase todas erradicadas permitindo que a taxa de mortalidade infantil caísse a números toleráveis, assim como aumentou a produção de alimentos, houve melhoria da higiene, e um sem-número de outras benesses tecnológicas. Não estou afirmando que se trata de um mundo perfeito, mas sem dúvida é um mundo muito melhor do que era há quatro mil anos atrás.

Muitos poderão discordar dizendo que no passado as coisas eram melhores, mas posso lhes afirmar que se trata de uma atitude saudosista que não encontra eco na realidade. Hoje, se você quer falar com seu parente que está a quilômetros de distância, você consegue através de meios instantâneos de telecomunicações, ou pode lhe mandar uma carta que chegará no outro dia ou nos próximos dias, além de outros meios como e-mails. Você tem a oportunidade de, ao ligar a televisão, ou abrir o jornal, saber tudo o que acontece no mundo inteiro, quase instantaneamente. No passado, provavelmente se você não fosse da elite dominante, nem sequer saberia ler e escrever, quanto mais mandar uma carta, que demoraria meses a chegar. Isto apenas para falar de algumas poucas coisas. É praticamente interminável a lista das melhorias da civilização comparando-se com os rudes tempos de antigamente.

The Making of A Saga dos Capelinos

O ponto principal de minha argumentação é que qualquer país que dominasse a tecnologia que os atlantes tinham teria dominado a Terra e deixado vestígios indeléveis que teriam chegado até nós. Muitos podem dizer que a destruição foi completa e que atingiu todos, mas mesmo assim não impede que os arrogantes atlantes, como Platão bem os classifica, fossem conquistadores e tentassem tomar pela força todo o Mediterrâneo. Ora, não é crível que um país que tivesse aviões e cristais energéticos poderosos ainda assim lutassem com arco e flecha, pois os atenienses não tinham nenhuma outra arma a não ser seus escudos, suas lanças, suas espadas e os arcos e flechas. Imaginem um exército de dez mil atenienses, o que era para a época um número considerável, lutando contra um exército moderno, com aviões a jato, metralhadoras, mísseis de precisão cirúrgica e helicópteros. Não haveria a menor possibilidade de vitória por parte desses atenienses.

Muitos podem dizer que a história demonstra que as sociedades chegam a um ápice e depois entram em colapso, decaindo a níveis bem baixos. Isto também pode ter acontecido com os atlantes. Concordo quanto a este ponto de vista, mas lembro que uma sociedade pode entrar em colapso, mas de modo geral suas invenções e sua tecnologia permanecem. No seu lugar, irá aparecer outra organização mais forte ou externa que irá dominá-los e até mesmo trazer nova tecnologia, aproveitando a existente. Será que os atlantes, com tamanha tecnologia, não foram capazes de difundi-la pelo mundo? Os egípcios, pretensos descendentes dos atlantes, tinham uma aparente fabulosa tecnologia de construção de pirâmides, no entanto, hoje, sabe-se que esta tecnologia não era nada de sobrenatural, baseando-se em máquinas-ferramentas simples, mesmo que muito engenhosas. Nada parecido com os guindastes poderosos que temos hoje, nem com a avançada tecnologia de construção que o século XX viu surgir, e que os séculos vindouros hão de aprimorar, transformando os processos do século XX em algo de arcaico e sobrepujado.

• • •

Existem, hoje, quatro teorias para a localização da Atlântida. No passado, a localização da Atlântida chegou a ter mais de vinte e três locais prováveis. Como se pode ver, há grandes divergências em torno do assunto. As quatro localizações mais aceitas atualmente são:

22 A Saga dos Capelinos

1 – Uma ilha-continente no meio do oceano Atlântico, mais especificamente no Atlântico Norte.

2 – A atual Groelândia.

3 – Os baixios da costa ocidental do Schleswig-Holstein, na Alemanha do Norte, perto da Dinamarca.

4 – A ilha de Creta.

• • •

Vamos examinar cada uma dessas possibilidades para nos assegurarmos do que de mais realista pode existir.

A idéia mais difundida, a da ilha-continente no meio do oceano Atlântico, não resiste à análise da ciência oficial. As movimentações das placas tectônicas que afastam as Américas da Eurásia demonstram não haver lugar para tal continente. A cordilheira submersa não é o continente atlante que submergiu, e sim, aparece, devido às movimentações das placas tectônicas. O avanço da geologia moderna, com sua capacidade de medir as vibrações provocadas pelos terremotos, nos diz que a largura da crosta terrestre nos lugares secos, os continentes, é de trinta quilômetros, enquanto que no leito dos oceanos é de apenas sete quilômetros, impossibilitando a existência de grandes massas submersas.

O segundo lugar, a Groelândia, é uma possibilidade muito interessante, mas contraria a destruição completa e total da Atlântida. Em passado recente, a Groelândia foi habitada por povos escandinavos e eles não encontraram vestígios de uma grande civilização. Infelizmente, a Groelândia, terras verdes, foi coberta por uma grossa camada de gelo e hoje não pode ser devidamente pesquisada. No entanto, tudo parece indicar que esta camada é recente, senão os escandinavos que lá chegaram não teriam dado o nome de terras verdes, a não ser que fossem profundamente irônicos e tivessem dado o nome como uma pilhéria. No entanto, se assim fosse, ou seja, uma terra completamente branca de gelo, eles não teriam fincado terra e criado raízes naquele lugar. O que se sabe é que a colônia escandinava não sobreviveu, pois, provavelmente, uma mudança da temperatura trouxe a glaciação para aquelas partes e os eliminou, ou os obrigou a uma rápida partida. Temos que eliminar a possibilidade de Atlântida ter sido na Groelândia, por duas razões: ela não afundou, o que contraria as hipóteses da lenda, e segundo, porque tudo indica que ela era um lugar que poderia fornecer vida até há pelo menos cinco séculos atrás.

A hipótese de que a Atlântida fosse na Alemanha foi formulada durante o período do nazismo, onde, por razões políticas e doutrinárias, os alemães desejavam demonstrar a superioridade da raça ariana. Ela se baseia no fato de que os dórios eram de origem indo-européia, mais especificamente indo-germânica, e que eles teriam abandonado a Heligolândia após um cataclismo, tendo descido em direção à atual Grécia e a tomado dos micênios. Até aí tudo se encaixa, mas os dórios não tinham tecnologia especial, sendo apenas um povo aguerrido que enfrentou os micênios quando estes estavam em final de carreira. Deste modo, não podemos aceitar tal teoria, não porque tenha sido formulada pelos nazistas como arma de propaganda, mas porque não há evidências de uma sociedade fabulosa construída pelos dórios, portanto, não poderiam ser descendentes dos míticos atlantes.

A última possibilidade é a que mais me atrai. A ilha de Creta desenvolveu uma sociedade forte e pujante que, efetivamente, durante cerca de mil anos, dominou ou tentou dominar o comércio no Mediterrâneo, antes mesmo dos fenícios. Há histórias bem realistas de que eles mantinham comércio com os egípcios, que os respeitavam muito e os chamavam de Keftiu, assim como de lutas eventuais contra cidades gregas, tanto de micênios como dos antigos dórios já estabelecidos na Grécia.

Era, no entanto, uma civilização compatível com sua época. Construíram grandes palácios e o rei Minos foi o monarca que inspirou as lendas do Minotauro e, por causa dele, esta civilização, que só agora começa a ser descoberta, é chamada de minóica. Não tinham uma tecnologia capaz de construir aviões, não tinham eletricidade, nem dominavam o átomo, assim como a tecnologia de cristais poderosos não foi encontrada em nenhum lugar do mundo. Eram apenas uma civilização neolítica capaz de articular adequadamente seus recursos.

Sabemos que eles construíram várias cidades na atual Turquia, em todo o mar Egeu, e que influenciaram enormemente os micênios. Suas cidades, nas costas turcas, eram administradas por pessoas enviadas de Creta, e mantinham um estreito comércio e sistema de defesas contra as hordas bárbaras. A famosa cidade de Tróia foi uma dessas colônias minóicas que, após a destruição de Creta, tornou-se uma potência, sendo destruída pelos famosos povos do mar, também chamados aqueus. Tudo

24 A SAGA DOS CAPELINOS

parece indicar que os etruscos foram troianos que saíram a tempo e constituíram uma forte civilização ma península itálica, que veio a influenciar enormemente os latinos, dos quais saiu a cidade de Roma.

Creta foi destruída por uma série de terremotos e de explosões violentas do vulcão Tera, que criou vagalhões de sessenta metros de altura, de acordo com os cálculos dos cientistas que analisaram a violência da explosão vulcânica nas cinzas remanescentes da ilha onde está o citado vulcão.

Por outro lado, um sismólogo grego, A.G. Galanopoulos, que estudou detidamente este fenômeno, também formulou uma teoria bastante plausível. Tanto os gregos como os egípcios tinham um sistema decimal que, na tradução do egípcio para o grego, pode ter tido uma má interpretação. Platão citava que os fatos haviam acontecido há nove mil anos, mas, se tirassem um zero, cairia para novecentos anos e coincidiria com a destruição de Creta pela explosão do vulcão Tera. Por outro lado, Platão afirma que a capital de Atlântida tinha quatrocentos e oitenta quilômetros de extensão, o que seria maior do que qualquer cidade atual ou do passado. Se fosse apenas quarenta e oito quilômetros já seria mais palatável, mesmo assim seria uma megalópole de proporções incompatíveis com o passado.

Se analisarmos que uma cidade normal pode ter uma densidade populacional de quinhentas pessoas por quilometro quadrado, uma cidade que tivesse quatrocentos e oitenta quilômetros de extensão por, digamos, duzentos quilômetros de largura, teria uma população de quarenta e oito milhões de habitantes. Um país com tal capital provavelmente teria quatrocentos e oitenta milhões de pessoas. Ora, os estudos mais apurados daquela época mostram que a população mundial era de 100 milhões de pessoas. Deste modo, se a Atlântida tivesse aquela população e o domínio da tecnologia que dizem que tinha, ela teria dominado o mundo em dois tempos. Apenas à guisa de informação, os Estados Unidos, em 2000, têm cerca de trezentos e cinqüenta milhões de pessoas. Pode-se ver que há um imenso exagero em relação aos números. Portanto, a possibilidade de Galanopoulos é bem viável.

Por outro lado, Creta está no meio do Mediterrâneo e não no Atlântico, o que em parte inviabiliza a teoria, mas é preciso dizer que os egípcios não eram navegadores. Somente com a rainha Hatshepsut, que governou o Egito de 1505 a 1484 a.C., é que os egípcios fizeram uma excursão naval à terra do Punt (Etiópia?), e mesmo assim margeando a terra. Não foram até Creta para saber sua localização e seu tamanho, portanto os cretenses bem podiam ter mentido, exagerado ou disfarçado a localização para que os egípcios não tivessem más idéias em tentar dominá-los. Ou por outra razão mais prosaica, como vaidade ou orgulho, pois quando se fala de sua terra, ninguém irá denegri-la ou diminuí-la, e a tendência do ser humano é aumentá-la, exagerando suas dimensões e suas populações. Não se esqueçam de que, naqueles idos tempos, poucos eram os que sabiam ler e escrever, assim como contar e fazer cálculos precisos. O tempo passado era de difícil medição, já que não havia calendários e nem história escrita e comparada. Os próprios egípcios mediam o tempo de sua história através do calendário de seus reis. Por exemplo, o ano de tal evento aconteceu no segundo do faraó Fulano de tal, ou o quinto do faraó tal e qual, tornando extremamente difícil precisar quando acontecera algum fato, exigindo dos historiadores um trabalho de pesquisa bastante demorado e trabalhoso. Não era um calendário como o nosso onde nós podemos dizer que no ano de 1945 d.C. terminou a segunda guerra mundial. Usando aquele sistema, teríamos que dizer que era o oitavo ano do faraó 'X', que sucedeu o faraó 'Y', que reinou por doze anos, e assim por diante. Para localizar uma data no passado teríamos que relacionar todos os faraós e a duração de seus reinados, o que não era simples. Portanto, dizer que foi há mil ou dez mil anos atrás era irrelevante para quem não sabia contar além de seus dedos.

• • •

Provavelmente, o leitor está completamente zangado comigo. Então todos aqueles sonhos, ou visões de Atlântida que o leitor teve, não passam de mera imaginação? Nada disto aconteceu? Não foi isto que eu disse. O que acredito é que Atlântida, a terra da grande civilização de alta tecnologia, não aconteceu na Terra. (Diga-se de passagem que isto é mera opinião e que eu não terei nenhuma vergonha de me retratar se a ciência oficial constatar que houve uma civilização fabulosa aqui na Terra há alguns milênios atrás.) Mas então de onde vêm estas visões?

Creio que há pessoas que têm visões verdadeiras, tanto acordadas como em sonhos, de um planeta altamente evoluído tecnologicamente. Acredito que há alguns que sonhem com lugares em que gostariam de estar, mas que só existe em suas mentes, mas há aqueles que tiveram experiências reais de

26 A SAGA DOS CAPELINOS

regressão a vidas passadas e que podem ter se visto como provenientes de lugares reais, que de fato existem, provavelmente em outro planeta.

Capela ou outros sistemas solares podem ter proporcionado imensos contingentes de espíritos que renasceram ou ainda renascem na Terra. Se analisarmos detidamente a questão, teremos que concluir que, espiritualmente falando, todos somos extraterrestres. Isto se explica pelo fato de que nossa evolução espiritual, desde os primórdios, ou seja, das fases mais elementares como energia, passando por fases minerais, vegetais, animais, humanas inferiores (do tipo australopithecus e homo-habilis), com quase toda a certeza, aconteceu em diversos planetas. Apenas à guisa de exemplo, cada planeta, numa determinada época de sua evolução, é como um educandário. Alguns se especializam em ser uma creche, outros, além da creche, têm o jardim de infância, e assim por diante. Deste modo, até atingirmos a fase humana média que nos caracteriza, passamos por vários educandários.

Os alunos que demonstraram uma completa incompatibilidade com determinada escola, podem ser expulsos, tanto de forma individual, como de forma coletiva, junto com outros incompatíveis, para outros tipos de reformatórios. No caso dos capelinos, eles vieram para o reformatório chamado Terra. No entanto, gostaria de alertar o leitor de que esta analogia é falha e não deve ser levada ao pé da letra, pois, se a Terra era, para os capelinos, um reformatório, para os espíritos da fase humana média inferior que já estavam aqui, quando da chegada dos capelinos, o nosso planeta era apenas um educandário normal, do tipo primário.

Na minha série *A saga dos Capelinos*, eu situo a mítica Atlântida como o planeta de onde vieram os capelinos. Até onde vai a imaginação do autor e a realidade? Para ser completamente honesto com o leitor, eu não sei se Atlântida foi em Capela ou em outro sistema solar, mas acredito que é mais lógico acreditar que as reminiscências, as visões e as intuições fortes que muitos já tiveram de Atlântida sejam recordações de vidas passadas em planetas distantes do que na Terra, onde não se encontram evidências da Atlântida. Pessoalmente nunca tive visões de existências passadas e se acredito nestas coisas é pelo bom-senso e lógica que apresentam. Não acredito que seja capelino, como alguns leitores acham que sou, mas a visão que tenho de Ahtilantê, nome que dei ao planeta, é mais baseada, seja na intuição que algum espírito me passou, ou pura especulação imaginativa. Como saber? No decorrer do trabalho darei algumas 'dicas' de como concluí pelo tamanho dos atlantes, suas cores de pele e seu processo evolutivo. Um pouco mais de paciência.

Para encerrar este tópico, a Atlântida mítica é o planeta do sistema solar Capela de onde vieram degredados os capelinos. As visões, as intuições e os sonhos de muitos leitores podem ter origem em Capela, ou em outro planeta similar.

1.3 – A época e a localização dos primeiros capelinos

O espírito Emmanuel, em seu livro *A caminho da luz*, é muito impreciso em relação à época em que os primeiros capelinos chegaram. Ele só nos diz que, naqueles tempos, a Índia e a China já estavam altamente desenvolvidas. Neste ponto surgem dúvidas cruciais, pois a ciência oficial através de extensas pesquisas arqueológicas situa o início da civilização chinesa por volta de 2800 a.C., aproximadamente no mesmo tempo em que a civilização de Mojenho Daro e Harapa, no vale do rio Indo. Podemos até mesmo vislumbrar um início ainda rudimentar por volta de 3200 a.C., mas antes deste período o que se encontra são aldeias primitivas, aglomerações mínimas (de no máximo duas mil pessoas), onde a agricultura era de subsistência, a existência dura e a média de vida curta (em torno dos trinta anos). Edgard Armond nos fala de uma civilização chinesa que remonta a cem mil anos, mas não há comprovação e nem vestígios de tal civilização. Encontramos, sim, seres humanos vivendo neste período, mas em estado primitivo, do tipo pedra lascada, o que definitivamente não caracteriza civilização.

Emmanuel nos fala que, quando os capelinos chegaram, os chineses já contavam com uma organização regular. Neste caso, temos que imaginar que os capelinos chegaram entre 3200 e 2800 a.C. Por outro lado, ele também menciona que os obreiros espirituais estavam ainda fazendo os últimos acertos na genética do que viriam a ser os homens modernos. Ora, nós todos somos *homo sapiens sapiens*, ou seja cro-magnons. Neste caso, as evidências apontam para qualquer data entre 50.000 a.C. e 20.000 a.C., quando aos poucos os cro-magnons (*homo sapiens sapiens*) foram suplantando os neanderthais (*homo sapiens*).

Edgard Armond nos fala que os capelinos começaram a reencarnar na terceira raça-mãe, também chamada de lemurianos. Ora, de acordo com Edgard Armond, esta raça teria sido extinta há cerca de 700.000

28 A SAGA DOS CAPELINOS

anos, num imenso cataclismo. Em outra parte do livro, o dr. Armond nos diz que os capelinos desceram na quarta raça-mãe, exatamente na Atlântida. Pessoalmente fiquei confuso com estas observações e elas me levaram a pesquisar mais a fundo tais assertivas. Eu recebi inúmeras intuições para melhor averiguar tais fatos.

Se nos basearmos em Emmanuel, os capelinos começaram a reencarnar no planalto do Pamir e se espalharam, passando pela Pérsia, Suméria (ele cita como Caldéia), Palestina e Egito, indo em direção a Atlântida, "do qual várias regiões da América guardam vestígios". Neste caso, temos uma situação complicada. Primeiro, porque os *homo sapiens sapiens* acabaram fixando seu atual estado genético por volta de vinte mil anos atrás. As áreas descritas – Pérsia, Caldéia, Palestina, Egito – receberam populações extremamente variadas, diferentes do tipo indo-ariano citado tanto por Edgard Armond tanto como por Emmanuel. Podemos até aceitar que os indo-arianos, também chamados de indo-europeus, ou caucasianos, foram encontrando populações locais e se misturando. Neste caso, este processo já seria mais recente.

No planalto do Irã, chamado de Pérsia por Emmanuel, há indícios de uma revolução neolítica entre 8.000 a.C. e 6.000 a.C. Deste modo, ficaríamos com estas datas, pois seria o período em que as hordas de capelinos teriam alcançado estes lugares e como bem diz Edgard Armond: "e por todos estes lugares foram estabelecendo bases avançadas de novas civilizações e novas raças humanas".

Mas, mais uma vez, existem elementos contraditórios. Os antigos egípcios, de acordo com as lendas, seriam fruto dos refugiados de Atlântida quando da segunda ou terceira destruição (por volta de 28.000 ou 10.000), mas, de acordo com Emmanuel, os capelinos passam primeiro no Egito para depois irem para a Atlântida, a qual ele situa provavelmente na Mesomérica e nos Andes.

Temos duas hipóteses. Na primeira, eles passam por volta de 60.000 anos pelo Egito e vão de barco para a Atlântida, fundando um grande império, seja onde for (no meio do Atlântico ou na Mesoamérica, tanto faz). A segunda é que eles teriam participado da última fase de Atlântida, por volta de 10.000 a.C. e fugido para o Egito. De qualquer forma, as fontes esotéricas e espirituais não batem com a ciência oficial.

A ciência oficial nos diz que os povos brancos – indo-europeus – começaram a se movimentar de seu provável lugar de origem, no Cáuca-

THE MAKING OF A SAGA DOS CAPELINOS

so– atual Chechênia – para a Ásia Menor – atual Turquia – por volta de 6.000 a.C., (alguns mencionam 8.000 a.c.) indo de lá em movimentos migratórios lentos para a Europa. Por volta de 4.000 a.C., alguns grupos de indo-europeus se deslocaram para o Oriente. Portanto, os grupos de homens brancos só iriam alcançar o Egito por volta de 1750 a.C.

A ciência oficial nos diz que os egípcios foram formados por negros (marrons) hamitas provenientes do norte da África (atual Marrocos, Argélia e Tunísia) e grupos menores de negros (bem pretos) da África Setentrional, chegados entre 6.000 e 5.000 a.C. No entanto, a civilização egípcia começa a despontar por volta de 3.600 a.C. e só se cristaliza com o primeiro faraó em 3.000 a.C.

Consegui confundir o leitor? Imagine como eu fiquei então tentando desvendar e conciliar os conhecimentos científicos e os esotéricos. Foi neste ponto que resolvi abandonar estas informações desencontradas e concluí alguns pontos importantes:

1 – A Atlântida nunca existiu na Terra, pelos motivos já expostos, e sim, em Capela.

2 – Os capelinos não reencarnaram somente na raça branca, mas sim em vários pontos do globo, entre várias raças, pois no passado as raças negras (egípcia e dravídicas) e outras mesclas (semitas, mongóis – chineses – e sumérios) foram muito mais importantes do que os arianos e celtas. A raça branca só iria impor sua dominação alguns séculos mais tarde, com os gregos, os romanos, os citas, os hititas e outros.

3 – Os capelinos, pelo fato de serem espíritos expurgados de um mundo mais evoluído, espiritualmente e tecnologicamente, ao renascerem iriam impor um avanço tecnológico mais acentuado. Os capelinos, pelas suas características negativas, e foi por isso que foram expurgados, iriam também impor um regime de força, coerção e dominação sobre os espíritos terrestres menos evoluídos.

4 – Os capelinos ao renascerem iriam ter características muito similares, não importando em que raça, sociedade e época isto acontecesse. Eles teriam a tendência de reproduzirem as suas deturpadas lembranças de Capela, gerando lendas que os distinguissem dos demais, assim como tentariam por todos os meios reproduzir fisicamente seu mundo de origem.

Em que me baseio para concluir isto? Levei em conta dois fatores: o primeiro é que o renascimento impede a lembrança total, mas deixa reminiscências muito fortes, especialmente em alguém que sofreu um expurgo que só pode ter sido doloroso. Segundo é que estas reminiscências, ao aflorarem, seja através de sonhos de regressão de memória, seja através de visões, seja através de intuições, os levariam a reproduzirem um mundo melhor do que a primitiva Terra, e o único mundo que eles conheciam era Capela. No entanto, eles não teriam as condições de reproduzir completamente a estrutura de seu planeta, pois faltaria conhecimento e base tecnológica. Não é porque eu conheço o mecanismo de um carro que, se eu for exilado numa ilha deserta, terei a capacidade de construir um veículo, mas poderei construir uma casa melhor do que os indígenas locais, assim como tentarei moldá-los a uma nova cultura, mais próxima da minha.

A partir destas premissas comecei a estudar a história, ou melhor, a pré-história da Terra. Comecei a descobrir fatos novos, e aproveito para reproduzir aqui os mais interessantes.

Até cerca de 12.000 a.C. a Terra estava envolta numa era glacial. Por volta deste período, houve grandes modificações em diversos aspectos que iriam propiciar o aparecimento da civilização.

Primeiro, vários animais que eram perigosos desapareceram. O mamute, o tigre dentes de-sabre e outros desapareceram gradativamente.

Segundo, alguns animais perigosos e grandes, reduziram seu tamanho e se tornaram mais dóceis, como por exemplo o boi, a ovelha, o porco. Com a diminuição do tamanho e do caráter belicoso destes animais pôde-se pensar em criá-los domesticamente. Neste período, o cachorro e o gato também foram domesticados, possibilitando uma limpeza maior e proteção. O cachorro dá o alarme e em muitos lugares comia as fezes humanas e o lixo produzido pelo homem. O gato caça o rato, impedindo certas pragas produzidas pelos roedores, atraídos pela sujeira dos acampamentos provisórios.

Terceiro, houve alterações no peso específico de vários grãos. Antes eles eram leves e o vento os levava por quilômetros, como se quisessem repovoar os campos que estavam desnudos com o refluxo das geleiras. Os grãos de trigo, cevada e aveia se tornaram pesados e, com isto, possibilitaram o aparecimento da agricultura. Antes, com grãos leves que o vento levava, a agricultura era praticamente impossível.

The Making of A Saga dos Capelinos   31

Tudo estava pronto para a revolução neolítica e a implantação da civilização. Desta forma, a ciência oficial foi capaz de, através de escavações arqueológicas, descobrir que, a partir de 10.000 anos a.C., iniciou-se um largo movimento em vários pontos do globo que produziu efeitos iniciais interessantes.

Numa larga porção de terra conhecida como o crescente verde no Oriente Próximo, ou seja, Mesopotâmia, Palestina e Egito, assim como terras próximas, a atual Turquia, vários povos foram fundando pequenas aglomerações e trabalhando a terra. Neste período, cidades muradas começaram a aparecer, especialmente Jericó, na atual Israel, e Satal Hüyuk, na Turquia. No entanto, é preciso estabelecer certos limites a estas aldeias fortificadas, pois podem dar a impressão de que se tratava de grandes praças fortificadas. Não! Eram aldeotas de dois a três mil habitantes que provavelmente haviam sido atacadas por grupos nômades e concluíram que cercando suas residências teriam mais sucesso em sobreviver.

Na atual Turquia, detectam-se construções de casas de forma bastante estranha. As residências não tinham nem janelas e nem portas, obrigando os moradores a entrarem pelo teto, com ajuda de escadas, demonstrando a periculosidade daqueles tempos. No entanto, nem Jericó, construída por volta de 8.000 a.C., e nem Satal Hüyuk, construída por volta de 6.500 a.C., são símbolos de prosperidade e civilização, pois ambas sempre continuaram pequenas e insignificantes, não apresentando crescimento. Os historiadores acreditam que elas não cresceram devido ao fato de sua agricultura ser apenas de subsistência e de viverem de extrativismo mineral pequeno e limitado, que não encontrava mercado. Realmente, para que crescessem, seria fundamental que seus produtos pudessem ser transportados para lugares distantes – ainda não existia a roda – para serem trocados – ainda não existia moeda – por outros produtos de interesse. Ora, não havia comércio e muito menos rotas ou estradas que pudessem levá-los de um lado para outro.

Neste período longo da história, que principia por volta de 10.000 a.C. até 3.600 a.C., ou seja, cerca de 6.400 anos, o que se vê são os homens – agora os cro-magnons em suas várias faces – se espalhando pela África, Ásia e Europa. Nas Américas, desde 30.000 anos, que as várias tribos mongóis vão se espalhando, vindas da Ásia, passando pelo congelado estreito de Bhering e descendo até a América do Sul. Os fa-

32 A SAGA DOS CAPELINOS

mosos peles vermelhas não são uma raça à parte, derivados dos lendários atlantes, mas pertencentes ao enorme grupo de homens e raças amarelas, como comprova a moderna paleontologia e a lingüística.

Ora, subitamente, na região mais tarde chamada pelos gregos de Mesopotâmia – entre rios –, um grupo de homens que se chamavam de sumérios, ou sumerianos, iniciam uma revolução cultural, tecnológica e econômica, de proporções importantes. Eles iniciam seu processo com uma revolução nos métodos agrícolas: o arado constituído de um tronco puxado por um homem é substituído por um arado de cobre, e depois de bronze, puxado por uma parelha de bois. Com isto, o sulco é mais profundo, mais regular, e o aproveitamento de sementes maior. A terra é naturalmente fertilizada pelas cheias dos rios Tigre e Eufrates, que depositam húmus. O excedente agrícola propicia o aparecimento da riqueza.

Com o novo método de plantio irão aparecer, em catadupas, várias outras invenções que lhes vêm em decorrência. A roda é inventada e a carroça é um corolário lógico, pois irá ajudar no transporte das safras. Não há mais necessidade de todos os homens se dedicarem à agricultura, pois os camponeses geram suficientes grãos para alimentar a todos, com isto aparecem novas profissões e as aglomerações crescem a ritmos assustadores. Mas há terras secas e a irrigação, com abertura de canais, é uma conseqüência natural, e mais riqueza é gerada.

Os tempos não são, entretanto, só de fartura e de paz, pois os sumérios constroem grandes cidades muradas. Ninguém iria murar dez quilômetros de muralha se não fosse por uma razão importante: segurança. Com isto também aparecem os primeiros especialistas em segurança, uma espécie de exército e polícia conjugados.

Eu perderia muito tempo descrevendo todo o processo sumério, que seria por si só motivo de um compêndio, devido não só à sua importância, como também à sua complexidade. Para aqueles que desejarem pesquisar mais sugiro o livro *Suméria, a primeira grande civilização* de Amar Hamdani, da série Grandes Civilizações Desaparecidas, da Editora Ferni. São 333 páginas que tratam bastante bem do tema. Mesmo sendo um livro originalmente lançado em Genebra, na Suíça, em 1977, ainda é bastante atual. Há outros compêndios que também abordam o tema sumério de forma mais rápida e eu os utilizei bastante.

Há, contudo, historiadores que acham que os sumérios podem ter chegado na região, seja por bote, seja por terra, vindos da Ásia central.

Se viessem por mar, como conta uma lenda, provavelmente teriam vindo do vale do rio Indo. Se vieram de outro lugar da Ásia central, eles podem ter vindo das estepes siberianas, perto do mar Cáspio ou, até mesmo, do planalto do Pamir e da própria Caxemira. Esta região tem cinco rios, o que lembra a história do paraíso perdido, onde o Éden tinha quatro rios. Se eles vieram do Pamir, uma real possibilidade, então Emmanuel estaria certo. De qualquer forma, as dúvidas são intransponíveis e nos levariam a discussões sem grandes resultados práticos.

Apenas para resumir, os sumérios estabeleceram a primeira civilização terrestre efetivamente conhecida e comprovada. Fizeram importantes avanços tecnológicos e culturais, entre eles: o arado, a roda, a carroça, o bronze, a escrita, a contabilidade, a matemática, a astronomia/astrologia, alguns primórdios de medicina com certos remédios químicos propriamente ditos, divisão do trabalho, aparecimento de classes sociais, estabelecimento de uma religião formal com templos gigantescos, escolas, comércio, conquistas territoriais, escravização sistemática, bancos e empréstimos a juros, impostos e taxas governamentais e religiosas, novas profissões artesanais (tapetes, roupas, jóias, metalurgia etc.). E tudo isto se deu num pequeno espaço de tempo, por volta de 3.600 a.C., sendo liderados por homens intrépidos, porém astuciosos, violentos e sanguinários, que souberam usar de força para escravizar ou tornar servil uma grande parte da população enquanto eles desfrutavam de níveis crescentes de bem-estar.

Ora, esta análise do processo histórico que apenas resumi para o leitor foi me convencendo de que os capelinos deviam estar atrás deste processo. As características são marcantes: violência, rapacidade, escravização, sacrifícios humanos para deuses sanguinários e um salto tecnológico importante. Somente um grupo poderia ser capaz de alterar, pela força, pela inteligência e pela astúcia, um modo de vida que vinha se arrastando há milênios, pois os sumérios, um povo ainda desconhecido, chegou no vale da Mesopotâmia por volta de 8.000 a.C. e foi logo se dedicando à agricultura, mas era, como já dissemos, uma agricultura pobre, de subsistência, que mal dava para alimentar a pequena população, que girava em torno de setenta e cinco mil pessoas.

Durante quase cinco mil anos, os sumérios foram vivendo naquele vale quente e com água bastante devido aos rios, mas que era pobre em matérias-primas. Não havia quase árvores a não ser tamareiras e outros tipos pequenos. Suas casas eram redondas, feitas de barro e betume, abundante na região. E subitamente, a civilização explode com força e pujança. Por quê? Quais foram os motivos que os levaram a se modificarem subitamente?

O leitor mais incrédulo poderia tentar imputar esta modificação a mudanças climáticas dramáticas, mas a região não apresentou tais fatos, a não ser cheias eventuais e monstruosas que viriam a gerar as lendas do dilúvio universal. No entanto, estas cheias dos rios Tigre e Eufrates, e especialmente deste último, eram fatos normais que aconteceram muitas e muitas vezes. Apenas, para se ter idéia deste dado, o rio Eufrates mudou de leito vinte e oito vezes em cinco mil anos, portanto em nenhuma das vezes que as enchentes arrasaram o vale, os sumérios alteraram sua forma de existir.

Neste ponto é que é importante se introduzir a importância da tradição. Um grupo de pessoas se estabelece numa dada região e vai se aclimatando à mesma. Gera costumes que passam de geração em geração e somente fatores ecológicos são capazes de alterar. Perpetuam-se através da tradição oral, onde, de pai para filho, as formas de conviver com a natureza vão se solidificando. Uma única pessoa não é capaz de alterar toda a tradição de uma tribo, pois ou se aclimata às tradições culturais ou é expulso, quiçá morto. Mas na Suméria, esta tradição foi subitamente quebrada, não por um único indivíduo, mas por um grupo muito bem coordenado e bem liderado. Este salto social só é possível em poucas ocasiões, como ameaças externas, ameaças da natureza (que não deixam de ser externas ao grupo social) e uma liderança interna que sobrepuja as resistências às mudanças, seja através do diálogo e do exemplo, seja através da força. Na Suméria, prevaleceu a força.

O leitor pode dizer que os capelinos já haviam reencarnado anteriormente, pois os livros de Edgard Armond e Emmanuel assim o preconizam(?), mas eu me pergunto, por que então sua atuação é nula em qualquer período anterior aos sumérios? Por que razão os capelinos renascem e nada fazem, ou se o fazem são esmagados pelas circunstâncias? Só vejo uma razão. Se até o período de 3.600 a.C. a civilização não existia, é porque as influências espirituais não eram suficientemente fortes, ou eram até mesmo inexistentes para terem força para alterar um modo de vida perfeitamente adaptado ao ecossistema de cada região. Seria necessário uma força interna, endógena, capaz de mobilizar a sociedade por dentro para alterar a vida dos primitivos habitantes da Terra, e esta força só pode ser o maior grau de evolução espiritual dos capelinos.

THE MAKING OF A SAGA DOS CAPELINOS

Voltando a Emmanuel, ele nos diz que os capelinos acabaram por formar quatro correntes, aqui na Terra, que são a saber: os árias, a civilização do Egito, o povo de Israel e as castas da Índia. Analisando estas assertivas, vemos as seguintes datas para cada um desses povos:

1 – **Os árias**. Este povo foi formado pelas correntes de povos indo--europeus que, por volta de 4.000/3.500 a.C., deslocou-se da Europa (mar Negro) em direção ao Oriente. Sua atuação torna-se mais notável quando de sua invasão à Índia, por volta de 1800 a.C. instituindo o que seria conhecido como período védico. Os demais povos indo-europeus, que viriam gerar os gregos, os germanos e os eslavos começam a se destacar a partir de 3.600 a.C., sendo que as obras mais contundentes, os grandes megalíticos como Stonehenge, são de 2.800 a.C.

2 – **O Egito**. Esta civilização, que veremos com mais detalhe no próximo capítulo, começa a nascer por volta de 5.000 a.C., mas toma real impulso com a primeira unificação do vale e do delta por volta de 3.500 a.C. O primeiro faraó e, com isto, o Egito propriamente dito, aparece em 3.000 a.C.

3 – **Israel**. Baseado nas histórias bíblicas, Abraão, o primeiro patriarca, iria gerar descendência por volta de 1800/1750 a.C. O povo de Israel propriamente dito começa a ser formado por Moisés por volta de 1230 a.C.

4 – **Índia**. Os primeiros vagidos de uma civilização propriamente dita aparecem por volta de 3.300 a.C. no vale do rio Indo, na cidade de Amri. As cidades de Harapa e Mohenjo Daro iriam aparecer em seguida. Esta civilização pré-védica, portanto, antes da invasão dos árias ou arianos, alcança seu auge em 2.500 a.C. e inicia sua derrocada, por vários motivos por volta de 2.000 a.C. (Vide nosso livro *Shiva, o senhor não-terrível – A alvorada da Índia*, da nova série *O arcano dos deuses*).

Portanto, se pegarmos as datas mais longínquas destas quatro civilizações, iremos ver que elas coincidem.

Sumérios – 3.600 a.C.
Egito – 3.500 a.C.
Índia – 3.300 a.C.
Israel (Como Abrahão nasceu em Ur, uma cidade da Suméria, pode--se concluir que as raízes culturais de Israel estão vinculadas à Suméria).

36 A SAGA DOS CAPELINOS

Indo-europeus (árias) – Grandes movimentações por volta de 4.000/3.500 a.C.

Isto nos leva a crer que houve a imersão dos capelinos em vários lugares, criando atmosfera adequada para o grande salto da Terra, de um planeta primitivo para um planeta onde a civilização começou a brotar. Não há, portanto, espaço para os capelinos, seja numa pretensa Atlântida, a não ser em Creta a partir de 2.800 a.C., ou em períodos mais longínquos (60.000/30.000 ou até mesmo em 10.000 a.C.). Não me resta dúvida de que esta corrente espiritual tenha chegado à Terra por volta de 3.600 a.C. e tenha sido a grande mola propulsora para a implantação da civilização na Terra.

Nos próximos capítulos teremos oportunidade de ver como esta influência tornou-se decisiva para o nosso crescimento, assim como ela foi importante para moldar as principais religiões da Terra.

1.4 – Os capelinos eram da forma como os descrevi?

Não há informações acuradas de como realmente os capelinos eram. Assim, a imaginação é livre e qualquer um pode imaginá-los como quiser. No entanto, eu me baseei em uma premissa. Assim que os capelinos começaram a renascer na Terra, a memória que eles tinham de Capela devia estar mais viva logo nos primeiros renascimentos do que após muitas existências. Deste modo, tudo o que era descrito como deuses, lendas e outras fontes de memória podem ser levadas em consideração. Assim, concluí as seguintes características:

A) **Eles eram muito altos**. Isto se deve ao fato de que muitas lendas falam de titãs, gigantes que povoaram a Terra e lendas similares. Muitos podem dizer que realmente houve gigantes na Terra, mas não há vestígios de tais seres. Nunca encontramos uma ossada de homens de três metros ou mais, mas já encontramos ossadas de dinossauros gigantescos de cem milhões de anos atrás. Creio, portanto, que, fisicamente, nunca houve homens gigantes propriamente ditos na Terra, a não ser em outro planeta, ou no mundo espiritual.

B) **Eles eram imberbes e calvos**. A maioria dos povos primitivos que se estabeleceram tinha como hábito raspar todos os seus pelos. Os sumérios, os egípcios e os harapenses tinham certo horror a cabelo, ton-surando-os. Aturavam a barba, creio eu, por falta de melhor opção, pois raspar a barba diariamente, naqueles tempos, era bem difícil.

C) **Eles tinham cabeças protuberantes, lançadas para trás.** Os egípcios e os sumérios tinham desenvolvido chapéus para as elites que aumentavam em muito suas cabeças. Não era só para se mostrarem superiores aos seus semelhantes de classes inferiores, mas, creio eu, para serem aquilo que eles achavam que eram, numa típica rememoração inconsciente daquilo que já haviam sido em Capela.

D) **Eles eram azuis e verdes.** Os arianos e outros povos como os egípcios apresentavam seus deuses e seus guerreiros como azuis ou ver-des, com cabeças proeminentes. Infiro, espero que acertadamente, que eram reproduções inconscientes de seus aspectos capelinos.

Outras conclusões, como o fato de serem répteis, e outras deduções são frutos de minha imaginação. No entanto, pode ser que tais caracte-rísticas me fossem intuídas. Quem sabe? Biologicamente é perfeitamente possível o desenvolvimento de uma raça humana a partir de répteis.

Desejo lembrar aos amigos que a lenda dos dragões era uma constante entre os celtas e os chineses. Ambos viam os dragões como símbolos de se-res extraordinários e de grande sabedoria. Essas lendas eram extremamen-te antigas. Entre os arianos, o deus Vartraghan, também conhecido como Indra, lutava contra Azi Dahaka, o grande dragão, e libertava as águas e as virgens do castelo maldito do repugnante ser alado. Como se pode ver, este conceito de dragão só podia ser espiritual, pois havia mais de sessenta e cinco milhões de anos que os dinossauros haviam sido extintos na Terra. Para que os homens tivessem esta visão, era preciso que os capelinos fossem de descendência reptilóide, e que se apresentassem, em espírito, aos viden-tes da época, e que eles pudessem defini-los como tal. Será que isto é uma evidência de que os capelinos eram originários de raças de répteis? Não! Apenas mais uma pequena peça no imenso *puzzle* da História universal.

1.5 – O problema do exílio maciço de espíritos

Antes de mais nada, é preciso informar ao leitor que degredos maci-ços são fenômenos absolutamente normais. Não se trata de uma exceção

38   A Saga dos Capelinos

que foi aberta para Capela ou eventualmente para a Terra. Todos os planetas vão evoluindo junto com suas humanidades e, quando alcançam um determinado estágio, eles passam por uma espécie de limpeza fluídica e espiritual.

Os planetas não evoluem com a mesma velocidade que os espíritos que nele estão vivendo. Seriam, mal comparando, como escolas, por onde passam muitas classes, durante muitas eras. Por isto, encontramos planetas onde somente existem espíritos ainda muito primitivos, como foi a Terra há milhões de anos, quando os dinossauros passeavam por aqui.

Naquele tempo, a Terra era um pré-maternal, se é que se pode usar este termo como uma forma de analogia. Nele evoluíram bilhões de espíritos, ainda na fase animal, encontrando sua individualização, para partirem, levados por operadores amorosos, para outros orbes, e prosseguirem sua senda evolutiva.

Num determinado instante, obedecendo aos imperativos de um planejamento global dos administradores galácticos e de circunstâncias adequadas, a Terra começou a possibilitar o aparecimento de espíritos já individualizados – provavelmente em outros planetas – que se iniciaram na fase humana inferior. Durante milhões de anos, a escola maternal terrestre forneceu o campo de experiências propício para que essas almas fossem se aprimorando.

Mais uma vez, seguindo os ditames dos espíritos superiores, sempre em concordância com as leis divinas e a vontade soberana do Amantíssimo Pai, a Terra foi devidamente preparada para subir mais um degrau como escola de aperfeiçoamento espiritual. Neste ponto, iniciaram-se os processos de aperfeiçoamento das espécies aqui existente, dando origem aos tipos físicos dos quais nós fazemos parte.

Com isto, acelerou-se a necessidade de que a Terra oferecesse circunstâncias corretas para a eclosão da civilização. Os guias mentores começaram a atuar de forma mais direta, intuindo novos caminhos e novas tecnologias. No entanto, é preciso estar atento que isto é trabalho de grande dificuldade, pois a mente ainda pouco habituada ao raciocínio é material de difícil labor para os mentores, que não encontram receptividade plena.

Enquanto isto acontece, os demais planetas habitáveis, fisicamente falando, vão evoluindo, cada um no seu estágio próprio, sem que nenhum 'queime' etapas, ou receba 'graças divinas' indevidas. Deste modo, cada um se encontra em determinado estágio, sendo que encontraremos alguns mais adiantados em termos de humanidade espiritual, enquanto outros nem sequer entraram na fase humana.

Os que alcançaram determinado estágio evolutivo subitamente se vêem às portas de ingressarem num patamar mais fraterno, mais amorável, mais homogêneo e de alta tecnologia. É neste ponto que os espíritos que não alcançaram as luzes da fraternidade, que não demonstram um mínimo de boa vontade, e que se apresentam ainda profundamente desviados do aprisco seguro do Senhor, são expurgados do planeta onde estão, sendo levados para outro orbe, onde encontrarão ambiente propício às suas tendências ainda primitivas e desregradas.

As leis divinas funcionam com excelente perfeição. Os exilados irão se aperfeiçoar no cadinho das lutas existenciais, ajudando os espíritos ainda em fases mais primitivas de evolução, e irão gerar o aparecimento da civilização, sem a qual não é possível se evoluir amplamente. No entanto, eles são espíritos degredados pelo fato de serem ainda desajustados socialmente e psiquicamente, e, deste modo, sua atuação no novo habitat será diretamente proporcional ao seu desajuste.

Poderão se perguntar se isto é justo para os primitivos espíritos que habitam o orbe que tão amorosamente os recebe. A resposta é positiva. Sim, é mais do que justo, pois o espírito primitivo tem uma forte tendência à estagnação. Se ele não for atiçado com força, crueza, sofrimento e necessidades pungentes, ele ficará estático, repetindo monotonamente sua existência. É preciso uma força poderosa – o sofrimento – para retirá-lo de sua concha de preguiça e comodismo e impulsioná-lo para desenvolver suas habilidades potenciais. Como um frágil passarinho que precisa abandonar seu ninho para o primeiro vôo, ele também deve ser 'expulso' de sua aparente tranqüilidade e galgar os cumes mais elevados, através do esforço, do sofrimento (não-obrigatório) e da repetição exaustiva das lições do caminho evolutivo. Digo que o sofrimento não é obrigatório, pois ele é apenas a conseqüência dos erros, inevitáveis é verdade, do caminho evolutivo. Deste modo, os capelinos degredados foram úteis para a implantação da civilização terrestre.

Capítulo 2

A ERA DOS DEUSES
E
O PRIMEIRO FARAÓ

Como ambos os livros tratam da implantação da civilização do Egito, iremos abordar os dois num único capítulo.

2.1 – Lendas egípcias e realidade

Todo o período anterior à implantação do Kemet (Egito) foi chamado pelos historiadores de Era dos Deuses, pois assim foi intitulado pelos escritos achados nas paredes de uma pirâmide menor da quinta e sexta dinastia. Muito provavelmente este período já era conhecido dos egípcios, mas não fora escrito ou não se encontrou nenhuma menção em papiros. Esses escritos formavam um conjunto de lendas, onde homens e deuses (*neters*) andavam juntos na Terra, estabelecendo um '*modus vivendi*' que viria a gerar a civilização egípcia.

No prólogo do livro *A era dos deuses*, narramos as principais lendas daquele período. Apesar do risco de nos tornarmos cansativos, iremos transcrever o texto, já que muitos leitores podem não ter tido a oportunidade de conhecê-lo. O leitor que já os tiver lido e não desejar relê-los, poderá saltar este texto em corpo menor, indo direto às conclusões.

Naqueles tempos obscuros, dos quais sabe-se muito pouco, pôde-se fazer um quadro pouco claro, pelas lendas e escritos chamados de 'Os escritos da Pirâmide', encontrados nas paredes de uma das pirâmides menores dos faraós da V e VI dinastias, somados aos escritos de dois gregos, Plutarco e Heródoto, quase três mil anos depois dos acontecimentos.

O país foi-se fazendo no decorrer de dois mil anos, com muito pouca interação entre os vários vilarejos. O período pré-dinástico apresenta inúmeras lendas e deuses locais difíceis de serem precisados. As lendas envolvendo Ptah, Rá e o grande mito de Osíris devem ser conhecidas para o melhor entendimento da chamada Era dos Deuses, nome atribuído pelos próprios egípcios ao período pré-dinástico.

Contam as lendas que Ptah e Rá foram dois deuses, sendo Ptah o próprio Deus Criador, e Rá, seu filho, também conhecido como Ré ou Rê. Eles teriam vindo da Planície Primordial – uma espécie de céu – tendo atravessado o oceano que nos envolve – as águas de cima e as de baixo da Bíblia – chegando pessoalmente à Terra para ajudar-nos, suas criaturas, a evoluir. Ptah era um deus muito poderoso e domou as águas revoltas do Nilo, através de cavernas secretas perto da primeira catarata, em Aswan.

Rá, seu filho, um deus libidinoso que emprenhou uma quantidade enorme de mulheres, podendo transformar-se em qualquer animal. Gerou vários filhos, entre eles Chu e Tefnut, que deram origem a Gueb, a Terra, que engravidou Nut, o Céu, e dela nasceram quatro filhos: Osíris, Ísis, Seth e Neftis. Osíris e Ísis casam-se, ao se tornarem adultos, assim como Seth e Neftis. Seth deseja sexualmente Ísis, todavia não consegue nada com a irmã, que ama Osíris. As lendas falam que já se amavam no ventre de Nut, ou seja, no céu.

Pelas lendas dizem que Osíris foi infiel uma vez e teve um conúbio carnal com Neftis, engravidando-a. Seth descobriu e jurou vingança. Amaldiçoou Neftis, que gerou Anúbis, uma criatura semi-humana com cabeça de chacal, que é jogado ao léu, no deserto. Ísis descobriu tudo e educou Anúbis como se fosse seu próprio filho.

Seth e seus cúmplices convidaram Osíris para entrar num caixão, pois afirmaram que quem coubesse no mesmo ganharia um fabuloso presente. Osíris, infantilmente, entra no mesmo, onde trancam-no e jogam o baú no Nilo, afogando-o. O caixão desce o Nilo e vai parar, não se sabe como, em Byblos, cidade da Fenícia. O baú com o corpo de Osíris, quando chega às costas fenícias, transforma-se em um enorme cedro, que

THE MAKING OF A SAGA DOS CAPELINOS

o rei de Byblos, impressionado, leva para seu palácio para servir de viga-mestra. Ísis, misteriosamente, descobre o fato e vai atrás do seu amor. Chegando a Byblos, Ísis é recebida pelo rei e sua esposa.

Ísis reconhece o defunto e pleiteia ao rei que entregue o corpo de seu adorado marido. Naturalmente, o rei e a rainha, comovidos, enviam o corpo de Osíris de volta para o Egito num navio fenício, acompanhado de um príncipe, filho dos reis. Durante a viagem, Ísis começa a requerer a Rá, que, em muitos casos, é o pai e não Gueb, e em outras lendas é apenas o bisavô, que ressuscite o marido. Rá, com certa má vontade, o faz parcialmente, o suficiente para que possa engravidar Ísis, mas Osíris se transformara num verdadeiro zumbi. Ele a engravida durante a viagem e ela dá, de imediato, a luz ao já feito e perfeito Hórus. Contudo, não pode ficar junto com Osíris, pois assim que se aproxima, ele vai sumindo, desmaterializando-se.

Ao chegarem ao Egito, Ísis esconde o corpo do marido, numa das muitas charnecas do baixo Nilo, no delta do grande rio, e coloca Anúbis, filho de Osíris e Neftis, criado por ela, para tomar conta do esquife. Nesse período, Osíris torna-se o grande imóvel, o apático. Seth descobre toda a trama e o lugar onde está Osíris, e depois de corromper Anúbis, na única hora em que o chacal pode ser subornado, no alvorecer, encontra o corpo de Osíris desprotegido. Retalha-o em quatorze pedaços – algumas lendas falam de quarenta e dois, coincidentemente, o mesmo número de divisões geopolíticas do Egito – e, secretamente, espalha-os, escondendo-os.

Ísis, desesperada, recorre novamente a Rá que, mais uma vez, atende displicentemente, contrariado e até mesmo obrigado, em certas lendas, e dá certos poderes a Ísis para que encontre Osíris em dezoito meses. A procura, com a ajuda de Neftis, é árdua e terrível, não estando livre de perigos e aventuras. Finalmente, Ísis recolhe os quatorze pedaços, menos o falo de Osíris, e os sepulta em Abydus (Abdu em Egípcio antigo).

Nesse ínterim, Hórus, filho de Osíris, vai procurar Seth, seu tio, e começam a travar uma extraordinária luta. Os combates são terríveis e começam a incomodar os outros deuses que se queixam a Djhowtey, deus da escrita e da sabedoria. Djhowtey seria conhecido pelos gregos como Thoth e também associado a Hermes Trismegistos, o Hermes três vezes grande. Os romanos o conheceriam como Mercúrio. Conversa, então, com os dois contendores e os convida para um combate singular, com a mediação de Gueb, o deus da Terra. A pugna recomeça e, depois de horas sem nenhum resultado, cessa. Nessa hora noturna, as lendas tornam-se confusas; algumas falam que Seth teria praticado coito anal com Hórus; outros que quase teria praticado e assim por diante. Para resumir, Ísis entra mais uma vez na história para salvar o filho Hórus da desgraça. No caso das lendas em que é possuído por Seth, ela reverte a situação para que o esperma de Seth saia do corpo de Hórus e o sêmen de Hórus entre no corpo de Seth, secretamente, de tal forma a impregná-lo da seiva de Hórus. Outras lendas não mencionam esse fato e apenas o esquecem ou o consideram como irrelevante.

A luta recomeça no outro dia e Seth consegue perfurar um olho de Hórus, que continua o combate até que castra o tio. Gueb, o juiz da contenda, então, decreta Hórus como o vencedor do combate; e, em algumas lendas, Seth é expulso, e na maioria dos casos, Seth é transformado por Rá, em um deus dos trovões, andando em sua barca que atravessa o céu.

Os egípcios também cultuavam um grande Deus único, criador do universo e de tudo o que aqui existia, e acreditavam que Ele era tão ocupado com outras coisas mais importantes do que os simples mortais e seus vícios, que relegou a administração do mundo a outros deuses especializados. Os esoteristas, judeus e cristãos chamariam a esses intermediários divinos de anjos, com todas as suas classificações de arcanjos, potestades, tronos e assim por diante. O grande Deus único era conhecido em vários lugares com nomes diferentes, entre eles, Onkh, Ptah e Hórus, o velho. Havia, portanto, um monoteísmo entre os egípcios, assim como entre todos os povos do mundo. Sempre, em todas as culturas, houve um grande Deus criador e um séqüito de deuses especializados.

As lendas quase sempre refletem fatos históricos acontecidos, portanto, baseado nesta premissa, é que desenvolvemos o nosso romance. Claro está que há uma parte ficcional, como o renascimento de um alambaque chamado Tajupartak, que se torna o deus Rá. Isto foi feito para mostrar várias facetas ao leitor. Primeiro, como os espíritos evoluem, o demônio de ontem se transforma no anjo ou deus de amanhã. Segundo, pelas lendas, Rá era um deus libidinoso, com características bastantes cruentas, tendo empreendido várias batalhas e combatido ferozmente o canibalismo. Achei por bem lhe dar um passado mais pesado, mais demoníaco, por assim dizer.

Já para Osíris, um personagem doce em toda a história egípcia, achei melhor lhe conferir um passado mais adequado. No entanto, a própria morte de Osíris demonstra que ele não era isento completamente de culpa, ou de carma, como muitos gostam de falar. Deste modo, Osíris também traz consigo um carma a ser resgatado. As próprias lendas egípcias falavam do amor entre Osíris e Ísis antes mesmo de nascerem, portanto a história de Servignia e Tamkess me parece bem apropriada para mostrar que o amor verdadeiro vence barreiras que nem a distância e a morte são capazes de impedir. O leitor, portanto, não deve levar estes arroubos ficcionais do autor ao pé da letra. No entanto, as lendas confirmam que Osíris foi um rei de um país unificado, que tentou fazer uma ampla reforma agrária (tornando-se depois um deus agrário, além do deus dos mortos) e que acabou sendo assassinado pelo seu irmão Seth. Depois de Osíris, o Egito iria se desmembrar em três reinos, passando por uma longa guerra civil, que só seria terminada com a ascensão definitiva de Hórus como rei das duas terras.

Hórus é mais uma figura mitológica, pois na realidade a história fala que o primeiro faraó é uma figura também lendária, chamado Menes. Mas a palavra *menes* significa fundador, logo era um cognome. Estudos mais sérios mostram que o primeiro faraó foi Nârmer, provavelmente filho de um rei anterior conhecido na história como rei-escorpião, um outro cognome. A filiação de Nârmer ao rei-escorpião é apenas uma pressuposição dos historiadores, pois nada impede que fosse até mesmo um inimigo usurpador, pois a história não cita nenhuma relação entre eles. Apenas este rei-escorpião foi importante na reunificação egípcia, à medida que conseguiu mobilizar as forças inferiores do sul contra o norte – o rico delta – provavelmente aproveitando que o norte estava dividido em dois reinos, que possivelmente viviam às turras.

As lendas são imprecisas, assim como a própria história escrita dos egípcios, quanto à forma de reunificação empreendida por Nârmer. Apenas uma figura de Nârmer, que aliás aparece na capa da edição brasileira, mostra o referido faraó dominando um inimigo nortista através da força. Deve-se, portanto, levar em conta que houve lutas e que Nârmer conseguiu dominar o norte, mas o fato de ele ter começado a construir Menefert, sua capital, no médio Egito, demonstra que ele não tinha total confiança nos nortistas e também devia estar prevenido contra seus próprios aliados sulistas. As lendas de que o faraó era o filho de Rá, portanto o próprio Hórus, devem ter sido desenvolvidas como uma forma de prevenir golpes palacianos e até mesmo revoltas populares contra o poder

46 A SAGA DOS CAPELINOS

constituído. Aliás esta idéia foi coroada de êxito, pois, na história egípcia, poucos foram os golpes que derrubaram faraós. Num período de três mil anos, conta-se menos de uma dúzia de revoluções e 'golpes de estado' que vieram a destronar estes poderosos filhos de Rá.

Tentemos nos fixar um pouco no processo histórico, pois, se as lendas nos ajudam a entender o povo, a pesquisa arqueológica e a paleontologia nos dão também sérias indicações sobre este fascinante período de nossa história cultural.

O povo egípcio foi formado por duas correntes distintas de povos. O primeiro foi uma raça negra, de tez marrom, proveniente do norte da África, onde hoje se localiza o Marrocos, a Argélia e a Tunísia. Este povo denominado de camitas ou hamitas, são citados na Bíblia como os filhos de Cam, netos de Noé, irmão de Sem, que viria a dar origem ao povo semita. Naturalmente são lendas bíblicas, mas que apenas atestam que os hamitas eram conhecidos na antigüidade. Este povo era basicamente nômade e, portanto, criadores de gado, especialmente ovelhas e cabras. Ao chegarem no vale e no delta, também começaram a plantar, tornando-se sedentários e agricultores, aproveitando a extrema fertilidade do rio Nilo. Era um povo longilíneo, cerca de um metro e setenta centímetros, o que, para os padrões da época, podia ser considerado de boa estatura, com cabelo encaracolado, que quando crescia demais formava uma espécie de carapaça. De um modo geral, como todos os povos antigos, eram pouco aguerridos, não dados a lutas e guerras, característica que viria a ser desenvolvida posteriormente com a implantação da agricultura.

Ao chegarem ao delta do Nilo, por volta de 5.000 a.C., vindos do norte da África, provavelmente margeando o Mediterrâneo, eles se instalaram e foram levando sua vida. Alguns devem ter ido para o sul, seguindo o estreito vale do Nilo, pois este é margeado por desertos em ambos os lados. Os hamitas, ao se interiorizarem, encontraram tribos de homens negros, bem mais negros do que eles próprios, provenientes da África Setentrional, do atual Sudão. Esses homens eram de estatura mediana, mais encorpados, cabelos encarapinhados de cor negra, com uma língua diferente do hamita. Esses homens negros falavam um ou mais idiomas do grupo niger-cordofanian, enquanto que os hamitas falavam uma língua que se assemelha muito com o semita, sendo ambos da mesma raiz lingüística, o que demonstra um passado remoto comum. Esses negros setentrionais foram sendo assimilados pelos hamitas, na maioria das ve-

THE MAKING OF A SAGA DOS CAPELINOS   47

zes, através do convívio pacífico e de casamentos inter-raciais, a ponto de
virem a formar uma raça híbrida. No entanto, a lingüística demonstra
que houve alterações no idioma hamita inicialmente falado pelos sulistas
e pelos nortistas, mostrando que os negros setentrionais acabaram sendo assimilados pelos hamitas, mas deixando algumas impressões. Esses
negros setentrionais parecem ter chegado ao vale por dois caminhos. O
primeiro margeando o rio Nilo. E o segundo por um caminho mais ao
interior, estabelecendo-se principalmente na região de Fayum, onde se
encontraram vestígios de aldeias primitivas pré-hamitas, em épocas que
datam de 7.000 a.C. No entanto, era um grupo pequeno e que não ofe-
receu resistências significativas à penetração hamita.

Os hamitas, tanto do sul, como no norte no delta, não chegaram a
estabelecer uma nação, constituídos principalmente de pequenos ajunta-
mentos humanos que viviam em áreas mais elevadas do vale e do delta,
pois o Nilo ao encher não chegava a atingir tais localidades. Provavelmente, cada aldeia, extremamente primitiva, vivia razoavelmente isolada
uma das outras, e só se relacionando esporadicamente seja na troca de
bens, fato raro e que não caracteriza o comércio propriamente dito, seja
em situações de desespero, quando o Nilo enchia em demasia, arrasando
as pequenas aldeotas.

A história destes tempos não é escrita, portanto muito do que se sabe
são conjecturas baseadas em pesquisas arqueológicas e exumação de cadáveres conservados por alguma peripécia da natureza, demonstrando que
aqueles povos tinham vida média curta, em torno dos trinta a trinta e cinco
anos, eram subnutridos, sujeitos a várias doenças endêmicas e a uma vida
dura e primitiva, provavelmente com uma taxa de mortalidade elevada.

Por volta de 3.500 a.C., os historiadores descobriram dois focos de civilização, onde já se encontram objetos de cerâmica diferenciados, utensílios de cobre e bronze, casas quadradas em vez das indefectíveis casas
redondas, características de certo primitivismo, e um agrupamento de
homens mais altos, provavelmente de tez branca. Esses dois focos são
Ahmar El-Gebel e Naqqada. Os estudos nos levam a crer que, devido a
semelhanças nas cerâmicas e nas casas, grupos de sumérios teriam se estabelecido nestas duas localidades, mesmo que estivessem separadas por
centenas de quilômetros de distância entre eles, e da própria Suméria.

Após este período, começa a 'Era dos Deuses' propriamente dita, des-
tacando-se dois personagens míticos, mas que podemos facilmente vê-los

48 A SAGA DOS CAPELINOS

como homens extraordinários para a época, que iniciam uma série de medidas em vários setores e alteram profundamente a estrutura primitiva, neolítica e pacífica do vale e do delta. Ahmar fica perto da atual Cairo, enquanto que Naqqada está mais para o sul, demonstrando que houve duas ou mais levas de sumérios que se localizaram naquelas plagas.

Os historiadores concordam quanto à influência inicial suméria, seja através do comércio, seja através de uma migração, mas também concordam que, depois deste influxo inicial, o Egito se desenvolveu de forma diferente da Suméria, articulando uma sociedade toda própria, em nada devendo a sua matriz cultural mesopotâmica. Devido à própria localização do Egito, enfurnado entre dois desertos, o mar e a Núbia, eles conseguiram se isolar do resto do mundo e só mais tarde sofreriam invasões – os hicsos – e também começaram a se relacionar com os habitantes de Creta (*khetiu*) e de Gubal (Biblos), chamados posteriormente de fenícios. Mas, como eram profundamente xenófobos, as idéias e influências culturais que vinham de fora do Egito não eram aproveitadas, sendo desprezadas e, até mesmo, repudiadas. Em parte, isto manteve seu povo longe de guerras até que os faraós da XVIII dinastia iniciaram movimentos de conquistas aos países vizinhos. Se por um lado esta atitude isolacionista os manteve ao abrigo de guerras, também teve o lado negativo de não tê-los mantido a par das novidades e invenções que vinham acontecendo em outros lugares. Desta forma, não se encontram utensílios de ferro até períodos mais tardios da história egípcia, assim como os exércitos egípcios eram pobremente equipados e não resistiram ao hicsos que, com os carros de combate e cavalaria, varreram os despreparados egípcios por volta de 1750 a.C.

As características desses deuses – *neters* – que andaram perambulando pelas terras egípcias são nitidamente capelinas. Senão vejamos. Ahá ou Rá Harakty (Harakty significa da terra de Arac, outro nome para Uruck, principal cidade da Suméria) era um homem de elevada estatura física, provavelmente perto de ou levemente superior aos dois metros, que não tinha pejo em reprimir aqueles que lhe eram contra, pois as lendas demonstram que não só exterminou uma onda de canibalismo que adveio depois de uma terrível enchente do Nilo, como também passou na espada todos os que ousaram ir contra suas ordens 'divinas'.

Seu pretenso pai, denominado de Ptah, também não era homem que gostava de ser contrariado, e se as lendas lhe são mais favoráveis, também mostram que ele empreendeu várias obras de contenção do Nilo à custa dos habitantes do local. No meu livro o apresento como uma personalidade mais amena, no entanto não podemos esquecer que, naqueles tempos, a vida do ser humano tinha muito pouca valia e que as corvéias impostas aos pobres *felás* podiam chegar a níveis intoleráveis. Basta ver as obras ciclópicas que os faraós empreenderam para se concluir que milhares de *felás* devem ter encontrado a morte nos mais diversos acidentes durante a construção de pirâmides, tumbas escavadas na rocha nua, obras de contenção como diques e canais, assim como sob as condições mais escorchantes no plantio e colheita dos campos egípcios. Não se pode apenas imaginar que os *felás* fizeram obras monstruosas que levavam anos a fio para serem completadas apenas por amor à pátria ou ao faraó ou a algum deus, pois muito provavelmente foram forçados, seja à força bruta, seja impositivamente como uma forma de pagamento de taxas ao faraó ou algum deus de um templo local. Sabe-se que a remuneração era praticamente um prato de comida e, quem sabe, a garantia de que, ao morrer, receberia um julgamento complacente por parte dos quarenta e dois juízes do mundo invisível.

O Egito daquele tempo era um lugar primitivo onde as várias aldeias pouco se relacionavam. Cada lugarejo tinha desenvolvido seus próprios deuses locais, não havendo divindades comuns a todos os lugares. Estes deuses eram basicamente telúricos, ou seja, relacionados com a terra e os principais fatos atmosféricos. Não há indícios de um deus único ou de deuses em comum entre eles.

Pouco se sabe sobre as crenças dos hamitas, mas supõe-se que, como todos os povos primitivos, eles tinham um culto aos ancestrais. Isto é demonstrado pelo tipo de sepultamento – pré-mumificação – e os regalos que eram oferecidos aos mortos. Este tipo de culto ao ancestral parece ter sido universal, e só podemos inferir que ele apareceu devido à vidência espiritual.

É muito comum que escritores e pensadores espiritualistas comentem que as raças primitivas tinham na vidência um fato comum. Alguns inclusive concluem que os corpos espirituais estavam inseridos no corpo físico de tal modo que possibilitasse tal fenômeno – o da vidência. No entanto, não acredito em tal procedimento, pois isto iria perturbar em demasia as pessoas. Não seria aconselhável que todos tivessem poderes espirituais em plena atividade, pois a interferência espiritual seria excessivamente ostensiva e perturbadora. No entanto, assim como sempre houve fenômenos espirituais em todas as sociedades e em todas as épocas, deviam existir pessoas, mormente mulheres, devido à maior sensibilidade psíquica, que eram capazes de detectar os espíritos dos mortos, especialmente quando eles queriam se manifestar de alguma forma. Esta manifestação deve ter gerado as oferendas e as preces aos mortos, que são bastante comuns em todas as sociedades da época.

É relevante, no entanto, demonstrar que este culto aos mortos não levou à crença da reencarnação, sendo esta uma doutrina implantada muito posteriormente. Acredita-se que a maioria das pessoas primitivas, ainda na fase humana inferior, ao morrerem, entram em profundo estado de catalepsia, ou seja, um sono pesado, sem sonhos e pesadelos. Sua atividade no mundo astral seria reduzida a um mínimo, estando devidamente 'armazenado', esperando o momento da reencarnação. Nestes mundos primitivos, o complexo de culpa devia ser uma rara exceção, não gerando, portanto, reencarnações pesadas e nem o vagar de espíritos em profundo sofrimento, que poderia perturbar os reencarnados. Temos que concluir que os espíritos dos falecidos que vinham pedir comida e bebida, sendo prontamente atendidos, deviam se resumir a casos esporádicos, e não a uma regra geral.

Para aqueles que o sono profundo não os alcançou, por algum motivo que tenha perturbado a ordem natural de seus estados psíquicos primitivos, apresentavam-se aos seus familiares quase sempre em estado de desespero, pois conversavam com as pessoas e ninguém lhes respondia. Perguntavam coisas e ninguém se dignava responder-lhes, o que demonstra que a maioria não os via. Isto aliás é um fato natural, pois os espíritos, após sua morte, nem sempre reconhecem seu estado e o mundo espiritual se confunde com o físico, além de ele interpolar em sua apreensão da realidade com os seus pensamentos, muitos deles em desalinho pelo novo estado. Eles procuram os parentes, mas somente uma minoria é capaz de vê-los e atendê-los.

Alguns autores espirituais nos dizem que o espírito do homem primitivo ficava vagando pela aldeia, até encontrar um corpo disponível para renascer. Assim, o período entre existências é bastante curto. Tenho, no entanto, dúvidas quanto a este fato. Acredito que a maioria esmagadora de espíritos dos homens primitivos, após seu falecimento físico, entrava numa espécie de sono cataléptico profundo, dormindo por várias déca-

The Making of A Saga dos Capelinos

das, até que os espíritos mais evoluídos os conduzissem ao renascimento. Sabemos que o processo de renascimento não é automático, bastando ao espírito se aproximar de uma pessoa grávida. É um processo ao qual o espírito que vai renascer deve se submeter, voluntariamente ou não, a um processo de regressão, perda de forma do corpo astral, recuperação de novas energias, e 'aprisionamento' – por falta de uma palavra melhor – ao ovo recém-fecundado. Não é, pois, um processo que possa ser feito por si só, obrigando que haja a intervenção de operadores especializados, mesmo que não seja um processo difícil ou terrivelmente complexo.

Retornando ao âmago do capítulo, a história lendária egípcia nos revela que as aldeias primitivas, num dado instante, passaram a se fundir num estado maior que coincidiu com o aparecimento do deus Rá. Ora, retirando o maravilhoso da lenda, trazendo para a realidade física e social, temos que inferir que o deus Rá, ou melhor dizendo o homem que acabou por receber esta divinização por parte dos egípcios, unificou as aldeias e deu-lhes um corpo administrativo. As lendas mais antigas falam dos *heseps*, também chamados pelos gregos de *nomos*, sendo instituídos no tempo em que os dois deuses, Ptah e Rá, andaram no mundo.

Se utilizarmos os modelos convencionais de implantação da civilização em seus vários lugares do mundo, temos que inferir que, num dado instante, através da atuação vigorosa, Rá, também chamado de Ahá, implantou um sistema de castas ou de classes sociais. Este processo, que dava a uma minoria o poder sobre os demais homens, quase sempre aparece não por um processo espontâneo e natural, mas através da força e da coerção. Em alguns lugares, essa força pode até mesmo ter sido sutil, mas quase sempre aparece por força de uma dada circunstância onde um problema se apresenta (dilúvio, incêndio, invasão, fome etc.) e um homem ou grupo de homens tomam a liderança e depois não a abandonam mais. Para não largar mais o poder adquirido através da necessidade ou da força, essa minoria, quase sempre, se arroga poderes divinos e celestiais. Ou é um deus que assim o determinou ou é uma herança de ordem divina que os levou ao poder. Deste modo, o povo simples e temeroso dos deuses acaba por aceitar a predominância daquela família e de seus associados na direção da coisa pública, sendo cada vez mais vilipendiado, até que a situação se torne impossível e haja uma revolta.

No caso egípcio é patente este processo. Ahá e seus asseclas dominam as várias aldeias do sul sem grandes resistências, pois as localidades haviam sido duramente castigadas por uma terrível enchente. Deste modo, podem estabelecer uma cadeia de poder que desemboca na figura, cada dia mais sagrada, de Ahá. Ele, pelo seu tamanho descomunal, sua força física e especialmente sua liderança sobre um grupo de homens jovens e vigorosos, estabelece uma divisão que permite que seus seguidores também se locupletem do trabalho dos primitivos egípcios. Ora, para ter tal idéia e instituir tal poder é preciso mais do que força bruta, é preciso astúcia, uma das características de um capelino, acostumado intuitivamente a uma sociedade estratificada, sofisticada e cheia de sedições, golpes, tramas e 'malandragens', como é uma sociedade da fase humana média em plena ebulição do despertamento tecnológico (similar à civilização terrestre do século XX).

Já no norte do Egito, o delta, observa-se através das lendas que a situação já foi mais complicada, obrigando Ahá a ser mais duro, severo e violento. Pode-se observar que sua ambição não iria ser restringida por nenhum obstáculo, seja de ordem pessoal, seja de ordem local. Ele desejava o poder absoluto e acabou por consegui-lo usando de força e aliando-se a um número cada vez maior de seres iguais a ele. Para tal, ele divide seu reino em *heseps*, de forma a premiar seus seguidores. Muitos desses se transformam em deuses, a maneira mais fácil de atemorizar os primitivos e obter o poder sobre eles. Se analisarmos que as classes dominadas são sempre muito mais numerosas do que a elite dominante, temos que deduzir que a maioria se deixava dominar por temor às forças invisíveis e também pela força das armas.

Uma das perguntas que devemos nos fazer é por que razão os homens desejam o poder? Analisando os tempos difíceis daquela época conclui-se que eles desejavam, na realidade, uma vida menos sacrificada e que os trabalhos mais pesados fossem feitos pelos homens mais simples. Aliás, esta regra vale também para os dias de hoje. Se eu posso ter alguém que faz o trabalho duro de plantar, de colher, de cozinhar etc., sobra-me mais tempo para as diversões, para as atividades gostosas da vida (dormir mais, ter sexo com menos cansaço, liberdade de ir e vir, recreações, esportes e o *dulce farniente*). Portanto, se eu puder escravizar, ou 'servilizar' as pessoas mais simples, mais dinheiro, 'felicidade' física e vida boa eu terei. Esta regra simples é pública e notória na sociedade primitiva, e Ahá assim como os sumérios (Nimrud e seu grupo) foram capazes de fazê-la valer com grande maestria.

The Making of A Saga dos Capelinos

Osíris, no entanto, um descendente de Ahá, portanto também divinizado ao nascer, decide trazer mais igualdade aos seus súditos. Em parte, sua tentativa de fazer uma reforma agrária é também uma tentativa de aperfeiçoar o Estado, pois isto traria maior riqueza a todos, inclusive para ele. É também uma forma de diluir o poder dos nobres hesepianos, descendentes dos primeiros homens que se aliaram a Ahá, e fortalecer sua própria posição. Se ele o faz por amor ao povo por ser um espírito mais evoluído, ou se o faz por ganância, poder e astúcia, nunca saberemos. No romance *A era dos deuses* o vemos como um enviado dos espíritos superiores que desejam não só uma situação mais igualitária, mas também que o progresso do Egito permita uma menor taxa de mortalidade e, conseqüentemente, um aumento da população. É preciso fazer renascer um número enorme de espíritos tanto de origem terrestre como capelino. Para tanto, é preciso mudar hábitos de higiene, aumentar a produção de alimentos, estabelecer uma sociedade mais justa, conter o avassalador rio Nilo, canalizando-o e represando-o.

Osíris demonstra através das lendas que sofreu forte oposição por parte dos senhores feudais, os nobres hesepianos, ao passo que era amado pelos *felás*. Ele consegue em seu governo implantar uma era de ouro, como descrevem as lendas quando dizem que a população cresceu e tornou-se mais próspera. Ora, isto é indício de que houve melhorias na agricultura, mola mestra da sociedade de então, assim como aperfeiçoamentos em vários outros aspectos, tais como habitação, higiene, medicina, e domínio sobre o rio Nilo.

Osíris foi capaz de, numa dada época, abrir as portas do Egito ao comércio exterior, pois as lendas falam de Ísis, sua adorada esposa, indo até Biblos, a antiga Gubal, e trazendo madeiras finas – cedro – do atual Líbano. A escrita, lendariamente inventada pelo deus Thoth, também conhecido por Hermes e Djhowtey, traz um avanço tecnológico importante. A primeira escrita conhecida do Egito era similar à escrita suméria, no entanto a que iria frutificar seria bem diferente, mostrando que a influência suméria se restringiu ao começo, mas que o Egito foi capaz de desenvolver uma civilização à parte, sem a influência mesopotâmica.

As lendas, por mais que se apresentem de um modo fascinante, cheias de simbolismos, na maioria das vezes, retratam uma realidade nem sempre tão bela e encantadora, mas que revela um determinado processo social e histórico. Osíris, rei progressista, implanta uma cidade estruturada

54 A SAGA DOS CAPELINOS

e planejada. Deste modo, ao trazer a capital para o delta, ele reconhece a importância econômica do norte, assim como deseja estar mais perto dos seus maiores opositores. Djedu, mais tarde conhecida como Busíris pelos gregos, tem como objetivo dinamizar o norte, e, principalmente, através de um contato mais próximo do rei com seus súditos mais eminentes, controlá-los e submetê-los a uma estrutura mais formal, mais rígida, e, provavelmente, retirando deles − os nobres hesepianos − o poder quase absoluto sobre seus domínios.

A história tem mais fatos do que simplesmente são descritos pelos anais e lendas. Atrás dos fatos existem homens, com seus complexos, suas fobias, seus medos e, principalmente, sua ganância e arrogância. Assim, por detrás dos homens, existem influências diversas, entre elas, espirituais. Foi por esta razão, para mostrar que os espíritos superiores também recebem oposição dos inferiores, que eu trouxe à baila um personagem revoltante de estranho nome chamado Garusthê-Etak, que irá se aproveitar do complexo de inferioridade de Seth, irmão de Osíris, para levá-lo ao crime e à destruição. É natural que tal personagem seja ficcional, mas a depuração das lendas demonstra que Seth, sendo ou não irmão de Osíris, foi muito mal influenciado por espíritos tenebrosos. Isto é natural, pois quando o ser humano começa a destilar o veneno da discórdia, os espíritos inferiores se aproximam e aproveitam para instigá-lo ainda mais. Portanto, se Garusthê-Etak não existiu de fato, algum outro espírito trevoso de nome desconhecido agiu sobre Seth de um modo muito similar ao descrito no romance.

As lendas egípcias são taxativas ao demonstrarem que, com o assassinato de Osíris, houve uma guerra civil − a luta entre Hórus e Seth − que culminou com a separação das duas terras − o baixo e alto Egito. Depurando as lendas, os historiadores situam o período osiriano por volta de 4.300 a.C., no entanto esta data é mais baseada na intuição do que em estudos arqueológicos, pois não há sequer evidências físicas de que Osíris de fato tenha existido e que não passou de uma mera figura lendária e, portanto, ficcional.

Minha opinião pessoal é que Osíris de fato existiu. Creio nesta possibilidade devido à solidez das lendas, provavelmente a única que persistiu tanto no baixo como alto Egito. Mas, como a civilização egípcia só deslanchou devido à influência dos sumérios − fato histórico comprovado pela ciência oficial − e a civilização suméria só se iniciou por volta de 3.600 a.C., temos que inferir que o período do grande rei Osíris só pode

The Making of A Saga dos Capelinos

ter sido entre 3.600 e 3.000 a.C. Considerando que ele era filho de Gueb, neto de Chu, bisneto de Ahá, este período deve ter sido por volta de 3.500/3.400 a.C., para dar tempo de Ahá nascer e, seus descendentes crescerem e terem filhos.

Tudo parece indicar que houve no norte, o delta do Nilo, também chamado de Baixo Egito, um desmembramento em dois reinos antagônicos que guerrearam entre si por várias vezes. Os historiadores, baseando-se em lendas e parcos dados arqueológicos, acreditam que esses dois reinos tinham como capitais as cidades de Perouadjet (Buto em grego) e Zau (Saís). Baseando-me nestes dados por falta de melhores informações, mas como as duas cidades eram próximas uma da outra, é muito provável que houvesse um só reino, e que tenham se alternado no poder. De qualquer forma, o poderoso norte acabou sucumbindo ao menos poderoso sul, através de uma série de batalhas (presumivelmente) que culminaram com a subida ao trono do famoso e mítico rei Menés, hoje reconhecido como tendo sido Nârmer, sucessor do rei-escorpião.

Naturalmente, tratando-se de uma obra ficcional que tem por objetivo demonstrar a influência capelina na Terra, assim como os processos complexos de reencarnação e da tutela dos espíritos superiores sobre os destinos de nosso orbe, *O primeiro faraó* trata da reunificação do Egito. Aborda também outros aspectos que acreditamos serem importantes. Um deles é a influência negativa, permanente, dos espíritos degredados que não estavam do lado da ordem e do progresso geral da Terra, para os quais criei o neologismo alambaque, que significa grande dragão, para constantemente aterrorizar os renascidos no seu processo de civilização.

Neste ponto é importante notar que seres cavilosos de mente deturpada dominaram o cenário espiritual a partir de 3.600 a.C., e gradativamente sua atuação foi desaparecendo. De onde apareceram estes seres espirituais que se intitulavam de deuses, de expressões monstruosas, que exigiam sacrifícios humanos rituais, muitas vezes em massa, como foi o caso da Mesoamérica? Antes deste período não se têm notícias de religiões constituídas e nem de sacrifícios humanos. O máximo que se tinha eram sacrifícios de animais e, mesmo assim, isso não acontecia em todos os lugares. Só podemos concluir que os responsáveis por estas ignomínias foram os espíritos de origem capelina, pois se coaduna perfeitamente com seres de alma perversa, de deturpação psíquica, de necessidade de alimentação fluídica.

56 A SAGA DOS CAPELINOS

Sabemos que alguns espíritos menos evoluídos se regozijam com a energia semimaterial conhecida como etérica, que alguns intitulam de fluido vital. Esta energia faz parte do corpo material e pode ser conseguida em todas as coisas físicas, desde vegetais, animais e os homens. No entanto, nos grandes animais, como os bois e os homens, a energia etérica é conseguida em maior quantidade. Esta energia quando assimilada por espíritos dão uma sensação 'física' de existência, repercutindo no corpo mental e astral como se fosse um poderoso alucinógeno. Deste modo, esses espíritos farão de tudo para conseguir este material, seja sugando de pessoas encarnadas, como verdadeiros vampiros (aliás, é provável que venha deste fato a lenda dos vampiros como Drácula e seus sequazes) ou provocando acidentes, guerras e desordens de onde conseguem um manancial maior do que simplesmente vampirizando os humanos e os animais.

A pergunta que poderíamos fazer é por que as forças superiores permitem que tais fatos acontecem. Primeiro porque os espíritos superiores sabem que se trata apenas de uma fase abominável que irá passar. Segundo, porque, pelas leis divinas, todo o mal redunda num bem. Os homens através da guerra desenvolvem a ciência e o conhecimento em geral. Os homens, sendo vítimas de vampiros, aprendem a manter um alto padrão moral e, conseqüentemente, vibratório que impede os 'vampiros' espirituais de lhes sugarem as energias mais íntimas, tanto astrais como etéricas. Terceiro, porque há também uma impossibilidade de impedir que os espíritos inferiores atuem sobre os homens. Simplesmente porque são os próprios homens que procuram lugares viciosos, onde os 'vampiros' atuam com grande facilidade, enfraquecendo as defesas naturais dos homens através da ingestão do álcool e de drogas potentes que liberam grandes quantidades de ectoplasma, fluidos vitais e energias sutis.

Pode-se observar que, por volta de 3.600 a.C., se implantam as religiões oficiais, onde se mesclam o estado e a religião, não só para que o culto às divindades seja organizado, mas também para que, através do temor dos deuses, a maioria trabalhadora, semi-escravizada, servil ou de fato escrava, possa ser devidamente controlada e se torne dócil aos comandos da elite dominante. No entanto, essas religiões constituídas, devidamente mancomunadas com o estado, muitas vezes sendo indivisíveis com o próprio governante, são uma poderosa arma de dominação, e também um meio de impor as vontades desses seres cavilosos chamados de dragões sobre a globalidade da população.

THE MAKING OF A SAGA DOS CAPELINOS

Apópis, o dragão-serpente da mitologia egípcia, foi utilizado neste romance como a personificação do mal, mas sua atuação só é possível porque ele é chamado por Antef, Seth renascido. O demônio Apópis aparece nas lendas como sendo o adversário de Nârmer, aquele que o quer impedir de atingir seu objetivo. Deste modo, nada mais lógico do que ele ser o aliado de Antef. Será que Antef de fato existiu? Sim, houve um líder dos nortistas que se interpôs contra Nârmer, mas seu nome não é registrado pela história oficial. O fato é que Antef, ou outro nome que o líder dos nortistas tenha tido, foi derrotado pelas forças sulistas.

Um dos outros pontos de relevante importância é que, com a vitória da Nârmer, não só o Egito foi reunificado, como dois pontos importantes iriam aparecer. Primeiro, o rei passa a ser uma figura divina, uma figura que não pode ser contestada, muito menos derrubada do poder. Segundo, é que, com a fundação da cidade de Menefert (Memphis em grego), os detentores do poder, tendo à frente Nârmer, instituem uma religião oficial.

Este movimento cultural teve como objetivo fundir numa única cultura as diversas modalidades culturais que formavam os inúmeros vilarejos e cidades do baixo e alto Egito. O faraó Nârmer deve ter visto que se não tivesse uma única língua, uma religião padrão, uma única forma de agir, os egípcios poderiam se tornar ingovernáveis. Uma única cultura já tinha começado a ser encetada por Osíris, e sua influência foi notória. Ele introduziu a noção de pesar o coração dos homens por um grupo de juízes espirituais que iriam condenar ou não os espíritos à eterna bem-aventurança ou ao inferno do Duat.

Osíris influenciou sua época com a noção de que mais importante do que a vida era o que vinha depois dela, ou seja, a vida eterna. Com isto, tornou-se, além do deus da agricultura, o deus dos mortos. Nârmer influenciaria a religião egípcia com sua doutrina de Menefert onde Ptah é o deus supremo. Mas unificar uma cultura é uma obra difícil, pois ninguém abandona seus deuses em troca de outros com temor dos deuses relegados, pois as divindades são vingativas, terríveis e muito humanas. De qualquer forma, isto possibilitou o aparecimento de várias doutrinas que acabaram por se fundir, mesmo que a lógica ficasse prejudicada. Os deuses de Khmounou (Hermópolis em grego) ajudam a formar um quadro mais amplo, assim como os deuses de Ouaset (Tebas em grego), onde irá se destacar Amon − o oculto ou invisível. O grande deus de On (Heliopólis), Rá ou Rê, irá se fundir com o deus tebano, formando

58 — A Saga dos Capelinos

o famoso Amon-Rá. No entanto, cada cidade principal iria manter seus deuses e sua mitologia formando um enorme mosaico de difícil entendimento para o leigo, pois mistura deuses telúricos antigos, com figuras humanas divinizadas e recompostas como figuras esdrúxulas, semi-humanas e semi-animais. Tentar entender a mitologia egípcia sob a ótica da lógica ocidental é tarefa hercúlea, mas muito compreensível à luz da história e do entendimento, que o Egito antes de se tornar uma nação com um único povo, era uma colcha de retalhos culturais formada por um processo histórico multimilenar.

É preciso ressaltar que há escolas esotéricas modernas que dão explicações bastante lógicas aos deuses egípcios. Alguns templos daquela época também instruíam seus iniciados no simbolismo daqueles deuses. Algumas dessas explicações se perderam nas noites do tempo, mas, pelo conhecimento que se tem dos deuses e de suas explicações, temos um forma de detectar o significado mais profundo que era explicitado aos iniciados dos templos egípcios. Daremos uma breve abordagem desses fatos.

Os povos antigos tinham uma forma de explicar a personalidade humana através da comparação com animais e fatos sociais: amor, ódio, casamento, morte, nascimento, crescimento etc. Além disto, eles viam seus deuses como a extensão de si próprios, ou seja, os *neters* eram de fato humanos, com toda a sua gama de qualidades e defeitos. A comparação entre as coisas naturais, como raios, terremotos, inundações, rios, desertos etc. levavam os homens a definirem a personalidade humana com características animais e telúricas. Aliás, fato esse que até hoje encontra respaldo no dia-a-dia. Por exemplo, fulano é uma águia, sicrano é um tubarão, fulana é um furacão, e assim por diante. Nada mais justo do que unir várias características de um certo animal, ou de vários, na figura de um homem, ou vice-versa, ou seja, de vários animais, com cabeça humanóide. Deste modo, Seth é visto como um homem cuja cabeça é um asno, símbolo de um animal teimoso, que mordia e escoiceava sem aviso prévio. Hórus é um homem com cabeça de águia, símbolo de visão, de inteligência e de espiritualidade, já que este pássaro voa alto, representando o *ka* – o corpo espiritual. A própria esfinge, com seu corpo de leão, cabeça humana e asas de águia irá encontrar nesta forma simbólica a sua representação. Neste caso, o faraó era forte e destemido como um leão, mas capaz de vôos de inteligência, intuições e espiritualidade de uma águia.

The Making of A Saga dos Capelinos 59

Outros deuses, especialmente os solares, irão encontrar seu termo de comparação na natureza. Rá torna-se um deus solar, ou seja, o próprio espírito do sol, cuja barca – o sol propriamente dito – inicia sua jornada e desaparece no horizonte, tornando-se oculto – Amon (oculto) Rá. O disco solar é chamado de Aton, e tornar-se-á a figura do deus único com Akhenaton.

Como se pode ver, os deuses egípcios podem ter uma figura estranha, mas encontram lógica no simbolismo de suas figuras. Aliás, teremos a oportunidade de encontrar tal forma de pensar entre os antigos, não só no Egito, como na Mesopotâmia, entre os celtas, os mongóis, os indianos, os africanos ocidentais e seus orixás, e muitos outros. Praticamente a mesma forma de pensar caracteriza o homem antigo, pois somente com o aparecimento da moderna psicologia é que a personalidade humana irá encontrar termos técnicos mais adequados, ou menos ligados à natureza, do que os deuses antigos.

2.2 – O segredo das pirâmides egípcias

Um dos monumentos que mais têm atraído a atenção dos espiritualistas de um modo geral, além de cientistas em geral, são as pirâmides egípcias. Durante muito tempo ficou a pressuposição de que essas pirâmides eram túmulos dos faraós, no entanto as evidências contrariam grandemente esta assertiva. Se fossem túmulos por que não se encontraram esquifes e corpos dos faraós nos seus interiores? A maior pirâmide conhecida como a de Khufu (Quéops em grego) tem efetivamente um sarcófago, porém vazio, pois o referido faraó foi enterrado no vale dos reis. Outras pirâmides não têm câmaras mortuárias, sendo monumentos maciços.

O alinhamento das pirâmides de Khufu, Khafre e Menkaré (Quéops, Quefrem e Miquerinos em grego) levou os pesquisadores a verem nisto o alinhamento das estrelas de Órion. Outros estudiosos viram números perfeitos que têm relação com o diâmetro da Terra, assim como pontos geodésicos, e assim por diante. Eu me pergunto até onde os egípcios que construíram as pirâmides tiveram esta preocupação? Será que, ao pesquisarem as pirâmides, os estudiosos não pegaram estes números e 'caçaram' números na Terra ou em qualquer outro tipo que pudessem 'casar' com os números encontrados? De qualquer forma, as três pirâmides da planície de Gizé não são as únicas, pois existem algumas dezenas delas espalhadas

60 A SAGA DOS CAPELINOS

pela planície em questão e nas redondezas, além de muitas também no atual Sudão. Nenhuma, entretanto, foi o túmulo de nenhum rei, mas apenas um monumento. Mas para que um monumento tão pomposo?

Para entender o espírito egípcio que levou à construção desses monumentos, é preciso retornar às lendas da época intitulada de 'A Era dos Deuses'. Uma das mais interessantes nos conta que os homens foram criados na planície primordial e foram trazidos por Rá em sua imensa barca. Para que a barca de Rá pudesse atravessar o grande oceano que cerca a Terra e o grande espaço vazio (nem tão vazio assim, pois eles acreditavam que era cheio de água), os egípcios imaginavam que esta imensa barca, que tinha o formato piramidal, era carregada por um grande pássaro vermelho que a carregava nas garras de suas patas e, após pousar a mesma com suavidade, partia voando com grande velocidade, desaparecendo, retornando algum tempo depois, trazendo outra barca cheia de seres humanos criados por Rá (ou pelos oito primordiais de acordo com as lendas de Hermópolis) que eram novamente depositados na Terra. Em suas idas e vindas, o grande pássaro (nada mais lógico do que esta concepção, pois quem voa é pássaro) levava os homens de volta à planície primordial, onde desfrutariam de imorredoura felicidade, desde que houvessem se comportado de forma correta.

Esta grande ave era chamada de ave *Benu* e ela representava, em algumas doutrinas egípcias, o próprio Deus incriado, que trazia o *hiquê* – a essência vital – que vinha de uma distante e mágica terra. Este lugar mítico era chamado de 'ilha de fogo' – o lugar de luz duradoura além dos limites do mundo, onde os deuses nasciam ou reviviam e de onde foram trazidos ao mundo.

Os gregos, através do historiador Heródoto confundiram a essência da religião egípcia e reduziram este conceito a um conto de fadas, denominando esta ave rubra de fênix – vermelho em grego. Aliás, nós, os ocidentais, acabamos ficando com a concepção grega de uma ave que renasce de suas próprias cinzas, quando o simbolismo egípcio representava dois aspectos: a vinda dos deuses (ou os homens) na barca de Rá, e da essência vital, da energia que move o mundo e tudo o que nele existe.

De onde vem esta lenda? No meu romance *A era dos deuses* eu imaginei a seguinte situação:

Os espíritos capelinos, para serem trazidos de Capela até a Terra, numa distância de quarenta e dois anos-luz, tinham que ser trazidos em grandes naves astrais. Algumas dessas naves astrais tinham o formato piramidal, assim como devia haver outras com os mais variados formatos. No entanto, o que sabemos do mundo astral – o que não é muito – é que a matéria astral está sujeita à gravidade. Aliás, os cientistas, a cada dia se convencem mais de que a gravidade material é provocada por inúmeras partículas, ainda não muito conhecidas, que têm características bastantes etéreas, tais como os neutrinos, que não têm massa detectável na matéria física, mas que atuam de modo formidável.

Se a gravidade atua sobre a matéria astral, isto impede que os espíritos do mundo astral saoam por aí voando e se afastando do planeta onde estão inseridos. As histórias, portanto, de que pessoas, através do desdobramento astral, foram até planetas distantes, devem ser colocadas em dúvida, a não ser que tenham se desdobrado também do plano astral e o tenham feito em viagens mentais, matéria que faz parte do corpo espiritual, mas cuja influência da matéria mais densa é bem menor.

Ora, baseado nesta premissa – se é que está certa – os capelinos devem ter sido trazidos em naves, mas estas naves devem ter trafegado pelo plano vibracional mental, exigindo, portanto, que esta nave e todos os seus ocupantes sofressem uma alteração vibratória temporária e rápida do plano astral para o mental. Para que isto fosse possível, imaginei que a grande nave em forma piramidal, repleta de espíritos capelinos deportados e obreiros de boa vontade, tenha sido acoplada por uma naveta menor, rubra por estar vibrando em faixas vibratórias muito mais rápidas, e que esta naveta tenha feito o procedimento descrito, ou seja, mudança vibracional do conjunto – naveta e nave – e transporte de Capela para a Terra em poucos segundos, quiçá, quase instantânea.

É mais do que óbvio que tal pressuposição está sujeita a chuvas e trovoadas. Não há como provar tal teoria e ela pode parecer inverossímil, mas, de certa forma, tem lógica perante as lendas egípcias. Os egípcios acreditavam que os homens e os deuses tinham sido trazidos dentro da barca de Rá – a pirâmide – também chamado de *benben* e que a ave *benu* – uma forma de garça – os trazia através do oceano primordial – o grande espaço sideral. Mas o mais importante é que eles acreditavam que seria através deste mesmo processo que eles voltariam à mítica 'ilha de fogo'.

Deste modo, eu estou plenamente convencido de que o monumento piramidal era, na realidade, para os egípcios, a figura da nave que os levaria de volta a Capela – a ilha de fogo. Porém, eles eram bastante inte-

62 A SAGA DOS CAPELINOS

ligentes para saberem que não iriam fisicamente para lá, pois o que tinha vindo não era o corpo físico, mas sim, o seu espírito. Era esta alma que retornaria à bem-aventurança na ilha de fogo, mas antes teria de passar pelo julgamento dos juízes. Somente os bons poderiam voltar à ilha de fogo, o Duat, enquanto os maus ficariam no mundo subterrâneo.

As lendas egípcias são complexas e nem sempre podem ser descritas como as vemos. Primeiro, porque o Egito era uma colcha de retalhos de aldeias e cidades que, no início, não mantinham relações entre si. Portanto, havia uma variedade de lendas e deuses que levavam qualquer um à confusão. Segundo, porque as lendas geradas num certa época iam mudando no decorrer dos séculos. Terceiro, porque os sacerdotes, os chamados repositórios da verdade eterna, não as divulgavam à plebe, mas as guardavam a sete chaves em seus templos. Deste modo, qualquer afirmação sobre as lendas egípcias estará sempre sob suspeita e, provavelmente, fadada ao erro.

De qualquer modo, a forma piramidal foi apresentada de vários modos, seja no topo de uma coluna, como um obelisco, seja dentro do templo do Hetbenben, seja em grande formato na planície de Gizé. Os egípcios também tinham um mistério que era chamado de *benbennet*, ou seja, o topo vermelho da pirâmide, que representava a ave *benu*. Tanto é que a grande pirâmide de Khufu (Quéops) originalmente não apresentava o aspecto desolador de hoje, sendo um monumento liso, feito de mármore preto, com o topo construído em mármore vermelho. Os árabes tiraram quase todo o mármore e granito para construir a cidade do Cairo.

A cidade de On (Heliopólis) era considerada uma cidade sagrada, pois era lá que a ave *benu* descia trazendo o *Hiquê*. O templo do Hetbenben, chamado pelos gregos do templo da ave fênix, era um dos mais concorridos, pois os seus adivinhos eram famosos em toda a antiguidade.

Com o decorrer dos tempos, a ave *benu* transformou-se em energia divina, vital, que alimentava o mundo. Como se pode ver, as lendas tendem a mudar com o decorrer dos tempos, o que torna a análise de um dada época ainda mais difícil.

O leitor mais crítico pode colocar toda esta teoria em dúvida, pois eu também a coloco. Pode parecer inverossímil que os egípcios fizessem pirâmides como monumentos ao seu retorno à ilha de fogo, ao Duat (paraíso). No entanto, as pirâmides, assim como os obeliscos (coluna Djed – estável – com uma pirâmide no topo) eram os monumentos mais difun-

The Making of A Saga dos Capelinos

didos do Egito. A preocupação do egípcio com a morte chegava às raias do mórbido e ele dava a maior importância ao fato durante sua vida.

As pirâmides não eram túmulos, mas eram, na minha opinião, um simbolismo do retorno do degredado à sua pátria. Os egípcios eram um povo nostálgico por natureza. Eles viviam se relembrando de duas eras de ouro, uma de Rá e outra de Osíris, tentando reconstruir na Terra uma era dourada que só existia em suas memórias, em suas lendas e em sua mitologia.

Imaginemos por um instante, que sejamos degredados da Terra para um outro planeta primitivo – Deus nos livre de tal destino. Ao renascermos naquele planeta, nossa memória praticamente embotada não irá se lembrar do avanço tecnológico da Terra, mas as reminiscências que podem vir em sonhos, em transes ou fracionadas, irão nos levar à angústia, ao desespero, à vontade de retornar ao planeta de origem. Deste modo, iremos tentar reconstruir monumentos que nos lembram a nossa distante Terra. Para um francês, quem sabe se ele não tentará construir um arremedo de torre Eiffel, um inglês, o Big Ben, e assim por diante. Nunca conseguiremos, no entanto, reproduzir fielmente, e estes objetos mal reproduzidos, poderão se tornar motivo de adoração. Se formos levados em naves astrais, e sabedores, ou pelo menos desconfiados, de que poderemos voltar à terra natal no mesmo equipamento interplanetário, tentaremos construí-lo ou reproduzi-lo como símbolo de nossa vitória física. Por outro lado, o egípcio mantinha o corpo físico indelével através da mumificação, esperando, desta forma que, ao retornar ao Duat, este corpo pudesse ser reutilizado.

Que o leitor não busque lógica aristotélica nas lendas dos povos antigos, pois a memória de existências passadas acaba se mesclando com a nova realidade e irá se confundir, gerando novas mitologias. Os povos antigos, especialmente os menos letrados, aliás como os homens atuais, nunca primaram pela lógica, e não devemos nos preocupar com a integridade de suas lendas. Basta conhecê-las e vê-las como o reflexo de um povo na sua tentativa de entender o universo e a si próprio.

Capítulo 3

OS PATRIARCAS DE YAHVEH
E
MOISÉS, O ENVIADO DE YAHVEH

3.1 – Os patriarcas

A formação do povo hebreu é da maior importância para o entendimento da cultura ocidental, já que as grandes religiões do Ocidente, islamismo, judaísmo e cristianismo, têm em comum com o livro sagrado os textos do Antigo Testamento.

A Bíblia nos conta, desde o Gênese, como Deus atuou no mundo, sua criação e sua forma de agir em relação aos seres humanos. No entanto, um estudo comparativo das antigas lendas sumérias demonstram que os hebreus devem ter sido fortemente influenciados por estas lendas e fizeram várias interpretações e substituições, assimilando-as em grande parte.

Os sumérios acreditavam que os homens haviam sido feitos pelos *anunnakis* – os filhos de Anu, o deus do céu – e que, em dado momento, eles se arrependeram de sua criação, resolvendo destruí-la, mandando uma enorme enxurrada – um dilúvio. A Bíblia nos conta que Deus teria feito os homens e se arrependeu de sua criação e resolveu destruí-la com um dilúvio. Pode-se notar que é a mesma história, só que em vez dos deuses sumérios, há a substituição por uma única divindade, Yahveh.

66 A SAGA DOS CAPELINOS

Os *anunnakis*, no entanto, não estão todos de acordo e Enki, o deus das águas subterrâneas (vide *Shiva, o senhor não-terrível*) resolve avisar Ziusudra, pai de Cus e avô de Nimrud, na cidade de Shuruppak, na Suméria, e ele constrói uma arca e salva uma parte dos homens e vários animais, gerando a atual humanidade. Na Babilônia, Ziusudra seria chamado de Utnapishtin, mais tarde, em grego, tornar-se-ia Xisuthros e, finalmente, na Bíblia, Noé. Não é, portanto, nenhuma novidade hebréia, mas sim a adaptação de lendas sumérias.

Há várias possibilidades de os hebreus terem assimilado estas histórias sumérias. A primeira seria através de Abrahão, pois é dito na Bíblia que ele saiu da cidade de Ur, na Caldéia, a sucessora da Suméria. A segunda através de Moisés, que na minha opinião, visitou Ur onde aprendeu várias artes mágicas e conheceu as lendas babilônicas e sumérias. A terceira, e mais provável, foi quando os judeus foram levados cativos para a Babilônia por Nabucodonosor e lá se aculturaram tanto com os babilônios, como depois também com os persas, seus libertadores.

Esta primeira impressão é estranha, pois não se pode imaginar que um Deus de perfeição, infinito e onisciente, fosse se arrepender de um fato que Ele já sabia de antemão (já que Ele é onisciente) e que, muito humanamente, resolvesse destruir o que havia criado, mas arrependendo-se de sua própria decisão, resolve dar nova oportunidade à humanidade, avisando Noé para construir uma arca e nela colocar seus filhos e noras, assim como um casal de todos os animais existentes na Terra. É um belo conto de fadas que, infelizmente, ainda encontra seguidores fiéis que nele acreditam, mas o estudo da história nos mostra que sua origem é basicamente suméria.

De onde os sumérios teriam tirado isto? Na minha opinião é uma reminiscência do degredo capelino. Não se pode esquecer que um degredo desta natureza deve ter gerado uma imensa angústia nos exilados, assim como a noção de que, além de serem a escória de um mundo, eram deserdados da providência divina. Devem ter pensado que Deus ou era um ser distante que não se importava com eles ou era um ser raivoso, temperamental e instável emocionalmente, capaz de destruir e construir com a mesma facilidade. Aliás, a visão do mundo nos leva a esta conclusão caso não se tenha um conhecimento superior, pois a Terra é marcada por tufões, vulcões, terremotos, enchentes e vários outros fenômenos telúricos de proporções assustadoras que matam e destroem com rapidez e de forma indiscriminada.

Na Gênese, passado o período de criação e do dilúvio, há uma extensa relação de homens de grande longevidade. Mais uma adaptação suméria, pois na historia mítica deste povo, os primeiros reis viviam trinta e seis mil anos. Trata-se de anos de doze períodos lunares, cada um com vinte e oito dias. Não eram portanto anos especiais, curtos ou simplesmente dias, ou seja lá que interpretação se podia dar. Na verdade, para um povo que originalmente não sabia contar além dos seus dedos, qualquer número grande era um mistério. Logo, não se devem levar tais fábulas em conta. Pelo contrário, a paleontologia prova que a vida média dos homens daquela época era extremamente curta, se situando por volta dos trinta e cinco anos. Sim, mas os reis não eram homens comuns, porém divindades colocadas na Terra pelos *anunnakis*. Conveniente, não?!

Aparece finalmente a figura lendária de Abrahão. Devemos gastar alguns instantes para entender o próprio nome deste suposto ser humano. Seu nome inicial era Avram, que significa pai, em aramaico. Não é provável que seu pai Tareh tivesse colocado o nome de 'pai' num dos seus filhos, especialmente que ele não era sequer o primogênito. Deve ser, portanto, um cognome que lhe foi atribuído, seja pela sua descendência, seja pelos seus pastores. No meu romance *Os patriarcas de Yahveh*, na primeira edição, eu não atribuí um determinado nome ao futuro patriarca, chamando-o desde o início da história de Avram. Isto se deve a uma falha de minha pesquisa, pois só descobri o significado de Avram posteriormente. Na segunda edição, resolvi atribuir o nome de Sarug, que era o nome de seu bisavô paterno, que não deixa de ser uma possibilidade efetiva, já que era, de certa forma, praxe se dar nome dos avós e bisavós aos filhos. Ele ganha a alcunha de Avram, dada neste caso pelos seus pastores, pela proteção que ele dá aos mesmos.

Com o decorrer da história ele passa a se autodenominar Avraham, que seria melhor traduzido como grande pai, e que a Bíblia considera como pai de nações, o que seria uma livre interpretação de seu cognome.

O que na realidade podemos inferir? Realmente existiu este homem, ou ele é apenas a figuração de uma determinada tribo? Alguns historiadores acham que Tareh, Arão, Nacor, respectivamente pai e irmãos de Avram, eram localidades. Pode ser que tenham razão, pois Arão lembra muito Haran, uma cidade no norte da Mesopotâmia. No entanto, isto não comprova o fato, pois alguém pode se chamar de Paulo e não necessariamente ter nascido em São Paulo, no Brasil.

68 A SAGA DOS CAPELINOS

Na nossa história, como não queríamos fugir demais da história bíblica, mas apenas desmitificá-la, adotamos os nomes dos patriarcas como personagens reais, e não como tribos. Por outro lado, mesmo que fossem tribos ou localidades de onde saíram as tribos, era muito comum, no passado, que o clã tivesse o nome de seu patriarca. Portanto, para todos os efeitos, Avram, mais tarde conhecido como Avraham (Abrahão), será o fato gerador (pai) de várias tribos as quais viriam a se constituir em nações. Os árabes se dizem descendentes de Abrahão através de seu filho Ismael, assim como os judeus dizem o mesmo através de seu filho Yacob (Jacó), mais tarde cognominado de Israel – aquele que luta com Deus.

Há, no entanto, várias bases históricas em que se pode pesquisar e as enumeramos a seguir para mostrar que há uma certa lógica nos dois romances: *Os patriarcas de Yahveh* e *Moisés, o enviado de Yahveh*. Mas alertamos para o fato de que ninguém é capaz de assegurar que as coisas se passaram exatamente desta forma, especialmente as acontecidas no mundo astral.

3.2 – Yahveh é um deus de guerra hurrita?

Não só na nossa história aparece o deus hebreu Yahveh, mas em toda a Bíblia e na história dos judeus, esta divindade aparece de forma preponderante. No entanto, esta figura desenvolvida pelos homens, na sua tentativa de entender a divindade, nasceu entre os hurritas como um deus da guerra e da vingança. Mas quem eram estes hurritas?

O que se sabe deste povo é que, por volta de 2.200 a.C., quando as tribos nômades da grande extensão de terra que compreende desde o Cáucaso até a China começaram a se movimentar para fora de seus territórios, os hurritas acabaram por se estabelecer no norte da Mesopotâmia, na região onde é hoje o Iraque, e também parte da atual Síria. Era um povo indo-europeu que se estabeleceu naquela região provavelmente vindo do Cáucaso ou de regiões imediatas, onde se pressupõe que fugiram do assédio de outras massas de emigrantes.

A história é repleta destes fatos, onde grupos menores, ou são engolfados por levas maiores de emigrantes, ou são destruídos em sua passagem, ou fogem para outras regiões desenvolvendo-se em suas novas paragens. Neste período da história da Terra, temos os arianos entrando na Índia, os povos campaniformes entrando na Europa, vindo a gerar com os pré-celtas o povo celta, os hicsos indo para o Egito, e assim por diante.

THE MAKING OF A SAGA DOS CAPELINOS

Tudo parece indicar que os hurritas faziam parte de um grupo maior que foi dizimado pela passagem dos hititas em seu caminho para a Ásia Menor (atual Turquia) e que os remanescentes se desviaram para o norte da Mesopotâmia. Neste lugar a história não mostra violentos combates de conquistas, até pelo contrário, mostra que os hurritas se amalgamaram com os povos lá existentes e que adotaram um estilo misto de vida.

No romance, os gomoritas, que vêm a gerar os hurritas, são um nome fictício, pois não há indícios históricos de seu nome anterior. Naquele tempo era muito comum as tribos adotarem os nomes de seus líderes proeminentes, ou de pretensos patriarcas geradores da tribo. Deste modo, o nome dado ao chefe de Hurri, vindo a gerar o nome da tribo de hurrita, é uma possibilidade histórica, mas sem nenhuma confirmação de fato. Os hurritas, por sua vez, viriam a gerar os mitânios, que estabeleceram um vasto império naquela região, fundando a cidade de Washshukanni.

Esses povos tinham deuses indo-europeus, mas, com o decorrer dos tempos, foram substituídos pelos deuses locais e por uma plêiade de outros deuses nascidos de lendas e novos fatos geradores locais. Um desses deuses foi Yahveh, conhecido na região das cidades de Ebla e Ugarit, assim como também na região de Haran.

A história do espírito Washogan é puramente fictícia, criada para mostrar como muitas vezes um espírito guia acaba se tornando um deus e que os espíritos superiores aproveitavam este fato para desenvolver um novo conceito da divindade. Muito provavelmente quando Avram entrou em contato com os hurritas, em Haran, ele deve ter escutado falar de Yahveh, e deve ter se apaixonado pelo conceito de um deus forte, destemido, vingativo e poderoso com o qual ninguém brincava e nem fazia pilhérias. Deste modo, não é nada improvável que ele tenha substituído seus deuses sumérios e caldeus por um único deus forte e destemido.

A etimologia da palavra Yahveh é obscura. Muitos a traduzem livremente como sendo "Eu sou quem eu sou", ou "Aquele que é". Dentro destas versões, optei pela versão 'Eu sou'. Os primeiros hebreus tinham não só Yahveh, como também o deus cananeu El. Tanto um como o outro se confundiriam, tornando-se duas palavras para denominar a mesma divindade.

Avraham tinha um difícil caminho para fazer seu deus ser o escolhido. Os povos daquela época tinham muitos deuses e não os abandonariam com facilidade. Creio que o próprio Avraham teria dificuldade em aban-

70 A SAGA DOS CAPELINOS

donar os demais deuses e, em sua mente ainda primitiva, ele acabou por optar, provavelmente de forma inconsciente, em transformar Yahveh não no único deus existente, mas no mais importante, no mais forte e poderoso, num henoteísmo fascinante.

O trabalho de transformar em único deus ficou para Moisés, que em parte foi bem-sucedido, pois a aceitação por parte dos hebreus não foi imediata, tendo levado mais de oitocentos anos para que Yahveh/El se tornasse o deus único.

Ora, se Avraham adotou o deus Yahveh dos hurritas, ele assimilou suas características principais, ou seja, ele aceitou o fato de ser um deus da guerra, dos trovões e da vingança. Se ele adotou bem estas características era porque, provavelmente, eram suas próprias características ou aquelas que ele mais almejava ou admirava. Tendo como modelo este deus furioso, ele moldaria sua própria personalidade e a personalidade de seu povo.

Creio que seria interessante para o leitor conhecer outra teoria sobre Yahveh, com a qual não comungo, mas sei que há muitos que assim acreditam. Há esotéricos que crêem que Yahveh foi o chefe dos exércitos não-confederados de uma determinada revolta galáctica. Para o leitor menos informado sobre esta teoria, resumiremos os principais aspectos da mesma.

A teoria em questão nos diz que Lúcifer, um dos espíritos mais evoluídos da galáxia, resolveu se revoltar contra o grande anjo Micah (futuramente Jesus Cristo, de acordo com esta mesma teoria). Ele mesmo sendo de elevada categoria sideral não concordava com vários aspectos burocráticos da criação da vida no universo e, como não comungava diretamente com Deus, acreditava que o Inefável não existia e que as diretrizes que emanavam de Micah vinham dele próprio e não de uma desconhecida e obscura divindade suprema. Deste modo, ele e uma grande coorte de espíritos, entre os quais Yahveh, se revoltaram, criando uma espécie de desalinhamento da confederação galáctica.

A teoria nos conta em detalhes como esta rebelião se propagou e engolfou o nosso planeta, que naquela época era comandado por um príncipe planetário de nome Caligosto e que este teria se unido aos revoltosos. A Terra, cujo nome nesta teoria é Urantia, teria ficado ao lado das forças sediciosas e, com a derrota das forças revoltosas, ela e mais um certo número de planetas teriam sido isolados para que a rebelião não prosseguisse.

Durante milhares de anos, entretanto, enquanto a luta entre o bem e o mal se desenrolava, o pretenso comandante das forças revoltosas na Terra, Yahveh, dominava o cenário terrestre. Na teoria, este espírito seria também um ser de luz e as extensas matanças de seres humanos descritas na Bíblia por ordem de Yahveh apenas eram encaradas de forma natural, já que, conhecedor da natureza espiritual do homem, este morticínio não significava o fim do assassinado, mas apenas uma transformação.

Yahveh, sendo um espírito de luz, também resolve criar um povo que teria por ele fascinante adoração. Ele desenvolve, portanto, um culto voltado para sua própria idolatria, levando-o, por isto, à criação do povo hebreu. Na teoria, Yahveh é responsável pelo êxodo do povo hebreu do Egito e pela destruição dos exércitos do faraó.

Sem querer melindrar aqueles que acreditam nesta teoria, eu me pergunto se não há aí uma falta evidente de lógica. Pois senão vejamos:

1 – Se Lúcifer é um espírito altamente evoluído como é ele iria se revoltar contra a ordem constituída? Ele poderia até questionar certos métodos espirituais, mas dizer que ele não conhece ou reconhece Deus como a divindade suprema o transporta automaticamente à condição de ignorante sobre as leis divinas, o que inviabiliza o fato de ele ser um espírito altamente evoluído.

2 – Se o príncipe planetário Caligosto também se associa a Lúcifer, ele também é um ignorante das leis divinas, portanto é outro que não poderia ter ascendido ao cargo máximo de dirigente planetário.

3 – Se Yahveh é um espírito também evoluído, e a evolução espiritual tem como principal atributo um amor fraternal incondicional, como ele poderia ter matado tantos seres simplesmente porque eles não o adoravam como ele queria ser adorado: com irrestrita obediência e devoção máxima.

Eu creio que esta teoria se baseia em premissas equivocadas. Um dos maiores equívocos de várias escolas espiritualistas é acreditar que Deus tenha criado seres com algum grau de perfeição que não tenham alcançado tal grau de evolução através dos processos de reencarnação física. Desta forma, ao vislumbrarem espíritos em posições elevadas, eles acreditam que já tenham sido criados deste modo. Não lhes é lícito acreditar que todos passam pelas várias fases de evolução e que, se estão em graus mais altos, isto deve-se ao fato de terem iniciado sua jornada evolutiva antes de nós.

Estou plenamente convencido de que Deus jamais criaria seres que teriam uma linha paralela de evolução, como é o caso dos elementais e *devas*, pois isto iria ferir um dos princípios mais elementares de sua perfeita justiça: a eqüidade. Se os *devas* têm uma linha de evolução diferente da nossa, das duas uma: ou eles foram privilegiados ou foram prejudicados.

Se a existência física for encarada como um sofrimento, então os *devas* foram beneficiados em não terem que encarnar. Ora, a simples assertiva nos leva a crer que Deus foi injusto com a humanidade, levando-nos ao sofrimento, enquanto outros foram beneficiados. Se encararmos a existência humana como algo de muito bom, pois afinal das contas o mundo físico é um mundo de sensações gostosas como aplacar a sede, alimentar-se de comida apetitosa, fazer sexo, e assim por diante, então os *devas* foram privados destas sensações maravilhosas e mais uma vez caímos no ponto em que, agora, Deus foi injusto com os *devas*, impedindo que eles tivessem seu quinhão de alegrias materiais. De uma forma ou de outra, linhas de evolução paralelas ferem o princípio da eqüidade.

As doutrinas antigas não tinham noção do processo de evolução, que é um conceito muito mais moderno. Antigamente eles tinham a noção de ciclos que se repetiam indefinidamente, assim como de processos antagônicos que se complementavam. Se existia a luz, existiam as trevas. Se existia o dia, existia a noite. Se existia o verão, existia o inverno. Se existia o homem, existia a mulher. Estes fenômenos e fatos eram cíclicos, repetitivos, mas não alteravam a face da criação. Por isto, a famosa e equivocada frase: Não há nada de novo sob o Sol. Tudo se repetia com monótona precisão.

Esta visão do universo e de todas as coisas nele contidas se devia ao fato de que a percepção humana sobre a natureza a mostra quase imutável. Poucas seriam as escolas espiritualistas que teriam a noção de evolução, e nela se sobressai sobre as demais a escola hinduísta, que acredita que o universo nasce, vive e morre e depois renasce, através dos dias de Brahma. O mesmo acontece com o espírito do homem que nasce, vive e morre, e depois renasce numa infindável roda de reencarnações. É preciso alertar para o fato de que tal raciocínio começou a aparecer por volta do século VII a.C. Muito mais tarde, viriam outras escolas hinduístas que iriam inferir que este longo processo – a roda das encarnações – poderia ter um fim quando o espírito finalmente alcançasse a iluminação e, então, ele, já liberto, se fundiria com o grande todo.

Pode-se ver, portanto, que os conceitos de evolução, que partem do menos para o mais, através de longos processos, não foram conhecidos a não ser a partir dos século XIX, abrindo as portas para um entendimento superior. Nada mais lógico, portanto, que as escolas espiritualistas principais acreditassem que Deus tivesse criado os anjos, os *devas*, ou seja lá o nome que se dêem a estes espíritos superiores, já devidamente prontos. Deste modo, olhando para Deus e para os anjos com olhos humanos, o governo do universo está sujeito a contrariedades, a revoltas e insídias, assim como o são os governos humanos. Isto só demonstra que a compreensão do homem em relação a Deus ainda é inexata e contraditória.

Preciso fazer mais um adendo a este ponto, o qual acredito que seja um dos mais importantes de toda a doutrina. Eu acredito que todos os espíritos sejam obrigados a passar por todas as fases, desde a menor à maior, inclusive pela existência física. No entanto, o que é preciso deixar claro, é que não precisa ser necessariamente no planeta Terra. Há bilhões de planetas que oferecem condições análogas para que os espíritos possam passar pelo cadinho da experiência carnal, por assim dizer. Muito provavelmente, a grande maioria dos espíritos que hoje administram a Terra, nunca teve encarnação física aqui neste planeta, mas acredito, firmemente, que eles tiveram várias existências materiais em outros orbes do nosso vasto universo, ou até mesmo de universos anteriores ao nosso.

Para resumir, acredito que Avraham adquiriu a noção de um deus poderoso e temível entre os hurritas, e o difundiu entre seus familiares e o seu grupo social próximo. Creio que esta noção de um deus de vingança foi sendo substituído gradativamente por um deus menos feroz e protetor. É bastante comum os espíritos superiores tomarem emprestado deuses já estabelecidos entre os homens e os modificarem, tornando-os mais amorosos, protetores e subordinados a uma divindade suprema. Se analisarmos algumas religiões mais recentes, como a própria umbanda no Brasil, notaremos que os espíritos superiores tomaram emprestado a noção e os nomes dos deuses africanos – os orixás – e lhes deram uma aparência menos humana, tornando-os mais divinizados, todos subordinados a Deus, como forças auxiliares.

O mesmo deve ter acontecido com os espíritos superiores que guiavam Avraham, vendo nele um homem de fibra indômita, de liderança inata, e que já tinha veneração por um deus que para ele era praticamente o único, pois ele o considerava o maior, o melhor, o mais poderoso.

74 A SAGA DOS CAPELINOS

Tornar um povo henoteísta em monoteísta é uma tarefa mais fácil do que transformar um povo politeísta em monoteísta. Deste modo, os espíritos superiores guiaram a mente deste homem para aceitar Yahveh como o deus principal, para, futuramente, suavizar os conceitos terríveis de Yahveh em um Deus de amor e justiça.

3.3 – A formação do povo hebreu

Há muitas dúvidas sobre a verdadeira identidade dos hebreus, aqueles que saíram do Egito, vagaram pelo deserto do Sinai e finalmente se estabeleceram nas terras de Canaã, atual Israel. É muito difícil se falar de raça pura nas épocas de Abrahão, por volta de 1800 a.C., pois já havia uma miscigenação racial bastante grande. A região já havia sido invadida por povos semitas e indo-europeus, o que provocara uma mescla de raças interessantes. Aliás, é preciso ressaltar que os sumérios, quando chegaram na Suméria por volta de 8.000 a.C., já tinham um pouco de sangue mongol e turcomano, como prova sua língua. Eles eram, portanto, uma mistura de indo-europeus, mongóis e turcomanos. Os caldeus, um povo semita, também já tinha se misturado com os arameus, outro ramo semita, e, provavelmente, Abrahão devia ser um semita, com toques indo-europeus, já que era proveniente de Haran, em pleno território hurrita.

No decorrer dos anos, com seus diversos casamentos, com Sarah, com Agar, com Cetura, seu sangue se misturou com sangue indo-europeu, cananeu (outro ramo de semitas) e com sangue egípcio (de Agar), gerando diversas descendências. Sua própria descendência também se misturou com o sangue cananeu, hurrita de Haran e egípcio.

Quando os hicsos invadiram o Egito, a descendência de Abrahão foi para lá e se instalou na margem oriental do delta, chamado por eles de Goshem. Não há dúvida de que a pureza racial jamais existiu, mas pode-se inferir que o predomínio genético da tribo de Abrahão deve ter sido semita, de origem cananéia. Tal fato, por si só, não é prova de pureza racial, já que aquela terra foi ocupada por vários tipos de povos, desde hititas, hurritas, mitânios, egípcios, árabes, semitas nômades do tipo beduíno, entre outros.

Sua ida ao Egito demonstra que, naquela época, a Terra devia estar passando por transformações climáticas sérias. É um período em que se

The Making of A Saga dos Capelinos

observam grandes movimentações de vários povos indo-europeus, conforme já mencionado. A própria Bíblia menciona uma terrível seca em Canaã que obriga a tribo de Israel a se deslocar para o Egito.

Conforme relatei no livro *Os patriarcas de Yahveh*, os famosos hicsos eram, na realidade, uma confederação de tribos de origem hitita, hurrita, citas e vários povos semitas que se agregaram. Todos deviam estar fugindo de terrível seca que deve ter assolado suas localidades, assim como, provavelmente, de situações criadas por causa de problemas de deslocamentos de outros povos em seu caminho. De qualquer forma, os historiadores acreditam que este movimento foi suave, lento e gradativo. Ou seja, as tribos foram adentrando o delta do Nilo, e lá se estabeleceram de modo pacífico. Os egípcios não guardavam suas fronteiras com grande empenho, pois jamais haviam sido invadidos, fato que posteriormente aos hicsos, mudaria dramaticamente.

Pelos estudos históricos, o faraó daquela época devia ser Khutauiré Ugaf, que vivia em Ouaset (Tebas para os gregos) e, quando se deu conta, não conseguiu expulsá-los. Sabe-se que os estrangeiros chamados pelos egípcios de *Héqa-Ksasut* já haviam fundado uma localidade que eles chamavam de Auwariyash, e que seria chamada pelos gregos de Ávaris e pelos kemetenses (egípcios) de Djanet.

A história registra a presença marcante de um líder denominado Salatis, e pelo seu nome imagina-se que seja de origem hitita. No entanto, seu sucessor foi Khian, cujo nome é francamente de origem hurrita. Pelo estudo do nome Khian pode-se deduzir que os hurritas eram aparentados com os citas, pois entre os citas, os gauleses e os britons das ilhas britânicas, este nome era bastante comum. Deste modo, pelas armas – o arco cita, o carro de combate hitita, pela cavalaria cita – e pelos nomes, sabe-se que os hicsos eram uma mistura de vários povos.

Nesta leva devem ter vindo os participantes da tribo de Israel. A lenda bíblica de que José teria sido vendido pelos seus irmãos e teria ido, após várias peripécias, parar na corte do faraó, me parece uma fantasia. Imaginar que alguém possa chegar a grão-vizir do Egito só porque interpretou o sonho de um faraó é imaginar que estamos lidando com beócios completos. O máximo que um faraó faria por José, após ter interpretado o sonho, seria colocá-lo ao seu serviço como um dos muitos adivinhos da corte. Até porque, no momento da interpretação do sonho, o faraó não sabia se ele tinha ou não acertado. Teriam que se passar sete anos de far-

76 A Saga dos Capelinos

tura, seguido de sete anos de seca, para que o faraó reconhecesse o completo acerto das previsões de José, e então recompensá-lo regiamente.

Naquele tempo, o Egito já havia se dividido em dois reinos. O rico delta do Nilo era dominado pelos hicsos e o empobrecido sul, com capital em Ouaset, era dominado pelos egípcios. Tanto é que naquele tempo aparecem duas dinastias de faraós, uma no sul e outra no norte. A tribo de Israel teria ido parar no norte, onde não devem ter tido problemas de assimilação, já que as várias tribos de hititas, hurritas e citas arrastaram com eles, em sua passagem, inúmeras tribos de cananeus, fenícios e árabes de modo geral.

A tribo de Israel, de acordo com as lendas bíblicas, já que são as únicas fontes a citá-lo, tinha um sério problema que viria a gerar discórdia e cisão: a sucessão dos bens paternos. Naquele tempo ser primogênito era bem mais do que apenas ter sido o primeiro a nascer, era ter o direito à primogenitura, que, em alguns raros casos, o pai retirava do filho mais velho para dar para outro. Os bens paternos iam unicamente para o primogênito, deixando os demais na mais negra miséria. O pai podia, a seu bel-prazer, fazer uma distribuição, ainda em vida, de seus bens para os demais filhos, mas no caso de morte abrupta do pai sem ter feito uma partilha adequada, somente o primogênito herdaria. Muitos irmãos tornavam-se pastores do irmão mais velho, mas, provavelmente, havia aqueles que se afastariam ou seriam afastados da tribo. Neste caso, eles partiriam desprovidos de bens que os ajudassem a se manter.

Este sistema de herança permitiu que, após a morte de Yacob, agora chamado de Israel, sua descendência, que permaneceu no Egito, se dividisse, a grosso modo, em duas correntes: os ricos e os miseráveis. A maior prova deste fato é que, quando do êxodo, os hebreus habitam tendas, algumas até luxuosas, têm camelos e diversos bens, incluindo ouro, que permite a construção de um bezerro de ouro, e posteriormente a arca da aliança. Estes bens seriam incompatíveis com os bens de um povo totalmente escravo. A Bíblia iria citar que os egípcios deram presentes para os hebreus para que partissem, mas a não ser que tivesse havido grandes roubos – verdadeiros saques – por parte dos hebreus, as eventuais dádivas dos egípcios iriam se restringir a poucos bens, invalidando a tese de um povo razoavelmente abastado.

Os hicsos acabaram sendo expulsos do Egito por Ahmés, um faraó sulista, que viria a ser o fundador da famosa XIX dinastia, de onde se destacam Akhenaton, a rainha Hatshepsut e seu sucessor Thutmés III. No entanto, os hebreus permaneceram no Egito, não partindo com seus aliados, os hititas, hurritas e citas. Por que razão? Provavelmente porque a aliança dos estrangeiros era tênue e sujeita a forças circunstanciais. Segundo, provavelmente os estrangeiros jamais aceitaram muito bem os semitas, que falavam uma língua diferente da deles. Terceiro, porque os semitas eram pastores e provavelmente não dominavam nenhuma tecnologia de combate, não tendo nem as armas de ferro dos hicsos e nem a disposição bélica para aprender. Deste modo, eles se viam como párias dos próprios hicsos e, posteriormente, como párias dos egípcios.

Os egípcios, quando retomaram seu país, perseguiram as tropas dos hicsos até a fortaleza de Sharuken na Palestina e os derrotaram, espalhando-os e impedindo que se reagrupassem para reconquistar o delta do Nilo. No entanto, os semitas ficaram na terra de Goshem, margem oriental do Nilo, e lá pastorearam suas ovelhas.

A história egípcia, no entanto, menciona os habirus, como eram chamados os hebreus e os povos semitas de um modo geral, em várias ocasiões. Uma, na construção da cidade de Akhenaton e outra, na destruição de Jericó por parte de um faraó egípcio. Na nova capital denominada de Akhetaton – o horizonte de Aton – os habirus são vistos trabalhando duro, já de forma servil ou escrava, enquanto na conquista e destruição de Jericó, eles são vistos como soldados do faraó. Por outro lado, em Aváris, agora chamada de Djanet, há ricos habirus que dominam o comércio de carne, o pastoreio e as finanças, demonstrando claramente que havia duas correntes: os ricos e os miseráveis. Como já mencionamos, esta cisão econômica e social se deveu ao sistema de herança, que só seria mudado posteriormente com Moisés ou com os legisladores no tempo do êxodo, muito provavelmente por razões políticas e nem tanto por razões humanitárias.

Um ponto a ser compreendido é que, em Goshem, e no restante do Egito, especialmente no norte, ou seja, no delta, não existiam apenas descendentes de Israel, mas também vários outros grupos semitas que haviam sido arrastados pelos hicsos na sua ida ao Egito, assim como pela seca que avassalara a terra de Canaã e vizinhanças. Deste modo, quando viesse a época do êxodo, estes grupos de semitas seriam incorporados ao grupo de habirus e partiriam para a reconquista de Canaã, tornando o já heterogêneo grupo ainda mais mesclado, com línguas parecidas, mas

78 A SAGA DOS CAPELINOS

levemente diferentes, assim como costumes e deuses diversos. Aliás, os vários grupos que formavam os habirus já não tinham o costume da tribo de Israel, fato que pode ser observado pela idéia, corrente na época, de que Yahveh havia abandonado seu povo. E por que razão eles citavam isto? Provavelmente, porque, além da miséria em que viviam, havia os agrupamentos de outros semitas que cultuavam outros deuses de origem cananéia e que não aceitavam Yahveh como o deus preponderante. Além disto, os cultos egípcios já haviam de longa data sido assimilados pelos habirus, que cultuavam uma mescla de deuses cananeus, egípcios e, quiçá, hititas, hurritas e citas.

Havia, no entanto, os filhos de Israel – os *benei Israel* – que, ao que tudo parece, continuavam fiéis aos seus costumes. Neste caso, por se manterem ricos e bem postos na vida, dominando as finanças e o comércio de carne e outras utilidades, para eles, Yahveh continuava a sorrir e propiciar boa vida. Teriam que ser eles o esteio na formação do novo povo hebreu, pois se não fossem os costumes que eles haviam herdado e mantido, toda a história de Abrahão, Isaac e Jacó teria sido apagada e esquecida, tornando Yahveh apenas mais um deus entre milhares de deuses daquela região.

3.4 – Moisés e o êxodo

A história bíblica apresenta diversas incongruências que nos deixam com mais dúvidas do que certezas. Deste modo, ao escrever o livro *Moisés, o enviado de Yahveh*, resolvi pesquisar a história egípcia para ver o que eles falavam sobre o tal êxodo. No entanto, um fato de aparente importância, como a saída de seiscentas mil pessoas, não foi registrado pelos egípcios, assim como as dez pragas e especialmente a morte dos primogênitos.

O primeiro grande problema é situar adequadamente o período do êxodo. Há historiadores que falam que este se deu nos tempos de Ramsés II, outros já localizam em período posterior, na época de Merneptah, sucessor e filho de Ramsés II. Há também um historiador que localiza o êxodo junto com o ataque a Jericó pelo faraó Amenófis I, em 1545 a.C., mas esta teoria encontra pouco eco entre os demais estudiosos, preferindo datar tal fato no reino de Merneptah, por volta de 1232 a.C.

Outros preferem a teoria de que, como Ramsés II perdeu o seu primogênito, Khaemouast, e este era realmente seu filho preferido como provam as imagens em Abou Simbel, a lenda judaica encontraria um ponto de apoio. O problema é que Merneptah também perdeu seu primogênito, o que embaralha um pouco as coisas.

As dez pragas são vistas como obra de Yahveh, no entanto, de tempos em tempos, o Egito era assolado por desequilíbrios ecológicos pelo fato de o rio Nilo não transbordar adequadamente, gerando pragas de gafanhotos, ratos, percevejos, água barrenta de cor vermelha (sangue na água), e como conseqüência havia pouca colheita, fome, dizimação da população por doenças (peste bubônica) e algumas revoltas localizadas, atrás de comida e água potável. Isto também atingia os rebanhos e os animais domésticos. Portanto, mesmo que os hebreus tenham inferido que estas pragas fossem um castigo de Yahveh contra o Egito, que não permitia sua saída, o fato mais provável é que os fenômenos naturais, telúricos, assim fossem interpretados.

Se fôssemos admitir uma atividade divina na história dos hebreus, na saída do Egito, teríamos que concluir que não se tratava de uma atitude divina, mas muito mais uma tenebrosa obsessão demoníaca engendrada por algum espírito tenebroso. Vejam que Moisés é levado a pedir a saída do povo hebreu e que, por várias vezes, o faraó concorda, para depois, como diz a história bíblica, 'Deus endurecer o coração do faraó', voltar atrás na palavra dada. Com isto, Moisés se vê obrigado a rogar pragas que desintegram o Egito, levando à ruína e à morte os animais e seres humanos. Cada vez que o faraó concorda, Deus o faz voltar atrás. Por quê? Se Deus quisesse tirar seu povo da escravidão, por que ele iria endurecer o coração do monarca egípcio, fazendo-o retroagir na palavra real? Esta história por si só é inverossímil. Isto levou alguns esotéricos a crer que Yahveh era, na realidade, um demônio ou um espírito revoltado das coortes de Lúcifer.

Por outro lado, as entradas na corte egípcia por parte de Moisés são também sujeitas a uma razoável dúvida. Como é que Moisés entrava e saía da corte do faraó, dando-lhe ordens peremptórias, ameaçando-o e dando demonstrações de força sem que o faraó, figura que naquele tempo era lei e ordem, nada fizesse? Basta ver como é difícil alguém tentar falar com o primeiro mandatário de um país atualmente, para notar que entrar e sair da corte do faraó devia ser uma missão impossível.

O mais fanático dos apologistas bíblicos poderia dizer que Deus estava com ele e que, desta forma, ninguém podia impedi-lo de entrar.

Concordo em tese, mas por que razão, se Deus estava com ele, o faraó concordava e depois, o próprio Deus o fazia voltar atrás? Para testá-lo? Para testar a vontade do povo hebreu? Ou será que a história era outra?

Sabemos pela história que Merneptah havia assumido um reino depauperado pelas grandes construções de seu pai, que drenaram os cofres públicos. Sabemos também que, no final do governo Ramsés II ou no início da administração de Merneptah, houve distúrbios, fome, peste bubônica e greves de escravos e até mesmo de administradores do terceiro escalão. Sabemos pelos registros históricos que um certo sacerdote de Amon-Rá foi destacado pelo faraó Merneptah para ensinar higiene aos habirus, pois acreditava-se que o motivo da peste era a falta de higiene dos campos de construção de Perramsés – um bairro vizinho e de luxo, murado, em Djanet, terra de onde provinha a família de Ramsés, assim como em duas outras localidades onde estavam sendo construídos fortes e cidades. Por outro lado, a história egípcia não registra se este tal Ahmose, sacerdote de Amon-Rá e de família real, portanto parente do faraó, conseguiu seu intento.

De qualquer forma, o simples fato de o faraó mandar seu parente, um sacerdote de Amon-Rá, ensinar algo aos habirus, demonstra que ele não queria mal a este povo, mas também que não o suportava. Aliás, os egípcios sempre foram xenófobos – horror ao estrangeiro – e não suportavam nada que viesse de fora, especialmente depois da dominação dos hicsos. Pode-se deduzir que os habirus eram uma pedra no sapato do faraó e que devia existir pressão por parte dos nobres, como também do clero, para que fossem expulsos do Egito.

Por outro lado, ainda analisando a história bíblica, notamos mais discrepância quanto à atuação dos egípcios e do faraó. Quando finalmente os hebreus são autorizados a sair, o faraó, mais uma vez, tem seu coração endurecido por Deus, e resolve sair em perseguição aos hebreus, e acaba levando sua tropa à destruição no mar Vermelho. De acordo com a lenda, o mar Vermelho foi aberto por Yahveh, através de Moisés, e, providencialmente fechado durante a passagem do exército egípcio.

Esta passagem apresenta alguns problemas de entendimento. Primeiro, porque os hebreus não atravessaram o mar Vermelho, mas, em certo momento, margearam-no. Para resolver este impasse bíblico, os estudiosos resolveram colocar a passagem dos hebreus pelos pântanos e que estes teriam tragado os exércitos egípcios. Por mais que desejemos aceitar a versão bíblica, esta história deve ter acontecido de forma diferente, pois os egípcios conheciam muito melhor este trajeto do que os hebreus, que nunca haviam passado por lá. Ninguém iria se aventurar em pântanos, especialmente com carros de roda que podem atolar com facilidade. Deve-se inferir outro fato, ou seja, que os exércitos egípcios não estavam perseguindo os hebreus, mas apenas acompanhando-os, a certa distância, para se certificarem de que os expulsos não voltariam sobre seus calcanhares. Quando se asseguraram de que os hebreus estavam bastante embrenhados no deserto do Sinai, eles retornaram, pois havia a séria ameaça dos líbios que pairava sobre eles. O faraó não iria arriscar todo o seu exército numa perseguição e deixar sua terra à mercê dos povos indo-europeus que a ameaçavam de invasão. No máximo deve ter mandado um destacamento que, sem dúvida, deve ter assustado os hebreus, impedindo-os de voltar. Do momento em que se meteram dentro do forno sináico, nada mais podiam fazer a não ser prosseguir e encontrar seu destino, o que permitiu o retorno das forças egípcias para defenderem seu território.

A atuação de Yahveh no deserto do Sinai é outra dúvida que nasce em nossa mente. Por um sim ou por um não, por qualquer desobediência, Yahveh fulmina seus seguidores, matando milhares de cada vez. Temos que inferir que o verdadeiro Deus jamais iria matar suas criaturas simplesmente porque eles não acreditam em sua existência. Se fosse assim, grandes contingentes atuais já estariam mortos, já que a descrença num ser supremo alcança grande parte de nossa atual população. Por outro lado, se admitirmos que esses fatos realmente aconteceram, então temos que concluir que os espíritos superiores ou destacaram um espírito tenebroso para guiar o povo hebreu, ou então Yahveh era realmente um demônio cujo único interesse era a adoração à sua pessoa seja de que forma fosse, sendo capaz de matar os dissidentes com a crueldade de um Hitler e a rapidez de um Tamerlão.

É mais fácil acreditar que os morticínios que porventura aconteceram se deveram a dois fatos. O primeiro, as duras condições do deserto do Sinai que deve ter ceifado os menos aptos. O segundo se deve ao fato de que aquela massa heterogênea de semitas reunida, provavelmente às pressas, e aglomerada de qualquer maneira, deve ter gerado conflitos étnicos. Para um povo, mesmo o mais miserável, que se acreditava eleito do Senhor, os estrangeiros – qualquer um que não professasse a mesma religião, costu-

82 A SAGA DOS CAPELINOS

mes e língua – deve ter lhe parecido uma afronta. Naqueles tempos, como aliás agora também, a tendência ao genocídio – assassinato por razões genéticas – raciais – era, e ainda é, uma solução considerada definitiva.

Se os líderes hebreus praticaram estas mortes usando como desculpa uma obra divina, eles conseguiram aplainar qualquer resistência contra sua liderança, mas também denegriram a imagem de Deus, apequenando-o de forma acachapante.

As condições físicas do deserto do Sinai devem ter sido a maior causadora da mortandade do povo hebreu. Se realmente eles eram escravos dos egípcios, não se pode imaginar que sua alimentação fosse da melhor qualidade e nem em grande quantidade. Em todas as administrações, egípcias ou não, o desvio de comida, as compras de mercadoria de segunda categoria a preços de primeira eram e são comuns, o que devia diminuir ainda mais a resistência dos escravos. As condições do deserto são terríveis até mesmo para os muito bem preparados, imaginemos o que deve ter acontecido aos velhos, aos doentes, às crianças subnutridas e às mulheres depauperadas.

A pergunta que se podia fazer é por que razão os hebreus não foram direto até Canaã. A resposta é dada pela própria história. Canaã era habitada por diversas tribos guerreiras, compostas de cananeus semitas, horeus ou hititas indo-europeus e outros povos mitológicos como os gigantescos enacins, provavelmente homens de dois metros que pareceriam gigantescos para uma raça de um metro e sessenta, em média.

Deste modo, estando Canaã ocupada por tribos perigosas, seria necessário que eles fossem para um lugar desértico e lá se preparassem para enfrentá-las. Por outro lado, a Bíblia nos relata que Moisés enfrentou diversas rebeliões e dissidências que foram debeladas à custa de mortes (quase sempre imputadas a Yahveh) e ele deve ter concluído que, com tal 'escória' – os escravos e os nobres *benei Israel* com sua indolência – ele jamais seria capaz de conquistar a terra prometida. Certamente ele deve ter instruído sua liderança a conquistar a simpatia dos mais jovens, educando-os à parte dos pais, pois desta forma ele poderia fazer sua conscientização. Caso contrário, os jovens, sob a influência dos pais, continuariam sua má vontade para com o êxodo, querendo voltar para o Egito.

Moisés teria que preparar sua elite guerreira sem a qual jamais conquistaria a terra prometida. Para tal sua estadia no Sinai deve ter sido forçada por estes fatos. No entanto, não posso acreditar que eles tivessem ficado quarenta anos no deserto, pois o período necessário para formar seu exército não deve ter ultrapassado os quinze anos. Se ele pegasse as crianças com cinco anos, com mais quinze anos, ele teria gente apta para enfrentar os seus inimigos, pois estariam com vinte anos, idade boa para a luta. Para ficar quarenta anos naquele forno, ele teria que aproveitar a segunda geração de nascidos no deserto, o que seria excessivamente longo. As revoltas acontecidas em Kadesh-Barnea, oásis em que os hebreus acamparam, demonstra que sua estadia naquele lugar sempre foi ameaçada. Por isto mesmo ele teria que ser rápido, e tanto foi que, em vez de entrar pela terra dos edomitas, ele teve que contornar Canaã para destruir os maobitas e penetrar pelo lado mais enfraquecido, que era Jericó, onde ele sabia que enfrentaria menos resistências.

Por outro lado, sabemos que o seu sucessor foi Josué e que saiu do Egito com ele, já sendo seu braço direito após Aharon, seu pretenso irmão. Depois da morte de Moisés, Josué ainda durou vários anos, tendo comandado as hostes hebréias em sua conquista de Canaã. Se estabelecermos que Josué devia ter entre vinte e trinta anos quando saiu do Egito e se adicionarmos mais quarenta anos de deserto e mais vinte anos de conquistas em Canaã, ele teria morrido entre oitenta e noventa anos, uma idade excessivamente provecta para quem passou a vida no deserto, alimentando-se mal e sob o sol inclemente durante o dia e o frio extremo de noite. Já se somarmos dez a quinze anos no deserto do Sinai, ele teria morrido entre cinqüenta e sessenta anos, o que é mais natural para uma época em que a idade média chegava aos quarenta anos.

Voltando à figura de Moisés, temos que analisar se de fato ele foi um hebreu criado por uma princesa egípcia, portanto no palácio real, ou se ele era alguém diferente, que a lenda transformou em hebreu. Na minha opinião a história de que ele foi salvo das águas do Nilo parece ser mais uma lenda para gerar uma figura divinizável. Um rio cheio de crocodilos e hipopótamos não seria o lugar ideal para colocar uma criança numa cesta de vime. Sem dúvida a cesta viraria com a correnteza da água, matando a criança. Por outro lado, o nome Moisés – Moschê – não é um nome hebreu, sendo a corruptela de Ahmose, um nome egípcio que significa Rá nasceu, ou alvorada. Aliás um nome não totalmente incomum, portanto dando a entender que o tal sacerdote de Amon-Rá de nome Ahmose destacado por Merneptah para ensinar higiene aos habirus, e Ahmose, já com sua corruptela hebréia Moschê, só podem ser a mesma pessoa.

84 A Saga dos Capelinos

Isto não impede que qualquer uma dessas figuras possa ter sido criada pela princesa Thermutis. No entanto, devemos nos perguntar por que uma princesa egípcia iria criar um habiru – um povo malvisto pelos egípcios – se ele não fosse seu próprio filho. Ela poderia criar um habiru nascido em sua casa para ser seu servo, mas nunca levá-lo para a corte como seu próprio filho.

Por outro lado, nenhum egípcio se apresentaria como sacerdote de Amon-Rá para ensinar higiene aos habirus, pois correria risco de vida entre aquele povo também xenófobo, que odiava os egípcios. Ele teria que ser introduzido por algum membro proeminente dos habirus, ou seria defenestrado. Já para um membro proeminente de Israel, aceitar apresentá-lo como um descendente de habiru, ele teria que conhecê-lo e ter um motivo ou um objetivo de comum acordo. Este *benei Israel* seria Aharon (também conhecido como Arão), que, para todos os efeitos históricos, apresentou Moisés como seu irmão.

Temos que entender que Arão era o porta-voz de Moisés não porque o líder hebreu era gago, ou falava mal, mas porque desconhecia, inicialmente, a língua habiru. Tanto é verdade que, depois de aprendê-la, já no Sinai é capaz de discursar inflamadamente contra os revoltosos, os insidiosos e os idólatras. Por outro lado, Aharon não iria apresentá-lo como egípcio, tendo que inventar uma história que demonstrasse sua origem hebréia. Sua irmã Míriam teria que estar mancomunada, sem o que sua lenda poderia ser contestada pela irmã ou por outro familiar.

Se Moisés tinha mesmo sangue hebreu é um mistério que jamais saberemos, no entanto, creio que ele devia ter sangue semita, sem o que ele teria traços excessivamente egípcios para se passar por habiru. Na nossa história, inferi que ele seria filho de Jetur, rei de Sydom, mas esta figura é meramente ficcional, pois não há referências de tal personagem na história. Por outro lado, se Thermútis tivesse tido um filho legítimo, com um parente ou nobre destacado para tal fato por Ramsés, seu presumível pai, Ahmose teria o tipo físico egípcio, de difícil aceitação entre os semitas habirus. Deste modo, ela deve ter tido um filho ilegítimo com algum nobre semita que visitou ou habitou a corte de Ramsés II por algum tempo. Poderia até mesmo ser filho ilegítimo de algum *benei Israel* radicado no Egito com a princesa, hipótese que não deve ser descartada. Pode-se até mesmo imaginar que o pai de Moisés fosse o mesmo homem que gerara Aharon e Miriam, mas aí seria levar as hipóteses longe demais.

Se ele era de fato ilegítimo, sua vida na corte deve ter sido péssima, pois ninguém aceitava bastardos, mesmo de origem real. Se ele matou algum guarda, não seria motivo para fugir da corte, pois os egípcios eram liberais quanto a estas 'pequenas faltas' dos nobres. Já se ele tivesse matado um nobre, sua vida de nada valeria, sendo preso e morto. Ele deve ter, portanto, cometido algum ato que o obrigasse ao desterro, mas não à morte.

As lendas judias nos falam que Moisés, antes de se tornar um peregrino nas terras de Madian, lutou nos exércitos egípcios na Etiópia. Não há como comprovar este fato, mas isto não tem a menor importância, pois de uma forma ou de outra ele acabou por se desterrar involuntariamente ou não nas terras de Madiam, onde conheceu Jetro e casou-se com Séfora, tendo com ela dois filhos, de pouca importância na história de Israel.

Na nossa história, eu o fiz conhecer a Babilônia e a cidade de Ur, mas confesso que não há registros de sua passagem por estes locais. Se o fiz, foi mais por uma questão intuitiva. Moisés, sem dúvida, era considerado um grande mago, um poderoso feiticeiro, um medianeiro entre Yahveh e os hebreus. Ele poderia ter aprendido estas artes mágicas nos templos de Amon-Rá, já que era considerado um sacerdote deste templo, ou poderia ter aprendido estas práticas nos principais templos da região, que eram o hetbenben, o templo de Samash (o deus-sol) ou Marduque na Babilônia (não são os mesmos) e o templo de Nanna em Ur. Portanto, as possibilidades de ele ter ido para aqueles locais existem, mesmo que sujeitas a certa dúvida do momento em que não há provas cabais de tais viagens. Mas isto não invalida o fato de que ele tinha uma experiência internacional, portanto, uma mente mais aberta do que dos xenófobos egípcios. Se ele não tivesse, jamais teria levado sua missão a cabo, devido à sua antipatia e preconceito contra os habirus. Ele teria que ter uma visão mais ampla, tanto da espiritualidade, como também dos costumes diferentes de vários povos, sem o que sua missão se tornaria difícil, quiçá impossível.

Qual a real importância de Moisés na história universal? Basicamente ele foi o maior precursor na transformação de um culto henoteísta em monoteísta. Já existiam alguns cultos monoteístas, mas que não conseguiram se difundir adequadamente. Alguns hurritas acreditavam num deus único chamado Sutekh, mas eles não conseguiram e nem quiseram difundi-lo, pois até entre eles, existiam alguns que eram politeístas. Provavelmente, os que acreditavam em Sutekh deviam fazê-lo só para si. Já os judeus, sucessores históricos dos hebreus, eram ferrenhos defensores de

86 A SAGA DOS CAPELINOS

Yahveh, sendo de um fanatismo exacerbado. Esta religiosidade acabaria desembocando na figura de Jesus e na introdução de um deus menos terrível, mais amoroso e justo, que viria a gerar o deus do cristianismo. No entanto, Moisés foi obrigado a apresentar assim mesmo uma divindade ainda feroz, pois seus seguidores só entendiam o medo.

Sua grande atuação, no entanto, foi legislativa, pois transformou sua sociedade, mesmo que ainda nômade, numa nação que caminhava para o estado de direito. Suas leis, tanto religiosas, como sociais, viriam a se consolidar nos livros bíblicos de Deuterônomio, Números e Levítico. Posteriormente, Ezra, por volta do ano 444/400 a.C., transformaria suas leis consuetudinárias em leis escritas, solidificando, através do Torah escrito, o que já era conhecido oralmente.

Se foi Moisés que escreveu os cinco livros, conhecidos como Pentateuco, seria mais uma evidência de que ele andou pela Mesopotâmia, ou pelo menos conheceu as lendas sumérias, pois a criação do universo, a perda do paraíso, o dilúvio universal são lendas de que ele teria tido conhecimento em Ur e na Babilônia.

Se esses livros só foram consolidados por Ezra e sua conhecida assembléia de notáveis, teremos que inferir que o segundo Moisés, como é conhecido Ezra (Esdras), também conhecia e aceitava as lendas sumérias e babilônicas. Aliás, isto não seria nenhuma novidade, já que ele nasceu na Babilônia e foi um dos responsáveis, junto com Nehemias, pelo retorno do povo judeu à Palestina.

De qualquer forma, temos que dar crédito a Moisés, pois a história judaica já menciona a Torah oral antes de Ezra, mas a escrita só foi efetivamente feita com Ezra e Nehemias. Moisés, muito provavelmente, foi o introdutor de uma mudança moral, pois até sua época a moral era principalmente fechada. A moral dita fechada se caracteriza pelo castigo ou punição aos maus ou desviados, usando para tal o medo, o terror divino, exigindo, portanto, que a divindade fosse vista como um ser terrível que punia qualquer falta. Já com Moisés, a moral se tornou utilitária, ou seja, castigo para os maus e prêmio para os bons. Deste modo, Deus passou a ser visto como um ser que podia dar alguns benefícios aos seus fiéis seguidores, mas continuava a ser terrível para os recalcitrantes e desviados de sua rígida lei. Seria necessária a vinda de mais um mensageiro para suavizar a imagem de Deus e transformá-lo não mais num carrasco ou num ser discricionário, mas num ser de amor e justiça.

Capítulo 4

JESUS, O DIVINO DISCÍPULO

Os anos desconhecidos

4.1 – Introdução

Falar de Jesus Cristo é sempre extremamente difícil, pois é a figura sobre a qual mais se escreveu na literatura ocidental. Há as versões as mais contraditórias sobre Jesus, desde considerá-lo um simples homem, galileu inculto e revolucionário até a encarnação do próprio e único Deus. Eu mesmo já tive as mais variadas opiniões sobre Jesus até que me defini pela versão que publiquei. No entanto, ainda há tanto a aprender sobre Jesus, o mundo material e espiritual, que é muito provável que eu venha ainda a mudar de opinião, ou refinar mais ainda minha versão sobre Jesus.

Levei muitos anos lendo vários exegetas – pessoas que se dedicam ao estudo da Bíblia e sua interpretação – e aos poucos fui formando uma idéia sobre Jesus, sua vida e sua obra. O sexto livro *Jesus, o divino discípulo – os anos desconhecidos* trata do nascimento, infância, adolescência e maturidade de Jesus até o início de sua missão. São, portanto, os anos de que não se sabe quase nada.

Ao leitor interessado neste assunto, fazemos um alerta para que se despoje de toda a fé religiosa, pelo menos temporariamente, e que analise os fatos com isenção de ânimo. Tarefa difícil, pois falar de Jesus sempre suscita um aspecto emocional dentro de nós, devidamente incutido durante a infância pelos ensinamentos religiosos, assim como também na vida adulta. Não se trata de perder a fé em Jesus, apenas de tentar analisar os fatos ou a falta deles, navegando pelo mar proceloso do raciocínio o mais

88 A SAGA DOS CAPELINOS

despojado possível de emoções, e tirar ilações valiosas que só irão reforçar a fé, ou trazê-la de volta com mais racionalidade e, conseqüentemente, mais sólida, ou quem sabe implantá-la para aqueles que nunca foram teístas.

Farei um alerta ao leitor: muitos dos assuntos tratados aqui são, de um modo geral, novos. Portanto, por várias vezes, serei repetitivo. Sei que é desagradável ter que repisar o mesmo argumento por várias vezes, mas não tenho outra forma. Algumas das premissas se apresentam para consolidar vários pontos e, com isto, sou obrigado a repeti-los à exaustão. Peço desculpas antecipadamente se isto cansar um pouco o leitor, mas foi pelo bem da clareza dos argumentos que fiz isto.

Os exegetas modernos têm a tendência de desacreditarem de todos os dados relativos à infância e adolescência de Jesus que coincidam com pregressas profecias, as chamadas profecias messiânicas. Eles partem da premissa de que a igreja primitiva, com o intuito de demonstrar que Jesus era realmente o messias, tentou encaixar todas as profecias com aspectos da vida de Jesus. Deste modo, não se acredita que ele tenha nascido em Belém, muito menos numa manjedoura, e como também não crêem que ele tenha sido descendente da família do rei David e que a fuga ao Egito e seu retorno tenham acontecido. Acham que ele nasceu em Nazareth e lá viveu todos os anos de sua infância e juventude, apenas para sair de lá e se juntar ao grupo de João Batista, presumivelmente seu primo. Teria estado com João Batista até que se tornou maduro e independente para iniciar sua própria missão.

As duas correntes de exegeses são antagônicas. As mais antigas acham que a Bíblia está absolutamente correta e a mais recente crê que tudo não passou de interpolações da igreja cristã primitiva no seu afã de provar a legitimidade de Jesus através da confirmação das profecias. Qual das duas está certa, ou haverá uma outra versão totalmente diferente?

Em diversas etapas da apresentação falarei da igreja primitiva e da igreja cristã emergente. Para podermos entender estes dois temas, direi que defini como igreja primitiva aquela que foi instituída pelos apóstolos logo após a morte de Jesus e que se estendeu até a consolidação do cristianismo com o imperador Constantino. A partir de Constantino, eu denomino a igreja cristã emergente, pois foi a partir do Concílio de Nicéia, em 325 d.C., que a igreja primitiva passou a ter os contornos da igreja católica atual.

No meu estudo, eu procurei ver os escritos antagônicos de Jesus, ou seja, aqueles que falam mal dele, especialmente os escritos pelos judeus e romanos da época. É uma triste notícia, pois os cristãos fizeram um bom trabalho, destruindo ou retificando as críticas contrárias. O que sobrou recebeu tratamento posterior para se tornar favorável à figura de Jesus. Por outro lado, os escritos dos judeus contrários a Jesus datam de muitos séculos depois da vida e morte de Jesus, portanto escritos por pessoas que não participaram de sua vida e nem foram seus contemporâneos. As críticas e histórias judaicas desmoralizando ou diminuindo a figura de Jesus eram mais para consumo interno da comunidade judaica, especialmente nos lugares onde ela foi perseguida, com o intuito de darem às novas gerações uma espécie de antídoto contra o cristianismo imposto e obrigatório.

No meio da ganga impura, de vez em quando se é capaz de descobrir certas passagens, provavelmente esquecidas, ou que os cristãos primitivos não acharam importantes, e que podem nos lançar uma luz sobre a figura de Jesus. E foi a partir deste tênue fio que eu me baseei. O leitor poderá dizer que é um fio por demais fino para se tentar construir uma versão nova da história de Jesus, e lhe direi que, além de ele ter razão, é também, junto com algumas outras evidências, as únicas pistas que descobrimos.

4.2 – Yeshua, o filho de quem?

Esta pergunta é mais profunda do que apenas dizer que ele era filho de José e Maria, apresentados na história com seus nomes hebreus, Yozheph e Míriam. Quanto à maternidade de Maria não há muito o que discutir, mas quanto à paternidade de José existem dúvidas razoáveis. A Bíblia nos diz que José descobriu que Maria estava grávida e iria abandoná-la até que um anjo o impediu. Outros dizem que Jesus era filho ilegítimo de um soldado romano chamado Pantera, sendo, pois, um *mamzer*, um filho ilegítimo. No entanto, é pouco crível qualquer uma dessas duas histórias. Uma porque deseja enfatizar que Maria foi fecundada diretamente pelo Espírito Santo, ou seja Deus, e ao eliminar José da paternidade física, abre a possibilidade de ser o próprio Deus seu pai carnal. A outra versão porque deseja tornar Jesus um proscrito desde a nascença e também eliminar a possibilidade de o próprio Deus tê-lo gerado fisicamente.

Não vamos discutir aqui se Deus tem ou não esta possibilidade. Apenas eu me questiono se Ele tem esta necessidade. Afinal de contas, a procriação através do sexo foi instituída por Deus, ou pelo menos com sua aquiescência, e não nos parece um ato sujo, pecaminoso ou que possa denegrir a imagem de quem quer que seja. No entanto, no Oriente, é comum que os profetas e homens santos tenham nascimentos especiais. Nada mais justo do que convencer os iletrados e ignorantes da época de que, sendo o profeta um ser divino, tudo nele seja especial. Portanto, Zarathustra, Sidarta Gautama e Jesus Cristo tinham que ter um nascimento especial, e, no caso de Jesus, um pai divino, e não simplesmente um pai mortal, como todos nós.

Ora, esta versão é profundamente injusta para com Maria e José, e, em última instância, para com o próprio Jesus. Duvidar da paternidade física de Jesus é lançar uma sombra de dúvida sobre Maria, tornando-a uma possível adúltera, o que na minha opinião não deve ter acontecido. Portanto, para mim, José é o pai físico e social de Jesus. Não podemos nos esquecer de que se os espíritos quiserem, eles podem fazer operações genéticas no ovo recém-fecundado, permitindo que certas características sejam impressas e outras apagadas, portanto não há necessidade de que Deus seja obrigado a intervir no sentido de refutar uma lei natural criado por Ele, ou sob sua promulgação.

Por outro lado, dentro do mesmo raciocínio, Maria não deve ter concebido virgem. Além de ser um fato inexeqüível e desnecessário, já que Deus usa suas magníficas leis e não fica abrindo exceções a torto e a direito, é também uma afronta às demais mulheres. Então, por que especial deferência Maria ter um filho sem concurso de um homem, não padecendo de dores da *delivrance* e permanecendo virgem? A idéia recorrente é de que o sexo é uma coisa suja, que avilta o ser humano, e, portanto, indigno da figura da mãe do próprio Deus que se fez carne. Esta visão é tipicamente misógina, ou seja, dos homens que não amam as mulheres e as consideram como levianas e sujas por terem sexo. Não se pode esquecer de que, para os homens do Oriente Próximo, a mulher é um ser subalterno, motivo de vergonha e pecado, instrumento de Satanás. Para eles, como conseqüência, o sexo é motivo de vergonha (quem sabe porque seu próprio desempenho é sofrível, ou porque em seus inconscientes, eles ainda são devassos e colocam a culpa de suas devassidões e promiscuidade na figura feminina, eximindo-se da culpa do pecado de luxúria?). Ora, para estes falsos moralistas, os pais do cristianismo, as mulheres não prestam, são seres diabólicos que os levam ao paroxismo do gozo material, os afasta do paraíso e, por isto mesmo, Maria tem que ser diferente. Jesus não poderia ser filho de uma mulher comum, igual às demais, que possa sentir prazer no amor carnal e que sinta as dores do parto. Não, ela tem que ser imaculada, pura, virginal e, conseqüentemente, digna de gerar o filho de Deus, o próprio Deus feito carne.

Na minha opinião, Maria era uma mulher igual às demais. Pode ser que fosse mais evoluída do que a média das mulheres de então, mas ela gerou Jesus pelos processos normais. Ou seja, casou-se virgem, manteve um conúbio carnal com José, provavelmente bastante saudável, já que teve mais uma série de filhos, e teve um parto normal, sem maiores atribulações. Qualquer outra conclusão nos remete às lendas dos nascimentos dos heróis gregos, sim, porque era também preciso mostrar que Jesus teve um nascimento superior a qualquer semideus, pois senão os gregos e romanos iriam preferir ficar com seus deuses e semideuses, gerados pela volúpia de Zeus (Júpiter para os romanos).

4.3 – Yeshua, descendente de David?

Conforme mencionei, os exegetas modernos não aceitam a idéia de que Jesus era descendente do rei David, dizendo que a genealogia que aparece na Bíblia foi uma interpolação posterior da igreja primitiva. Deste modo, Jesus não teria sido descendente, mesmo que os apóstolos achassem isto de suma importância. O nascimento de Jesus na cidade de David, Belém, também não passa de um mito para certificar os judeus da época de que Jesus era o messias, fato este posto em dúvida por muitos deles.

A perseguição de Herodes a Jesus também não passaria de lenda, assim como a sua fuga ao Egito. A ida ao Egito seria apenas para confirmar uma lenda judaica dizendo que Deus teria trazido do Egito o seu filho unigênito. Esta tendência moderna de negar todas as coincidências com as profecias messiânicas também não encontra eco na realidade. Trata-se apenas de uma opinião de pessoas que se dizem abalizadas, no entanto, são apenas opiniões. Não há como provar que ele nasceu em Belém, não se tem o seu registro de nascimento, nem o carimbo no passaporte e nem nenhuma conta de gás ou telefone provando a sua estadia no Egito. Naquele tempo, os registros eram falhos, os controles inexistentes e, se existiam, não foram preservados até nossos dias. Deste modo, temos que procurar outro caminho para definir sua ascendência.

O leitor que tem paciência, siga meu raciocínio. Se Jesus tivesse nascido em Nazareth e tivesse sido criado naquela cidade, ele não teria a oportunidade de se tornar um homem letrado, o que comprovam os fatos

92 A SAGA DOS CAPELINOS

e a história. Nazareth era uma cidade perdida no meio da Galiléia, sem nenhum progresso. Os galileus eram conhecidos pela sua ignorância e, naquele tempo, o analfabetismo chegava a noventa e cinco por cento tanto dos judeus como dos galileus. Para ser letrado, tanto o judeu como o galileu, tinha que ser de classe alta, da nobreza, pois só desta forma teria oportunidade de aprender a ler e escrever. Os judeus e os galileus conheciam, esparsamente, a Torah oral – *torá she-beal-pé* – que era uma condensação do Velho Testamento. Para que alguém soubesse bem a Bíblia, com seus livros *Chumash*, *Nevüim* e *Ketubim*, teria que saber ler e escrever, e mais: teria que falar bem o hebraico antigo, quando a língua falada pelos judeus e galileus daquela época era o aramaico. (Os judeus passaram a falar o aramaico após terem sido levado cativos para a Babilônia pelo rei Nabucodonosor, pois essa era a língua dos babilônios). Deste modo, para Jesus poder citar passagens da Bíblia e a utilizar com facilidade, ele teria que tê-la estudado com grande afinco. Certamente, ele sabia ler e escrever e, como conseqüência, ele não era um *am-ha arez* – um homem simples do povo. Ele tinha que descender de família nobre.

O que tal família nobre estaria fazendo homiziada num buraco infecto-contagioso como era Nazaré, daqueles tempos? Ninguém iria para lá de livre e espontânea vontade. Só se pode deduzir que estavam lá escondidos. Mas de quem? Só se pode concluir que estavam lá, incógnitos, fugindo do poder real. Para tanto, deviam ser realmente da família de David, ou, pelo menos, se consideravam desta família, e o poder real – a família de Herodes, o Grande – também acreditava que eles fossem. Se eram ou não, não tem grande importância, mas que, sem dúvida, eles se achavam e os seus perseguidores também acreditavam nesta pretensa descendência, deve ser encarada como um fato lógico.

Se de fato o eram, deviam ser de posição nobre e portanto, ricos. Se morassem em Nazaré, a família de Jesus – avô e pai – não seria proeminente o suficiente para que Herodes, o Grande se preocupasse com ela. Eles teriam que ser de Jerusalém, ou pelo menos de Belém, próximo da capital da Judéia. Além disto, se eles fossem nobres, eles pertenceriam ao *kenesset* – assembléia dos nobres – e até mesmo, provavelmente, ao sinédrio – *sanhedrin*. Se não pertencessem, eles não seriam perseguidos e iriam se esconder em Nazaré. Se eles pertencessem ao sinédrio, eles teriam influência no governo, portanto sujeitos a adquirem inimizades e, eventualmente, sofrerem perseguições.

THE MAKING OF A SAGA DOS CAPELINOS

Se este raciocínio estiver correto, então deve ter sido o avô de Jesus o grande causador da perseguição à sua família por parte de Herodes. Ele deve ter sido uma figura pública de caráter e personalidade forte que, com sua atuação política, levou Herodes a persegui-lo e a querer exterminar toda a sua família.

Para o leitor menos familiarizado com Herodes, o Grande, é preciso dizer que ele foi um rei empossado por César Augusto, imperador romano, os verdadeiros donos da região. Ele não era judeu, sendo um idúmeo, portanto um árabe, com fortes inclinações helênicas, que governou com mão-de-ferro. Para se tornar rei, ele não teve pejo de mandar afogar Aristóbulo, neto de Hircano II, que seria, presumivelmente, o legítimo sucessor ao reino da Judéia. Era, portanto, um homem que defendia seu reino com unhas e dentes, tendo conseguido expandi-lo para gáudio seu e de seus amigos romanos. Apenas para se ter idéia de sua crueza, ele mandou matar seus dois filhos, que tentaram destroná-lo. Era, pois, um homem que defendia suas conquistas e seu trono com unhas e dentes.

A família do rei David era considerada pelo povo como a legítima sucessora do trono, e os demais, usurpadores, especialmente um miserável idúmeo culturalmente helenista, como Herodes era visto pelos judeus da época. Eles esperavam que o messias libertador fosse da família de David, portanto, eles esperavam que o messias fosse um rei guerreiro que os livraria do jugo dos estrangeiros. Deste modo, ao se apresentar como descendente de David, o avô de Jesus, Jacó, só pode ter atraído a cólera de Herodes, que deve ter mandado matá-lo e, como era praxe na época, matar toda a sua família. Deste modo, a perseguição não deve ter sido especificamente a Jesus, mas a toda família de Jacó.

Como conclusão, creio que Jesus devia ter sido da família de David, ou de uma família que se acreditava ser descendente do lendário rei David, portanto candidato natural ao trono do reino de Israel, um reino unificado e não desmembrado como o era na época. Veremos outros detalhes a respeito do nascimento de Jesus.

4.4 – Yeshua, nascido onde, quando e como?

Minha teoria é que Jesus, sendo de boa família, não nasceu numa manjedoura, mas em 'berço de ouro'. No entanto, esta versão não seria 'politicamente correta' para se atingir os pobres. A lenda de que ele teria nascido numa manjedoura e de que seria de família pobre era conveniente para trazer os pobres para o lado da igreja primitiva. No entanto, pelos motivos já expostos no ponto anterior, se ele fosse pobre, não teria acesso ao estudo que ele demonstrou ter sempre no decorrer de sua vida pública.

Se ele nasceu em Belém ou em Jerusalém ou em alguma cidade da Judéia proeminente não é fundamental para a sua existência, mas ainda acho que a aldeia de Belém, que também não era grande coisa, ainda é a opção mais adequada. Para que Jacó, o avô paterno de Jesus, se achasse da família de David, ele devia viver em Belém, freqüentando as altas rodas de Jerusalém, que fica próxima. Caso contrário, ele teria dificuldades em se dizer descendente daquela família mítica, cuja origem era Belém.

Se ele nasceu em Belém, não havia motivo para ele nascer numa manjedoura. Ele deve ter nascido normalmente em seu lar e ter sido colocado num berço também usual para aquela época.

As lendas falam de um censo feito por Quirino, mas este censo não aconteceu no ano zero da nossa era comum, mas sim por volta do ano 6 a.C. Também há fatos que demonstram que houve uma conjunção dos planetas Júpiter e Saturno que aconteceram tanto no ano 7 a.C. como também no ano 6 a.C. Esta conjunção faz com que os dois planetas apareçam bem brilhantes no céu, possivelmente gerando a lenda da estrela de Belém. Falam também da perseguição de Herodes a Jesus quando ele era bem pequeno, mas como Herodes morreu no ano 4 a.C., Jesus deve ter nascido provavelmente no ano 6 a.C., e sua perseguição se deu no ano 4 a.C., quando ele tinha por volta de dois anos de idade.

Quanto à forma de seu nascimento, eu estou plenamente convencido de que deve ter se dado como todos os nascimentos de seres vivos, ou seja, pelo processo normal. Não há necessidade de Deus ou os espíritos superiores terem arquitetado um nascimento especial, assim como não acredito na necessidade de uma fecundação excepcional. Quanto à adoração dos pastores, é até uma possibilidade, especialmente se ele era filho de um nobre da região, dono de rebanhos, a quem os pastores filiados ou empregados à sua casa devem ter vindo prestar sua homenagem

Já a vinda dos reis magos é uma possibilidade bastante real. Os magos eram, na realidade, o nome dado aos sacerdotes de Zarathustra, portanto persas, ou melhor dizendo, naquela época, parthos, aparentados racialmente com os antigos persas, da grande família indo-européia. Portanto, as imagens que mostram um Balthazar negro pode ser de grande beleza

THE MAKING OF A SAGA DOS CAPELINOS   95

poética, especialmente para dizer que todas as raças vieram adorar ao filho de Deus, mas é totalmente improvável. Balthazar devia ser partho e, portanto, branco, provavelmente alto como eram os persas e parthos, de cabelos negros ou castanho-claro anelados, com barba bem cuidada, como era o costume da época.

Só não acredito que eles tivessem vindo quando Jesus era um recém--nascido. Se eles se guiaram pela estrela de Belém, ou seja, pela conjunção de Júpiter e Saturno, e viram nisto o nascimento de Xaosiante, o deus Mithra renascido para combater o mal e livrar o mundo da perversão, eles devem ter chegado bem mais tarde. Isto porque entre vislumbrar a conjunção e preparar uma caravana, era coisa para alguns meses. Por outro lado, a história que eu desenvolvi de que foram os reis magos que levaram Jesus para o Egito é meramente uma construção poética que não irá encontrar nenhuma base em fatos históricos. Não há como provar e nem desmentir.

Se realmente houve a perseguição à família de Jesus, José e sua pequena família devem ter fugido da Judéia, não indo para a Galiléia, pois lá o perigo continuava a existir, mas provavelmente para o Egito, onde existia uma grande colônia de judeus em Alexandria. Não há como comprovar este fato, sendo, portanto, sujeito a interpretações e aceitação duvidosa. Aliás, a infância e adolescência de Jesus é toda constituída mais de dúvidas e hipóteses do que de certezas.

4.5 – A influência persa na vinda do messias

A história bíblica sobre a aparecimento dos reis magos tem algumas finalidades de ordem esotérica, para os crentes da época, pois a astrologia estava na moda, o que aliás renasceu na presente data. Os magos foram mais uma evidência de que o nascimento de Jesus foi obra divina, portanto, mais uma comprovação de que ele era uma pessoa especial. Os magos vindos do Oriente, portanto da Pérsia (na época, a Parthia), comprovavam para os crentes da igreja primitiva que Jesus era realmente o messias.

Os persas esperavam o nascimento do deus Mithra, que iria terminar com a luta entre Spenta Mainyu, o arcanjo do bem, e Angra Mainyu, o arcanjo do mal. Ambos, pelas lendas persas, eram arcanjos de grande beleza, filhos de Ahuramazda, o deus supremo dos persas, e Angra Mainyu revoltou-se contra seu pai e criador, junto com vários outros anjos e arcanjos, formando uma grande legião do mal. Os anjos do mal eram chamados de *devas*, que nada têm a ver com os *devas* dos indianos. Pelas crenças persas, a criação divina era dividida em períodos de três mil anos, alternados entre Spenta Mainyu, o bem, e Angra Mainyu, o mal. No final do quarto período, Mithra renasceria como Xaosiante e expulsaria Angra Mainyu para o inferno, definitivamente, implantando um reino onde só iria prevalecer o bem.

Os judeus assimilaram também esta noção, conhecida como *Shemitot*, sendo descrita no *Talmud*. Este livro nos diz que o mundo durará por seis mil anos, sendo dois mil anos regidos pelo caos, dois mil pela Torah, e os últimos dois mil serão comandados pelo messias. Era natural que os judeus diminuíssem os ciclos de três mil anos para dois mil e desaparecessem com dois grandes ciclos de três mil anos dos persas para poder coincidir com o seu próprio calendário. Se aceitassem os ciclos persas, ou teriam que aumentar seu calendário, que hoje está por volta de 5750 anos, ou teriam dificuldades em explicar onde estão os demais anos, já que, na sua concepção, o seu calendário se inicia com a própria criação divina.

Essas idéias foram apreendidas pelos judeus quando estiveram no cativeiro da Babilônia e, posteriormente, libertados pelos persas de Kurush (Ciro segundo os gregos). Aliás, várias idéias persas foram adquiridas e incorporadas ao pensamento judeu e, posteriormente, ao pensamento cristão. A vinda de Xaosiante tornou-se a vinda do messias, pois Mithra era um deus guerreiro, resplandecente, que iria derrotar o mal e tirar a tendência maligna do homem através de sua imensa força e poder. O mesmo esperavam os judeus, sendo que, ao incorporarem este conceito, eles o trouxeram para a cultura judaica como sendo um guerreiro libertador do povo judeu, que levaria este povo sofrido e dominado a um patamar elevado entre as nações.

Os per sas, com sua mitologia de origem ariana, tinham dividido os filhos de Ahuramazda em duas categorias: os *mazdas* (senhores) e os *devas* (demônios, antigos *mazdas* revoltados). Como viam na criação de Ahuramazda uma atividade criativa imensa, a quantidade de *mazdas* e *devas* era enorme. Logo, em sua concepção, existia um anjo (*mazda*) para cada povo, para cada região, para cada pessoa, para cada dia do ano, para cada hora, para cada minuto, para cada segundo, para cada coisa viva, para cada coisa inanimada e, para o cúmulo do exagero, um mensageiro para cada gota de chuva que caía do céu. Os judeus assimilaram esta concepção e também fizeram suas divisões, atribuindo aos anjos e arcanjos, tronos, dominações, potestades, querubins e serafins, os números extraordinários de *mazdas* que os persas tinham. Esta crença existe até hoje, especialmente revivida com a crença nos anjos que pulula em vários escritos de inúmeros autores contemporâneos.

O duelo entre Spenta e Angra Mainyu também encontra paralelo nos judeus, pois trata-se da luta entre o arcanjo Miguel e suas hostes do bem, contra Lúcifer e suas tropas revoltadas. Quando os judeus retornaram da Babilônia, eles haviam incorporado vários mitos babilônicos, sumérios e persas. Entre eles, existia o mito do 'outro lado' (*sitra achra*), o lado negro, o mal personificado, ou seja, o adversário. A palavra Satan quer dizer 'o acusador' em hebraico antigo, e o demônio teria uma série de nomes, entre eles o mais conhecido como a vergonha de Deus – Samael. Lúcifer, o portador do archote, não é um nome hebraico ou aramaico, provavelmente, uma interpolação posterior da igreja primitiva para substituir ou acrescentar mais um nome a Satan.

O messias tinha como objetivo, na opinião dos judeus daquela época, retirar o mal do mundo, mal este que estava incrustado no ser humano por uma inclinação, ou seja, uma certa tendência, digamos, quase atávica, quase genética, que os judeus chamavam de *ietser ha-rá*. Para os persas a retirada do mal no mundo era quase mágica, mesmo que para os judeus cultos eles diziam que tal tendência podia ser combatida com bons atos, pensamento elevado e o estudo da Torah. No entanto, havia a crença de que o messias iria retirar, quase milagrosamente, este *ietser ha-rá* dos homens, deixando-os livres do mal, já que Satan ou Samael e suas hostes demoníacas seriam derrotados e jogados perpetuamente no inferno, de onde não mais sairiam.

Até agora estão explicados o motivo da lenda do messias, os anjos bons e maus de nossa tradição e de onde eles provêm. No entanto, devemos nos perguntar como nascem tais lendas. De onde elas se originam? Minha teoria se baseia no seguinte argumento. Os persas haviam adquirido estas lendas de seus antepassados indo-europeus da vertente oriental, que acreditavam que o grande Varuna havia lutado no céu contra os demônios que haviam se revoltado e os expulsou para a Terra. Esta lenda deve ser melhor entendida como sendo o grande degredo dos capelinos. Era, portanto, uma reminiscência, provavelmente mal interpretada, do exílio

98   A SAGA DOS CAPELINOS

a que os capelinos foram submetidos pelos espíritos superiores. Contudo, para não dar a idéia de que eles foram expurgados, expulsos de seu paraíso e abandonados à sorte, os espíritos guias devem ter influenciado os reencarnados com idéias positivas de que eles seriam sempre ajudados e poderiam ingressar nos planos mais elevados no momento em que atingissem uma evolução espiritual compatível. Ou seja, no instante em que não tivessem mais a inclinação para o mal (*ietser ha-rá*), somente existindo em seus íntimos a inclinação para o bem (*ietser tov*), esses espíritos – aliás, qualquer espírito – poderia ingressar nas esferas felizes.

Deste modo, a lenda de que os arcanjos se revoltaram contra Deus e foram expulsos do paraíso encontra uma explicação mais racional no degredo dos capelinos. É preciso somente alertar para o fato de que os capelinos não eram espíritos evoluídos que se revoltaram contra Deus, mas sim que os degredados eram espíritos de evolução mediana que haviam se perdido na senda evolutiva, vindo a se tornar psico patas, sociopatas, esquizofrênicos, em suma, desviados da lei divina, que exigiam uma recuperação espiritual excessivamente demorada, que não mais encontraria local apropriado no seu planeta de origem. Não eram, pois, arcanjos de rara beleza espiritual que, por motivos fúteis, se revoltaram contra Deus.

Os bons espíritos devem ter informado, através de meios mediúnicos (incorporação, intuição ou vidência) ou de desdobramento astral durante o sono, que haveria sempre espíritos iluminados que viriam renascer, em missão sacrificial, junto aos homens, para tirar esta tendência para o mal, tanto do íntimo do ser humano, como do próprio mundo. Eu acredito que a retirada desta tendência, que não é genética, nem atávica, mas devido à caminhada evolutiva do espírito, portanto algo de muito natural, não se dá por meios miraculosos, e sim, através de um esforço permanente, constante e persistente no caminho do bem. Mas, para os antigos, que desconheciam o conceito de evolução, esta retirada deveria ser feita de forma mágica e ninguém melhor talhado para tal feito mágico e miraculoso do que o filho unigênito de Deus. Para os persas, Mithra era o primeiro e grande filho de Deus, o mais evoluído, o mais perfeito de todos os seres depois de Deus, e esta idéia passou para os judeus, e principalmente, para os cristãos, que Jesus tinha de ser o mais perfeito de todos os seres, pois era o próprio Deus feito carne, para usar um jargão católico.

4.6 – Fatos reveladores a respeito de Yeshua

Para tentar detectar quem era Jesus, me baseei em duas versões: a Bíblia e os escritos dos judeus. Se você é capaz de entender um ser adulto, você pode, mais ou menos, inferir que tipo de infância e adolescência esta pessoa deve ter tido. Por exemplo, se você encontra uma pessoa refinada, que conhece várias línguas, que dá demonstrações de cultura (mesmo que não seja de forma ostensiva), com boa fluência verbal, com determinado sotaque, se se veste com aprumo, comporta-se à mesa com boas maneiras e trata os demais com fidalguia, pode-se concluir que ele teve uma boa educação na infância, provavelmente com pais (biológicos ou sociais) também educados, cursou bons colégios, teve a oportunidade de viajar, seja a negócios e/ou a turismo, provavelmente dado à leitura devido a seu conhecimento cultural. Pelo tipo de sotaque, ou mistura de sotaques, pode-se deduzir onde ele foi criado durante certo período da infância ou adolescência. Em suma, quanto mais você conhecer intimamente esta pessoa, mais você poderá deduzir (não necessariamente acertar com precisão) que tipo de pais biológicos ou sociais ele teve, que escolas freqüentou, os lugares por onde foi criado e andou e o tipo de emprego que teve (tamanho, cultura e nacionalidade da empresa).

Baseado nestas premissas, é que desenvolvi a história de Jesus. Ou seja, quanto mais conhecermos o Jesus histórico, mais inferências poderemos fazer sobre os anos desconhecidos. Não significa, entretanto, dizer que iremos acertar com precisão, mas deveremos chegar bem próximos do Jesus real.

4.7 – Yeshua e sua família

A família é um dos aspectos mais importantes para a formação da personalidade de qualquer ser humano. A influência da mãe e do pai, nesta ordem, é de vital importância para a formação da personalidade. Por outro lado, entram neste composto – a personalidade – a classe social, a cultura dessa classe social, a cultura da sociedade em que está inserido o ser humano em formação e a escola. Neste item, entram as influências ternárias, que são os eventuais amigos, os irmãos, se houver, e a classificação do ser humano entre seus irmãos, ou seja, se ele é filho único, primogênito, irmão do meio ou o benjamim – o filho mais novo.

100 A SAGA DOS CAPELINOS

Assim também entram as influências temporais, ou seja, a idade dos pais, dos irmãos (a diferença de idade) e as doenças ou tipo de alimentação que podem assomar o ser em formação. Deste modo, a este composto complexo, ainda iremos juntar a evolução espiritual do ser em formação que irá fazer uma espécie de triagem daquilo que ele recebe e reagir de modo todo particular, gerando uma personalidade toda típica e individual.

Baseado nestas premissas, sabemos, pelas histórias bíblicas, que Jesus tinha vários irmãos, pois há citações textuais a este respeito. Os puristas, que desejam preservar a imagem de uma Maria eternamente virgem, dizem que são seus primos, mas os melhores exegetas da atualidade, inclusive alguns católicos de boa cepa, acreditam que não se tratava de primos, e sim de irmãos verdadeiros. Outros, ainda na tentativa de proteger a virgindade permanente de Maria, vêem os demais como filhos de José, provavelmente de um primeiro casamento.

Esta teoria de que José teria tido filhos de um primeiro casamento faria de Jesus o benjamim, ou seja, o filho mais moço de um homem provavelmente já maduro, quem sabe na casa dos quarenta anos. Logo, se esta teoria fosse verdadeira, o seu irmão mais velho deveria estar com cerca de dez anos, no mínimo quando Jesus nasceu. Sabemos que o irmão que assumiu a continuação da missão evangélica de Jesus foi Yacob (Jacó), apelidado de o Justo, que seria morto no ano 62. Considerando-se que Jesus nasceu no ano 6 a.C., Jacó teria nascido por volta do ano 16 a.C., tendo setenta e oito anos na época de sua morte. Muito improvável, já que a idade média naquela época estava situada por volta dos quarenta anos. No entanto, não é impossível, apenas improvável.

Eu não consigo ver em que o fato de Jesus ter irmãos de mesmo pai e mãe pode denegrir a imagem de Maria. Isto pode refutar a permanente virgindade de Maria, mas na realidade só a enaltece mais como paradigma da mulher. Não como um ser etéreo, assexuada, mas uma mulher saudável, que mantém um saudável conúbio sexual com seu legítimo marido, tendo pelos métodos naturais a sua extensa prole. Deste modo, temos que deixar de lado este mito da igreja primitiva, pois isto em nada enobrece a sua figura materna, pelo contrário, a transforma numa exceção que de modo algum enaltece a figura feminina.

Se Jesus foi, por outro lado, o primogênito, não há como prová-lo, pois as histórias bíblicas são imprecisas. Há, no entanto, fortes evidências disto de forma indireta. Senão vejamos. Se Jesus foi de fato perseguido

THE MAKING OF A SAGA DOS CAPELINOS 101

pelo fato de ser o legítimo herdeiro do trono de Israel é porque era o primogênito. Se fosse um irmão do meio, não teria direito ao pretenso trono de David, muito menos se fosse o filho mais novo de um segundo casamento, pois, neste caso, a herança se faz pelo lado paterno e não materno, como afirmam alguns exegetas. O trono era herdado por determinação paterna, seja porque o filho era primogênito ou porque o pai assim determinava, como foi o caso de Salomão, que, mesmo não sendo o primogênito, herdou de David devido a uma série de insurreições do primogênito biológico contra sua figura real. Deste modo, temos que concluir que a possibilidade de Jesus ser o primogênito do casal José e Maria é muito forte. Além disto, José, o pai, também tinha de ser o primogênito de Jacó, o avô, sem o qual Jesus também não teria direito ao trono de Israel. Sabemos que José tinha irmãos (quantos irmãos, nós não temos referências históricas confiáveis), mas temos registro de um que seria Cleophas, também chamado de Alfeu. Qual dos dois nomes é correto? Impossível determinar. Pode até ser que ele tivesse dois irmãos, um Cleophas e outro Alfeu. De qualquer modo, eles parecem não ter tido grandes influências na formação do caráter e personalidade de Jesus.

Sabemos, por outro lado, que, em determinada altura da vida de Jesus, a relação entre Maria e Jesus foi um pouco turva, assim como entre Jesus e seus pretensos irmãos. Os Evangelhos chegam a mencionar que seus irmãos o achavam louco. Por que será que alguém acha outro louco e depois conclui que estava enganado? Provavelmente porque não o entendiam. De qualquer modo, isto vem demonstrar que Jesus teve algumas desavenças, não se sabe de que monta, com sua mãe e irmãos.

Podemos, no entanto, concluir que Jesus deve ter sido o filho primogênito de uma família numerosa e que sua relação com a mãe e alguns, senão a totalidade, de seus irmãos foi meio turva, especialmente no início de seu ministério. As razões terão de ser analisadas de forma mais detida adiante.

4.8 – Yeshua tinha um irmão gêmeo univitelino?

Este é um ponto interessante, mesmo que não seja polêmico e nem determinante para a formação final da personalidade de Jesus, mas que pode ter sua relevância em alguns outros pontos que mencionaremos. Nós nos baseamos em dois fatos. O primeiro é o apelido de Yehudá (Judas), que é chamado nos Evangelhos de Tomé. O segundo é um escrito em que é mencionado especificamente que Judas é o gêmeo do Senhor (Atos de Tomé).

Tomé, tom, tauma, dídimo significa gêmeo de forma inequívoca em hebraico, diminutivo hebraico, siríaco ou aramaico e grego clássico antigo. O leitor poderia dizer que Judas poderia ser gêmeo de qualquer outro irmão de Jesus e não necessariamente do próprio. No entanto, a segunda assertiva nos leva à conclusão de que há escritos, Atos de Tomé, que dizem textualmente, 'Judas dídimo, vós que sois gêmeo do Senhor...'. O leitor pode dizer duas coisas quanto a esta frase. A primeira que se trata de um evangelho apócrifo, portanto sujeito a dúvidas. A segunda é, como muitos exegetas assim o dizem, que Judas era gêmeo em espírito, tendo o mesmo modo de pensar de Jesus, mas não necessariamente gêmeo físico.

Eu relutei durante alguns anos em acreditar nesta possibilidade, ou seja, de Jesus ter um irmão gêmeo. Eu me perguntei, diversas vezes, qual seria o motivo que os espíritos superiores teriam em lhe colocar um gêmeo. Várias suposições me passaram pela cabeça, desde as mais descabidas, as quais não descartei de imediato e outras um pouco mais sadias, as quais analisei com mais cuidado.

Um dos aspectos descabidos foi imaginar que os espíritos superiores poderiam ter colocado um irmão gêmeo para morrer no lugar de Jesus, permitindo que ele continuasse vivo e intacto. Concluí que seria uma fraude e uma ignomínia, tanto dos espíritos superiores como do próprio Jesus deixar seu irmão gêmeo morrer em seu lugar. Seria vergonhoso e digno de um crápula. Portanto, acabei eliminando esta possibilidade, mesmo sabendo que há pessoas que acham que isto seria possível.

A razão mais séria é um fato de relevante importância na personalidade dos gêmeos. A maioria dos gêmeos univitelinos tem uma simbiose psíquica muito aguda, permitindo que vários fenômenos de telepatia sejam um fato corriqueiro. Ora, esta simbiose pode ser conseguida com outras pessoas, mas jamais tão profundamente e naturalmente do que com os gêmeos.

Para que seria preciso esta simbiose? Dediquei-me a alguns pensamentos e concluí pela seguinte teoria. Os Evangelhos sinópticos (Mateus, Marcos e Lucas) foram escritos entre os anos 60 e 100 da era comum, portanto muito provavelmente por pessoas que tiveram contato com Mateus e Marcos, já que se sabe que Lucas era um grego que jamais conheceu

THE MAKING OF A SAGA DOS CAPELINOS

Jesus pessoalmente. No entanto, os exegetas estão mais do que convencidos de que estes Evangelhos foram construídos sobre frases avulsas, soltas, compiladas no decorrer do tempo, tornando-se conhecido no meio acadêmico como o Evangelho Q (Q de *Quelle* que, em alemão, significa *fonte*). Ou seja, havia manuscritos que foram compilados por alguém que retratava as palavras de Jesus, mas não os atos, portanto não era uma história cronológica da vida pública de Jesus. Era apenas, e não deixa de ser importante, uma coletânea das palavras, nem todas, mas apenas de algumas das frases provavelmente mais marcantes da pregação de Jesus.

Neste caso, quem melhor do que alguém que tivesse uma simbiose perfeita, dentro do que se pode considerar como perfeição, com o divino mestre, para compilar e entender a fin de poder interpretar as palavras de Jesus. Neste caso, Judas, apelidado de Tomé, seria a pessoa ideal, devido à simbiose psíquica que devia ter com seu gêmeo.

O leitor pode se perguntar por que não Jesus escrever suas próprias palavras. Creio que a resposta mais correta seria a total falta de tempo a que devia estar submetido este homem. Do momento em que começou seu ministério, ele devia ser avassalado por inúmeras pessoas, algumas à procura de curas e outros atrás de informações e questionamentos. Há passagens em que se nota que Jesus ficava tão assoberbado com a multidão que lhe solicitava as coisas mais estapafúrdias, assim como de pessoas que vinham discutir questões importantes, que os seus apóstolos eram obrigados a protegê-lo e expulsar os que o incomodavam. Logo, tinha de haver alguém capaz de compilar os ditos de Jesus para a posteridade.

Para entender os motivos de não se escrever uma crônica detalhada sobre Jesus, é preciso se despir da nossa cultura atual e regredir àquela época. A imensa maioria não sabia escrever e os livros não existiam. O que havia eram rolos de papiros ou de outro material (pele de animais, tábua de argila etc.) em que se escreviam à mão as histórias. A reprodução desses manuscritos era lenta e custosa. O povo não tinha acesso à leitura metódica e constante. Somente após o advento da imprensa, e mesmo assim depois que a sociedade se preocupou em alfabetizar a grande massa de desvalidos, é que a indústria editora deslanchou. No entanto, já estamos falando dos século XIX e XX. Antes, ler era luxo para poucos, que guardavam esta arte a sete chaves, pois conhecimento é poder.

Estou plenamente convencido de que Jesus e seus discípulos não tinham a intenção de escrever compêndios, até porque, é minha opinião,

104 A SAGA DOS CAPELINOS

Jesus nunca quis reescrever a *kitvei ha-kodesh*, ou seja, as sagradas escrituras, comumente chamadas de Bíblia. Veremos que sua missão era de teor diferente, e que, pelas suas próprias palavras, ele não tinha vindo para refutar a lei dos profetas, mas para fazê-la cumprir em todos os seus pontos. Isto significa que ele achava que as escrituras sagradas já eram suficientes para levar o homem ao bom caminho e nada tinha que acrescentar a não ser uma interpretação mais espiritual das palavras, que dizer, nem tanto a letra que mata, mas sim o espírito que vivifica. Tanto é que todas as suas palavras acabavam reforçando o que existia na Bíblia, não trazendo nenhum ensinamento diferente, mas apenas solidificando o que já existia, dando-lhe uma interpretação mais amorosa, fraterna e universal.

Como conclusão, creio que os espíritos superiores determinaram a vinda de um co-messias, se é que posso usar esta estranha expressão, como um apoio logístico, moral e intelectual a Jesus. No entanto, parte da missão de Judas que seria de continuar a missão de Jesus no caso de ele morrer – algo que discutiremos mais adiante – acabou por se tornar nula devido à perseguição romana à família de Jesus. (Sobre isto, sabe-se que os romanos chegaram a perseguir a família de Jesus no ano 132, portanto não era apenas uma coisa local e fugaz, mas algo de grave, pois eles sabiam que deviam exterminar a possibilidade de existirem descendentes de David a reivindicar o trono de Israel.) No entanto, a compilação das palavras de Jesus, especialmente aquelas que não eram as usuais, aquelas que ele não devia repetir com insistência (todo mestre é obrigado a repetir as lições para que elas se solidifiquem na mente dos alunos) devem ter sido compiladas pelo seu gêmeo, gerando o evangelho Q. Neste ponto, Judas, Tomé, Dídimo ou simplesmente Tauma (Tomás) foi de relevante importância para a doutrina cristã.

4.9 – Yeshua tinha sotaque egípcio?

Devemos esclarecer de imediato que o sotaque egípcio mencionado aqui neste ponto é o sotaque do judeu alexandrino, e não um eventual sotaque de algum egípcio antigo (um kemetense) que soubesse falar o aramaico. Os judeus tinham aversão aos egípcios, tanto o egípcio antigo, por terem sido os adversários de Israel em várias ocasiões, como também aos judeus que haviam se fixado em Alexandria, cidade situada no Egito, por os considerarem pessoas conspurcadas pela cultura variada que exis-

The Making of A Saga dos Capelinos   105

tia em Alexandria, como também 'traidores' que preferiram a antiga terra dos seus inimigos históricos em vez de morarem na terra prometida.

O fato de Jesus ter um sotaque egípcio é um ponto jamais mencionado por nenhum exegeta, historiador ou estudioso do assunto. Levantei tal aspecto em *Guerra dos judeus* e *Antigüidades judaicas*, escritas pelo judeu helenizado Josefo. O texto em Josefo é o seguinte:

> Um golpe ainda pior foi desferido contra os judeus pelo falso profeta egípcio. Um charlatão, que obtivera fama de profeta, este homem apareceu no país, reuniu cerca de trinta mil seguidores ingênuos, e conduziu-os por um caminho tortuoso do deserto até o monte chamado monte das Oliveiras. Daí propôs forçar uma entrada em Jerusalém, e depois de dominar a guarnição romana, estabelecer-se como tirano do povo, empregando aqueles que entraram com ele como sua escolta. (Josefo. *Guerra dos judeus.* 2261-262.)

> Nessa época chegou em Jerusalém um homem proveniente do Egito que declarou que era um profeta e aconselhou as massas do povo comum a irem com ele para a montanha chamada monte das Oliveiras, que fica do lado oposto à cidade numa distância de um quilômetro. Pois afirmou que desejava demonstrar daí que sob seu comando as muralhas de Jerusalém cairiam, através das quais prometeu dar-lhes uma entrada na cidade. (Josefo. *Antigüidades judaicas.* 20169-170.)

Estes textos são altamente polêmicos, pois a maioria dos exegetas acha que Josefo está se referindo a outro profeta, e não a Jesus. Os exegetas afirmam que isto se passou no tempo do procurador Félix, e que rapidamente suas tropas massacraram os incautos, mesmo que o egípcio escapasse. Félix governou a Judéia de 52 a 60 (?), enquanto que Pilatos foi de 26 a 36. Há, portanto, uma diferença de dezesseis a vinte anos.

No entanto, as coincidências são fortes, pois Jesus também juntou as pessoas no monte da Oliveiras – local em que os peregrinos se reuniam para irem até Jerusalém – e entrou na cidade santa em grande séquito e, durante a Páscoa em que foi morto, houve um ataque à fortaleza Antônia, onde estavam os romanos.

Eu creio que Josefo estava se referindo a dois fatos parecidos. Um acontecido no tempo de Pilatos e outro no tempo de Félix. O de Pilatos

106 A SAGA DOS CAPELINOS

é o texto número 1, enquanto que o texto número 2 é o do tempo de Félix. Ambos tiveram massacres de judeus e em ambos, durante as lutas, os profetas fugiram, sendo que Jesus seria preso logo a seguir, enquanto o destino do outro egípcio, se é que era egípcio, não é conhecido.

Outros dizem que Josefo não poderia estar se referindo a Jesus, pois o chama nominalmente de falso profeta egípcio, enquanto que a Jesus, ele o intitula de:

> ... homem sábio, se é que se pode chamá-lo de homem. Pois ele foi o autor de feitos surpreendentes, um mestre de pessoas que recebem a verdade com prazer. E ele ganhou seguidores tanto entre os judeus, como entre muitos de origem grega. Ele era o messias.

No entanto, os próprios exegetas afirmam que este texto, que aparece na vulgata grega, é falso, tendo sido uma interpolação posterior da igreja primitiva.

Retornando a Josefo, e baseando-nos em que o texto (1) esteja se referindo a Jesus, por que ele o chamaria de falso profeta egípcio? Por que alguém teria uma alcunha de uma determinada região de qualquer país? Sem dúvida, é porque esta pessoa tem o sotaque daquela região. Não significa, contudo, que seja daquela região. Alguém nascido na França e criado na Inglaterra terá um sotaque britânico, mesmo que seja francês de nascimento.

Ora, o sotaque é algo que se ganha não só habitando certa região, mas dentro de certa faixa etária. Os estudos lingüísticos demonstram que se aprende uma língua com um determinado sotaque entre os dois e quinze anos, e quanto mais cedo melhor. Após os vinte anos, quando se aprende outra língua, torna-se difícil aprendê-la com um sotaque adequado, sempre se colocando a nova língua sob a égide do sotaque de sua língua original. Por isto, os americanos e franceses, assim como outros povos, falam outras línguas com indefectíveis sotaques natais.

Se Jesus tivesse vivido sua infância em Alexandria, ele teria adquirido o sotaque egípcio, mas se voltasse para a Galiléia, para Nazaré, ele perderia este sotaque durante a adolescência e iria adquirir o sotaque galileu. Portanto, ele deve ter vivido em Alexandria até ter alcançado a idade adulta, quando dificilmente o sotaque se perde, solidificando-se em sua mente.

Por outro lado, os seus irmãos e primos não tinham o sotaque egípcio, sendo que eram considerados pelos judeus da Judéia como 'am-ha-arez' – homens simples e rudes da Galiléia –, isto porque deviam ter o sotaque galileu que os judeus da Judéia achavam inculto e atrasado. Logo, os irmãos de Jesus não foram criados até a idade adulta em Alexandria.

Acredito que Jesus tinha o sotaque dos judeus alexandrinos e que isto não lhe criou problemas na Galiléia, pois os galileus tinham pouco ou nenhum contato com os judeus alexandrinos, mas que deve ter sido mais um motivo de resistência durante a sua pregação na Judéia.

Um dos problemas que me criou uma imensa dúvida é se Maria deixaria Jesus ficar só, ou seja, longe de seus olhos e cuidados. Esta dúvida quase me fez desistir desta hipótese, pois mãe nenhuma deixaria seu filho ficar distante. No entanto, fui perseguido pelo sotaque egípcio de Jesus e a falta deste sotaque por parte de seus irmãos. Como conciliar tal fato?

Eles tinham que ter sido criados separados e isto só poderia acontecer se e unicamente se existisse real perigo, não só para Jesus, mas para toda a família. Por outro lado, o que teria feito um homem de Belém ter ido morar em Nazaré, uma cidade miserável da Galiléia? Por que ele não ficou em Belém onde haveria mais oportunidades de ele criar bem sua família? Por que não foi para Cesaréia marítima, onde Herodes Antipas estava fazendo várias obras e um carpinteiro seria bem-vindo?

A resposta só pode ser o medo da perseguição da família de Herodes. Se procurassem por uma família com um par de gêmeos, José seria facilmente achado. Já se fosse uma família perdida na Galiléia, sem gêmeos, ele passaria desapercebido, diminuindo o risco de ser descoberto. Creio que isto deve ter sido o motivo determinante de separar os gêmeos e colocá-los em lugares distantes e seguros. Judas, o Tomé, teria ido para Caná morar com o irmão de José, Cleophas, enquanto que Jesus retornaria para Alexandria, indo morar com algum parente.

Além disto tudo, um rapaz com treze anos, pela lei judaica já é considerado adulto, quanto mais Jesus, que deve ter demonstrado precocemente que era muito mais maduro, portanto responsável e digno. No entanto, sei que isto é uma hipótese que deixará o leitor bastante em dúvida, mas o decorrer da história demonstra que a relação, pelo menos inicial, entre Jesus e sua mãe, sempre foi meio turva, provavelmente por duas razões. A primeira porque Jesus não era uma criança/adolescente comum, o que sempre traz preocupação aos pais, especialmente à mãe. Se há por um

108 A SAGA DOS CAPELINOS

lado orgulho em ter um filho precoce, há a preocupação de vê-lo cada dia mais afastado e pouco integrado em seu grupo. Isto se deve ao fato de que a idade mental é muito mais adiantada, o que o impede de se relacionar com os jovens de sua idade, mas também de não ser bem aceito pelos adultos, pois fisicamente o corpo ainda é o de uma criança. Pode ser muito interessante, mas é sempre motivo de desconfiança e muitos irão ver a criança adiantada como um chato, um ser fora de seu tempo.

A segunda razão é porque, como Jesus foi criado durante um certo tempo longe dos olhos da mãe, ele se tornou, de certa forma, um estranho. Sua forma de pensar, de falar e de agir devia ser diametralmente oposta, ou pelo menos diferente, à dos seus irmãos, o que deve ter deixado sua mãe ainda mais preocupada e seus irmãos reticentes quanto à figura proeminente de Jesus.

Concluindo: estou muito convencido do fato de Jesus ter o sotaque egípcio e de ter sido educado entre os terapeutas de Alexandria, onde pôde desenvolver sua vasta cultura e sua taumaturgia excepcional.

4.10 – Yeshua teve uma discussão teológica no templo?

Em algum ponto da história, Jesus deve ter sido apartado ou se apartou de sua família, ficando em Alexandria com alguns parentes. Na minha opinião, isto deve ter acontecido depois de sua discussão no templo, com os sacerdotes do templo e/ou membros do sinédrio. No entanto, no livro *Jesus, o divino discípulo*, eu escrevi a história de sua discussão teológica na casa de Nicodemos, e não no templo.

Creio que a discussão no templo seria por demais problemática para um jovem rapaz. Dificilmente, os sacerdotes o teriam questionado no templo, a não ser que ele tivesse se destacado de forma admirável e fosse um candidato a ingressar no templo. Aliás, esta é uma possibilidade fascinante, que daria uma outra vertente à história. Ou seja, Jesus tenta entrar no templo e é vetado pelas suas idéias originais, indo para Alexandria para complementar seus estudos. No entanto, por mais interessante que seja esta possibilidade, eu a descartei, já que Jesus, em sua idade madura, nunca teve idéias que fossem contrárias ao cânon da religião judaica.

O leitor poderá dizer que, pelo contrário, sua livre interpretação da lei judaica e especialmente suas afirmações de que ele destruiria o templo e o reconstruiria, além de se dizer filho unigênito de Deus, foram motivo

The Making of A Saga dos Capelinos

de sua desgraça e de grande escândalo entre os sacerdotes do templo. Realmente, se isto aconteceu, é motivo suficiente para ser degredado de Israel. Há, contudo, dúvidas entre os exegetas, se Jesus realmente afirmou tal fato. Muitos acham que a destruição do templo e sua reconstrução em três dias seria uma interpolação posterior para confirmar sua ressurreição. Assim como afirmar que era filho unigênito de Deus. Aliás, as passagens são obscuras, pois os Evangelhos afirmam que Jesus teria dito em várias passagens que ele era enviado do Pai, e que só se vai ao Pai através do Filho etc., no entanto, há outras passagens, onde ele nega a sua própria filiação unigênita. Na passagem onde ele repreende os judeus por tê-lo chamado de bom, dizendo que bom só Deus, ele, de certa forma, nega a sua igualdade com o próprio Deus, colocando-se num patamar inferior. Quando ele afirma que todos são deuses, mais uma vez ele também reafirma que todos os seres humanos também são filhos de Deus, assim como ele mesmo. Não há uma séria comprovação de que ele tenha afirmado que o caminho da salvação passasse inequivocamente por sua figura, e os trechos que assim o afirmam contrariam a sua pregação e sua doutrina, que veremos no próximo capítulo, era muito mais revolucionária do que se pode esperar.

De qualquer forma, o evangelho cita textualmente que, aos doze/treze anos, ele teve uma discussão com os sacerdotes e ele ficaram estupefatos com seu conhecimento precoce. Os seus antagonistas judeus afirmam que Jesus teve uma discussão com os rabinos, denegrindo e blasfemando contra a religião e fugiu para o Egito onde aprendeu as artes mágicas, tornando-se um grande feiticeiro. Retornou do Egito, pregando a destruição de Israel, tendo vindo com fórmulas mágicas coladas nas dobras de seu corpo, e praticando todo tipo de sortilégios e feitiçarias.

Esta versão judaica anticristã não deixa de ter um fundo de verdade. Provavelmente, ele se notabilizou em sua discussão com os sacerdotes do templo, chamando excessivamente a atenção para a sua pessoa. Como a família de José precisava ficar o mais incógnita possível, já que temiam a perseguição dos romanos e dos filhos de Herodes, o Grande, o teriam enviado para a segurança relativa de Alexandria, apartando-se dele e se escondendo numa cidadezinha miserável da Galiléia. Os sacerdotes não devem ter gostado de terem sido humilhados – se é que o foram – por um rapazola mal saído dos cueiros, e registraram tal fato, pelo menos mentalmente, considerando-o um apóstata ou, no mínimo, um mal guiado.

110 A Saga dos Capelinos

Na história, eu faço Jesus ter uma discussão teológica com Shamai, uma figura real, historicamente comprovada, grande adversário político de Hilel. Este foi chefe do sinédrio por muitos anos, tendo sido um homem de notável inteligência e de grande tolerância, especialmente para com os pobres e os convertidos. Já Shamai era um radical, também de grande inteligência e sagacidade, mas sempre liderou a oposição minoritária a Hilel, o que sempre o deixou enfurecido, já que suas idéias não prevaleciam. É impossível se determinar se Jesus teve ou não uma discussão com Shamai, conforme eu relatei na história, e muito menos saber o teor desta conversação.

No entanto, houve um motivo para inferir que Jesus tivesse discutido com o próprio Shamai, senão vejamos. Se Jesus tivesse discutido com alguém sem nenhuma importância, sua alocução teria caído no vazio. Ninguém iria se preocupar se ele tivesse 'entortado' um pobre rabino, ou um sacerdote de ordem inferior. Pelo contrário, ter sido 'engolido' por um jovem mancebo teria sido motivo de vergonha e chacota para o infeliz, e por mais que ele falasse que Jesus blasfemou, ele teria preferido ficar quieto a confirmar que o jovem o derrotou numa discussão teológica, tão a gosto do povo judeu. Jesus teria que ter derrotado um potentado do sinédrio, alguém de importância, publicamente, na frente de testemunhas, de tal ordem que o desmoralizasse. Ora, Hilel que morreu no ano 10 d.C., além de ser um homem tranqüilo e gentil, não teria entrado em choque com Jesus, sabendo contornar suas eventuais idéias diferentes. Por outro lado, Shamai é o candidato mais correto, pois era um homem maduro, mas ainda relativamente jovem, tentando se impor, mostrando-se arrogante e determinado em vencer qualquer discussão teológica. Portanto, uma provável discussão teológica entre o jovem Jesus e o maduro Shamai, mesmo que não possa ser provada, é uma hipótese atraente.

Na história, eu desenvolvi a discussão em dois pontos: Deus não é um ser discricionário e como conclusão lógica a reencarnação é um processo de elevada justiça que demonstra a eqüidade divina. Como não há registros do teor da conversa de Jesus com um provável Shamai, eu parti para este caminho para poder discutir um ponto que acho de relevante importância. Várias religiões monoteístas, entre elas certas facções do cristianismo que são uniexistenciais (acreditam numa só vida), acabam por afirmar que Deus é discricionário, ou seja, ele concede uma graça a quem Ele assim achar que merece, e não nos cabe julgar seus desígnios.

THE MAKING OF A SAGA DOS CAPELINOS

Esta concepção traz à luz um Deus de certa forma injusto, temperamental, bem adequado ao antigo Yahveh, senhor dos exércitos, destruidor de seus inimigos. No entanto, as concepções mais modernas de Deus renegam essa figura prepotente e violenta, procurando afirmar que Deus é principalmente justo e que sua justiça e bondade, bem mescladas e dosadas com infinita sabedoria, determinam todas as leis da natureza, incluindo, naturalmente, os seres humanos.

De uma forma ou de outra, tenha Jesus ou não discutido com os doutores da lei judaica, tudo parece indicar que tal fato aconteceu e que o criou problemas. Nos Evangelhos notamos uma mãe, de certa forma, irritada com o desaparecimento do filho e que o repreende, provavelmente em tom veemente. A história bíblica é meio inverossímil, pois quem seria irresponsável a ponto de perder o filho, achando que estava com o outro cônjuge, num período tumultuado e de certa forma perigoso, e só procurá-lo alguns dias mais tarde, para encontrá-lo discutindo com os doutores da lei? Como é que Jesus se alimentou durante este tempo, e ele não teve consideração para com seus pais? Vê-se, pois, que esta lenda é apenas para reforçar a figura divina de Jesus que se manifesta desde tenra idade, mas provavelmente deve ter sido extraída de um fato real e marcante, que provavelmente determinou o restante da existência de Jesus, pelo menos na sua adolescência.

Estou convencido de que esta discussão teológica trouxe muito mais do que reputação ao jovem Jesus, mas deve ter sido o principal motivo para que ele retornasse para Alexandria e os pais se homiziassem em Nazaré.

4.11 – Yeshua era uma criança precoce?

Todas as histórias aceitas durante a infância de Jesus demonstram que ele era uma figura divina desde bem cedo. Tirando fora algumas histórias apócrifas e muito irreais para o jovem Jesus, é muito provável que sua precocidade se manifestasse desde a mais tenra infância.

Temos que inferir que Jesus era um espírito altamente evoluído e, como tal, sua inteligência, percepção e argúcia eram acima do normal. É, no entanto, uma discussão que deve se basear em hipóteses. Deste modo, tentaremos desenvolver algumas possibilidades sobre a figura de Jesus.

Existem as seguintes possibilidades:

112 A SAGA DOS CAPELINOS

1 – Jesus era um homem normal, um pouco acima do comum, que foi um grande medianeiro de espíritos bem mais evoluídos, entre eles o próprio administrador da Terra, que alguns chamam de Logos ou Cristo. Esta é uma hipótese bastante aceita em certos grupos esotéricos. Naturalmente, não estamos falando de um homem comum, mas sim de alguém com evolução compatível para receber a energia de um espírito de elevadíssima condição, como um Logos ou um Cristo.

2 – Jesus era um espírito de elevadíssima condição espiritual que veio à Terra com uma missão sacrificial, podendo, em certas ocasiões, receber mensagens de espíritos ainda mais evoluídos do que ele, transmitindo-as de forma correta.

3 – Jesus era o próprio Deus feito carne.

4 – Jesus era um espertalhão, um feiticeiro, portanto medianeiro poderoso que se utilizava de todo tipo de espíritos, especialmente os menos evoluídos, que almejava um determinado poder, provavelmente político, para uso próprio.

5 – Jesus era um homem comum, no entanto, bastante letrado, religioso ao extremo, viu-se envolvido em um conjunto de circunstâncias das quais acabou por perder o controle da situação e morreu crucificado ou enforcado, como dizem seus detratores.

Por um questão de lógica não podemos descartar nenhuma hipótese previamente. Naturalmente, quando se fala em Jesus, especialmente no Ocidente, o pensamento do leitor já está previamente formado por anos de leituras, algumas até conflitantes, e por uma catequese, seja católica, seja protestante, seja espírita ou espiritualista. Deste modo, discorrer sobre as possibilidades acima descritas, especialmente o ponto 4, irá repugnar o leitor, especialmente quando ele já tem uma idéia formada. Esta concepção sobre Jesus, no entanto, na maioria das vezes, é muito mais emocional do que racional. O que aliás achamos muito natural.

No primeiro caso, o menino Jesus teria uma mediunidade acima do normal, daquelas que nós chamamos de inata, que não exige desenvolvimento demorado. Provavelmente, neste caso, ele manifestaria os espíritos de variada estirpe desde cedo, trazendo sérias dúvidas aos seus familiares quanto à sua sanidade mental. Este tipo de mediunidade quando se manifesta, em torno de sete a doze anos, sempre traz aos parentes a pressuposição de que a criança tem problemas mentais, já que há uma mudan-

THE MAKING OF A SAGA DOS CAPELINOS 113

ça de personalidade, quando da incorporação ou influência espiritual. Isto é particularmente verdadeiro quando os parentes não entendem os processos mediúnicos ou acham que ele seja obra demoníaca. Se aceitarmos esta premissa, teríamos que inferir que ele também deveria ter uma precocidade intelectual, já que para receber, futuramente, mensagens do próprio Logos planetário, ele devia ter além de um 'equipamento' físico adequado, também um cabedal intelectual à altura de um Logos (neste caso chamamos de Logos o espírito do mundo, ou seja, aquele cuja vibração espiritual vivifica todas as coisas do mundo em que está inserido.) Neste caso, podemos concluir que, além de um cabedal intelectual que iria se manifestar de forma precoce, ele também teria um conjunto de fenômenos espirituais que poderiam levá-lo a ser taxado de louco pelos seus familiares, fato este realmente mencionado nos Evangelhos quando do início de seu ministério.

No segundo caso, é uma variante da primeira hipótese e a conclusão é muito parecida. Além de ter poderes espirituais próprios, ele teria a faculdade mediúnica muito desenvolvida. A parte intelectual é um corolário obrigatório para um espírito de elevada estirpe sideral. Não se pode imaginar que um espírito que já tenha alcançado ou esteja a ponto de alcançar o estado crístico ou búdico, seja intelectualmente incapacitado, situação esta típica de quem ainda está nas fases iniciais da evolução espiritual. Portanto, sua precocidade devia ser manifesta desde o início de sua existência.

Na terceira hipótese, falar em precocidade é inútil, pois Jesus teria todas as perfeições do próprio Deus.

Na quarta hipótese, não há porque inferir que ele fosse precoce, mas a possibilidade existe. Não se pode negar que Jesus, se fosse este o caso, seria de qualquer forma um homem extremamente inteligente. Sem querer compará-lo a um Hitler ou a outro déspota, não se pode negar que estes seres mal encaminhados na vida foram inteligentes e alguns até mesmo brilhantes, como uma liderança fantástica, digna de um Gandhi ou de um Sidarta Gautama. Mas, nenhum deles demonstrou uma precocidade especial, apenas uma inteligência arguta, levemente acima do normal, e alguns nem isto. Neste caso, não podemos concluir que Jesus fosse precoce.

Na quinta e última hipótese, caímos na mesma conclusão que a hipótese logo acima analisada. Não há porque concluir que ele fosse precoce.

114 A SAGA DOS CAPELINOS

Como pudemos ver, para que ele fosse precoce, especialmente no que tange a aspectos intelectuais e mediúnicos, ele tinha que ser um espírito de razoável evolução espiritual, acima da média dos homens, sem o que ele seria absolutamente normal.

Há, todavia, uma dúvida que pode ser levantada, ou seja, se Jesus fosse um espírito altamente evoluído não precisaria ser precoce, podendo manifestar sua excepcionalidade quando atingisse a idade adulta. Trata--se de uma hipótese difícil de conciliar com a observação da realidade. Um espírito inteligente já demonstra desde cedo estas faculdades, assim como quem tem pendores musicais, artísticos ou mediúnicos. Neste caso, sendo Jesus quem fosse (hipóteses 1, 2 ou 3), sua precocidade seria naturalmente despertada no decurso de seu desenvolvimento físico.

A sua precocidade seria importante? De certa forma sim, pois se assim o fosse atrairia desde cedo sobre sua figura uma certa atenção por parte dos adultos, o que viria a favorecer o seu aprendizado. Dificilmente, os pais e os mestres de então se dariam ao trabalho de ensinar as minudências da doutrina judaica para uma criança normal. No entanto, demonstrando uma certa excepcionalidade, ele provavelmente seria tratado como tal, abrindo as portas de ensinamento mais profundo e detalhado.

Estou, de certa forma, convencido de que ele apresentava esta precocidade, e que lhe facultaram um ensinamento mais profundo devido a esta precocidade, pois senão ele não teria sido argüido pelos doutores do templo, seja nos recintos do mesmo, ou em particular, como me parece mais lógico. Esta argüição, creio eu, trouxe dissabores à família de Jesus, obrigando-os a se esconderem nos morros da Galiléia e a enviarem o adolescente Jesus de volta para o Egito, onde ele então complementaria seus estudos junto a um grupo especial de essênios: os terapeutas.

4.12 – Yeshua foi essênio ou terapeuta?

Os essênios foram um grupo de radicais judeus que se instalaram depois da revolta dos macabeus, em 175 a.C., tendo fundado uma comunidade em Engadi, às margens do mar Morto. No entanto, havia grupos menores de essênios espalhados pela Judéia e também pela Galiléia, além de Traconides, Peréia e outros lugares. Muitos desses grupos menores adotavam posturas menos rígidas, já que precisavam conviver dentro de aldeias ou cidades, tendo maior contato com os demais grupos de judeus.

THE MAKING OF A SAGA DOS CAPELINOS

Alguns desses grupos se notabilizaram como sendo os naziritas por alguns estudiosos. Este grupo nada teve a ver com a igreja primitiva, e existe uma certa confusão entre eles e os futuros nazarenos que viriam a ser chamados de cristãos. Os originais naziritas ou nazireus eram sempre homens, já que esta comunidade não aceitava mulheres, e nunca cortavam os cabelos. Eram homens dedicados desde cedo a Deus e raramente quebravam seus votos. Era-lhes permitido casar sob certas condições e se tratava de um grupo muito antigo de judeus, já que se pressupõe que o famoso Sansão era um deles. Neste momento, a história se confunde com a lenda, tornando-se difícil saber onde uma começa e a outra acaba. Não há como afirmar ou negar.

Os essênios que hoje são fartamente mencionados eram um grupo de aproximadamente quatro mil pessoas, entre homens e mulheres, que viviam segregados em Engadi, ou também chamado de Ein Gadi. A própria palavra essênio recebe por parte dos historiadores mais de uma dezena de interpretações, tornando difícil qualquer afirmação. Havia, por outro lado, em Alexandria, um grupo de judeus que se assemelhava em quase tudo com os essênios de Engadi, que eram chamados de terapeutas.

Aliás, há historiadores que aventam a hipótese de um grupo de judeus do movimento Chassidim, após a revolta dos macabeus, ter fugido para Alexandria e lá ter procurado manter-se puro à tradição original da Torah. Mais tarde, parte deste grupo voltaria à Judéia, instalando-se em Engadi, tornando-se conhecidos como essênios. Esta é uma possibilidade, no entanto, as diferenças entre os essênios e os terapeutas cresceria com o apartamento dos dois grupos, pois com o decorrer dos anos, os terapeutas sofreram influências culturais diversas em Alexandria.

Naquele tempo, Alexandria era uma cidade cosmopolita, recebendo influxos culturais de quase todo o mundo dito civilizado. Havia gregos, romanos, judeus, e obviamente, os descendentes dos antigos egípcios, assim como persas, indianos, mediterrâneos de modo geral e africanos do norte da África. Deste modo, no cadinho cultural de Alexandria, com sua famosa biblioteca com milhares de rolos de papiro, podiam-se encontrar toda a filosofia e a religião do mundo de então, desde os antigos kemetenses (egípcios) até os modernos pensadores romanos.

Sob esta égide cultural, uma verdadeira *big apple* da antigüidade, os terapeutas iriam sofrer um processo cultural sob a influência dos neopitagóricos. Pitágoras, grego e filósofo, além de matemático, havia fundado uma escola iniciática, que, após sua morte, foi radicalmente transformada e ficou conhecida como neopitagórica. Eles acreditavam na doutrina da reencarnação (não confundir com a doutrina da metempsicose, ou seja, várias existências podendo vir como animal, pedra, vegetal e homem). Esta doutrina, também chamada de palingênese, ou pluriexistencial, não era compartilhada pelos essênios, que acreditavam na ressurreição. Mas os terapeutas acreditavam que esta doutrina era por demais complexa para ser ensinada ao leigo, só podendo ser perfeitamente assimilada pelo iniciado. Deste modo, eles permitiam que os demais não-iniciados acreditassem na metempsicose, enquanto eles mesmos acreditavam na palingênese.

Se Jesus tivesse estado por um longo período com os essênios de Engadi, ele teria sido fortemente influenciado por sua cultura, e dificilmente falaria de reencarnação. Além disto, ele não teria o sotaque egípcio, tendo desenvolvido um sotaque provavelmente judeu. No entanto, há muitos estudiosos que falam que Jesus esteve em Engadi, tendo aprendido com os essênios a sua doutrina e a tendo espalhado pela Galiléia e Judéia.

Não há como negar a influência dos essênios na doutrina de Jesus. A possibilidade de ele ter sido essênio em algum momento de sua vida é bastante forte e plausível.

Por que então eu optei pelos terapeutas e não pelos essênios? Por dois motivos que me parecem cruciais. O primeiro é que os essênios eram um grupo fechado e seus membros levavam uma vida quase monástica. Jesus teria que ter rompido com eles, como eu acho que João Batista rompeu. Até aí não há impossibilidade de Jesus ter sido essênio de Engadi, ou de outra facção essênia. A segunda razão é mais forte e corrobora com a primeira, pois os terapeutas de Alexandria eram famosos em sua cidade pelas curas que faziam, pelas imposições de mão e sua eventual caridade, atendendo aos pobres sem remuneração. Já os essênios, sendo um grupo afastado do convívio dos demais judeus, não praticavam a cura sistemática, que, aliás, foi marca registrada de Jesus durante seu ministério. Deste modo, Jesus teria muito mais oportunidade de ter sido terapeuta, pois as formas de cura que praticava lembravam em muito os judeus alexandrinos. Seus detratores viam nele um poderoso feiticeiro que havia aprendido as artes mágicas no Egito, portanto isto vem acrescentar ainda mais luzes sobre sua origem cultural egípcia.

Eu concluo que Jesus deve ter sido um terapeuta alexandrino onde não só aprendeu as formas de terapia e a doutrina, como também adquiriu o sotaque que o perseguiu para o resto da vida.

4.14 – Yeshua esteve na Parthia e na Índia?

Não há sérias evidências de que Jesus tenha estado em nenhum lugar fora da Galiléia e da Judéia, a não ser em países vizinhos como a Fenícia e o próprio Egito, o que muitos colocam em dúvida.

O que nos leva a crer em suas viagens é a influência de vários pensadores em sua doutrina, tais como Zarathustra e Buda. No entanto, isto não é evidência, pois Jesus podia ter escutado ou lido a doutrina desses homens em outros lugares. Os essênios de Engadi e os terapeutas de Alexandria eram dados a estudos sobre geografia, história e até mesmo economia internacional. Jesus podia ter aprendido em qualquer um dos dois lugares.

Há, no entanto, lendas sobre um homem sagrado chamado Issa, tanto na Pérsia como na Índia, mas fica difícil saber se era Jesus, ou seu irmão Tomé (seu gêmeo idêntico de acordo com a teoria por mim aceita) ou um outro homem ou, por fim, uma simples interpolação posterior para tentar comprovar uma possível viagem de Jesus para esses lugares.

Por que, então, deve-se perguntar o leitor, que eu o fiz viajar na minha história, tendo estado com o rei partho, o rei de Taxila e no reino de Magadha, na Índia? Inicialmente, eu acredito que a possibilidade de sua viagem é grande, pois as influências doutrinárias foram intensas. Ele bem poderia ter aprendido isto tudo em Alexandria ou Engadi, mas os escritos de então não eram tão profundos e reveladores como os atuais. Havia muitos ensinamentos que só eram passados aos iniciados, e não eram divulgados através de manuscritos. Por outro lado, as traduções eram deficientes e não expressavam a totalidade da doutrina de certas religiões.

Zarathustra foi um caso típico, pois ele pregou que só existia um único Deus, que ele denominava de o Sábio Senhor – Ahura Mazda – e que havia um conflito permanente, em níveis mais baixos do que o da divindade, ou seja, em nível humano, entre o bem e o mal. No entanto, os gregos assimilaram de forma errada a doutrina de Zarathustra e interpretaram que havia duas deidades absolutas em permanente duelo, Ahuramazda contra Arimã, outro nome dado a Angra Mainyu.

O rei Asoka da Índia havia mandado monges para todos os lugares do mundo para difundir o budismo e houve até mesmo um mosteiro na Judéia. No entanto, o budismo na Judéia não encontrou nenhuma receptividade por parte dos xenófobos judeus e, muito provavelmente, na época

118   A SAGA DOS CAPELINOS

de Jesus, este mosteiro budista já estava desativado ou sua influência era mínima, já que não há registro dos romanos sobre suas atividades.

Por outro lado, pode-se perguntar até que ponto Jesus teve que ter contato com o mazdeísmo (Zarathustra e sua doutrina religiosa), o budismo, o hinduísmo e jainismo. Será que isto não passa de pontos coincidentes na doutrina de cada um deles? Os gregos também tinham vários pontos de coincidência com a doutrina de Jesus, a ponto de serem mais facilmente convertidos por Saul de Tarso (São Paulo) do que os próprios judeus. Será que Jesus teve contato com os gregos, ou ele desenvolveu por si só a sua doutrina? Será que sua doutrina era realmente inovadora ou ele apenas reinterpretou o judaísmo?

Qualquer estudioso deste assunto poderá encontrar tantos pontos a favor de uma como de outra teoria. Tanto se pode relacionar coisas a favor de influências gregas, egípcias arcaicas, persas, indianas e chinesas, como é possível encontrar tudo isto no próprio judaísmo. Caminhar por esta trilha mal iluminada é perder-se nos meandros das discussões estéreis. Portanto, não encontraremos nenhum ponto a favor de qualquer teoria comparando os ensinamentos de Jesus com os demais grandes mestres, desde os gregos até os chineses, pois de uma forma ou de outra as 'verdades' morais e espirituais sempre foram aspergidas pelos espíritos superiores em todas as culturas, assim como os desvios daquilo que os sábios falaram ou escreveram foi obra bem elaborada dos tolos, dos mal-intencionados e dos espíritos atrasados.

Há, contudo, um ponto revelador em toda este 'balaio' de dúvidas. Sigam meu raciocínio e tentaremos provar alguns pontos. Jesus, pelo que se sabe, destacou-se pela sua magnífica taumaturgia. Foi capaz de operar 'milagres' que o notabilizaram até entre seus detratores mais ferrenhos. Ora, só existem duas hipóteses prováveis. A primeira é que a taumaturgia de Jesus esteve adormecida até o início de seu ministério, tendo sido despertada subitamente. Se a taumaturgia tivesse começado na adolescência ou no início da maturidade, digamos com vinte e dois a vinte e cinco anos, ele já seria aos trinta anos um taumaturgo famoso e toda a Galiléia e Judéia já o conheceriam. No entanto, não há registros de nenhum taumaturgo de importância nos anos em que Jesus estava amadurecendo. Portanto, ou ele se tornou um taumaturgo subitamente, o que não é totalmente impossível, ou ele desenvolveu esta taumaturgia em outros locais.

THE MAKING OF A SAGA DOS CAPELINOS 119

Se ele tivesse desenvolvido sua taumaturgia em Alexandria, pela proximidade e permanente contato (especialmente durante a Páscoa), seu nome já teria sido conhecido dos judeus. No entanto, no período de sua adolescência e início da maturidade, não há registros de nada aparecido entre os alexandrinos e os judeus. Será que ele operava de forma incógnita? Dificilmente um grande taumaturgo consegue ficar incógnito, pois os curados acabam por alardear sua cura, até mesmo exagerando seus feitos.

Durante o primeiro século, houve um homem santo que curava os doentes na Galiléia, conforme reza a tradição, solicitando de Deus e dos seus anjos estas benesses para seus consulentes. Vinham homens do sinédrio para se tratar com Chanina Ben Dosa, e inúmeras lendas povoam o imaginário popular daquela época sobre tal homem santo. Ele morava numa gruta e suas curas milagrosas atraíam fiéis e necessitados de muitos lugares distantes, inclusive de Alexandria e Antióquia, na Síria. Vê-se, pois, que um taumaturgo de escol tem uma repercussão extraordinária pelo noticiário boca a boca, que é capaz de propalar em todos os cantos do mundo as suas virtudes curativas, e até exagerá-las. Já sobre Jesus nada se sabe antes do início do seu ministério.

Terá sido realmente um poder que despertou no início de seu ministério? É uma probabilidade que não se deve descartar *a priori*, no entanto, eu acho que, mesmo para um espírito de escol como Jesus, este tipo de dom precisa ser burilado, aperfeiçoado e ampliado com a experiência do dia-a-dia.

Como não há registros de um Jesus curador antes do início de sua missão, e além disso eu creio que ele precisava ter 'treinado' estes poderes, só vejo uma possibilidade: a de que ele tenha feito o tal 'treinamento' fora da Judéia e Galiléia. Para onde, pois, ele deve ter ido? De acordo com as lendas, para a Pérsia e a Índia.

O leitor mais crítico tem todo o direito de questionar tal fato, pois as evidências são magras e não há nada de conclusivo. Mas ele deve concordar que é uma bela possibilidade.

Concluindo, creio que as viagens de Jesus para a Parthia, Taxila e Índia são uma possibilidade real, mesmo que não possa ser comprovada com farta documentação. O reino forte de Ahuramazda de Zarathustra se parece muito com o reino de Deus de Jesus, além dos ensinamentos similares para o ser humano de Buda e Jesus, e a doutrina do *ahimsa* de Jain é muito parecida com a não-violência de Jesus. Além disto, creio que seriam os locais adequados para desenvolver a taumaturgia de Jesus

120 A SAGA DOS CAPELINOS

e prepará-lo para a sua missão futura. Mas, volto a insistir que não há provas concretas deste fato, e, portanto, todas as 'aventuras' nestes locais não passam de mera imaginação do autor.

4.15 – Quem foi de fato João Batista?

No romance *Jesus, o divino discípulo*, concluo que Jesus foi discípulo de João Batista por um determinado período. Isto é bastante aceito pelos exegetas, pois há vários relatos deste fato. Há inclusive relatos de Jesus batizando as pessoas, o que cria certa animosidade entre os seguidores do Batista, que o questionam, perguntando se Jesus está autorizado a realizar tais feitos. Mas quem foi João Batista?

Pelas históricas bíblicas, João foi primo em primeiro grau de Jesus. Conta-se de seu nascimento, e nada mais se relata de sua existência até o começo de seu ministério. Não há referências quanto à sua infância e sua adolescência. Nada se fala sobre onde João Batista teria tomado contato com sua missão, assim como que influências ele teria sofrido. Deste modo, toda a história sobre ele parte de pressuposições, de intuições e de muito pouca ou nenhuma evidência.

O que se pode deduzir pelos seus atos é que João Batista batizava as pessoas no rio Jordão e ele o fazia no sentido de purificar aqueles que já tinham se 'arrependido' de seus pecados. Ele não batizava para 'limpar' o pecado das pessoas. Não era um banho de purificação no sentido essênio, mas era o marco de uma nova vida. Uma vida nova para aqueles que já se haviam arrependido, portanto, haviam limpado seus próprios pecados, seja com penitências, seja com novas atitudes, seja por que outro meio fosse.

Há, sem dúvida, similitudes entre o batismo de João Batista e o batismo essênio, mas até aí param as semelhanças. Portanto, quando afirmo no livro que João Batista foi essênio é apenas uma peça de romance, uma simples intuição, da qual eu não posso apresentar fundamento em documentos e testemunhos, assim como ninguém também poderá rechaçar tal possibilidade.

O que me chamou a atenção de que João Batista poderia ter sido um ex-essênio foi um fato curioso. Os essênios tinham vários graus de pureza que eles alcançavam através de várias atitudes positivas em relação à sua existência. No oitavo grau, o mais alto, o essênio poderia se transformar em Elias e anunciar a vinda do messias.

THE MAKING OF A SAGA DOS CAPELINOS

* * *

Apenas, à guisa de informação, os símbolos de pureza eram:

1 – Estado de pureza exterior ou corporal através de batismos.

2 – Abstinência sexual.

3 – Pureza interior ou espiritual.

4 – Banimento de toda a ira e malícia, e o cultivo de um espírito modesto.

5 – Estado de santidade.

6 – Neste estágio ele se tornava o templo do Espírito Santo e podia profetizar. (Os essênios incorporavam espíritos, mas como não aceitavam que fossem pessoas mortas, eles acreditavam que se ligavam aos anjos, ou com o próprio Deus).

7 – Estágio em que o crente se habilitava a efetuar curas milagrosas e ressuscitar mortos. (Observe que este estágio é típico de Jesus, o que demonstra que ele ou foi essênio ou terapeuta, que também tinha estes mesmos estágios. Só que os terapeutas paravam no sétimo estágio enquanto os essênios ainda tinham o oitavo.)

8 – Estágio em que o iniciado atingia a posição de Elias, o precursor do messias.

* * *

Pode-se observar, portanto, que minha dedução não é de todo infundada. Somente um essênio, alguém que conhecia a doutrina secreta dos essênios, poderia se arrogar o título de Elias, o precursor do messias.

A atitude de João Batista é notoriamente a de um homem que se arroga uma missão divina, tenha ou não recebido de fato. Quando digo que ele se arroga uma missão divina ou apostólica, não há nisso uma crítica pejorativa. Existe sim a constatação de que ao judeu era ensinado desde cedo a importância de fazer parte de um grupo social coeso. A individualidade devia ser substituída pela coletividade, já que nenhum homem é capaz de sobreviver sem ser de forma coletiva. No entanto, João Batista foi suficientemente corajoso para romper com esta forte tradição e se embrenhar no perigoso deserto cheio de chacais, eventuais leões, cobras peçonhentas, e viver de mel silvestre e gafanhotos, usando uma roupa de pele de camelo com uma corda a lhe cingir a cintura. Sob qualquer

122   A SAGA DOS CAPELINOS

ângulo que se olhe, o homem que faz tal coisa está possuído do mais alto clamor de santidade, ou da mais completa demência. Quiçá os dois, pois a religião é um dos fatores que mais produz distúrbios mentais.

O leitor deve estar horrorizado. Chamei um homem santo de louco, no entanto vejo que sua loucura era típica dos homens santos inflamados, ou auto-inflamados, por uma missão que ele acreditava ser divina. Portanto, ao chamado de Deus não há como discutir ou colocar dúvidas. É preciso assumir completamente a missão. Porém veja que João Batista pregava a vinda iminente do messias, sem sequer conhecê-lo, e até duvidava depois de conhecê-lo se ele era realmente o esperado messias.

Deste modo, a construção que eu idealizei de João Batista é a mais realista possível, mas concordo que o leitor pode ter a sua própria. No entanto, não afirmo que João Batista era louco no sentido restrito da palavra, mas sim no sentido amplo do termo. Explicando-me melhor: o louco no sentido restrito é um ser humano destrambelhado que não fala coisa com coisa, um possesso, um esquizofrênico em último grau. Já no sentido amplo, ele é um homem de costumes diferentes, misógino, ermitão e que é radicalmente diferente dos demais homens, mesmo que possa ter um raciocínio límpido e claro.

Está mais do que óbvio que João Batista era um homem diferente, e que não tinha medidas ou medo de nada. Pelo que conta a história, ele falava mal de Herodes Antipas e de seu casamento. No entanto, estou plenamente convencido de que, se Herodes mandou prendê-lo, não foi porque ele falava mal de Herodíades, sua mulher, mas porque ele insuflava o povo à revolta contra ele e os romanos.

Para entender este fato melhor é preciso compreender o que os judeus esperavam do messias. Esta compreensão também facilitará o entendimento dos motivos porque tanto João Batista como muitos judeus, senão a maioria, ou não aceitou Jesus como messias, ou tinha dúvidas cruciais em relação a ele.

Os judeus, devidamente influenciados pelos persas, no tempo em que moraram na Babilônia, esperavam um messias guerreiro. Um homem de armas que iria arregimentar as forças dispersas de Israel − as dez tribos perdidas − e também aqueles que já estavam morando na Judéia e Galiléia, contra os invasores de sua terra. Na época dos persas, a luta era contra os gregos (e macedônios) provenientes das conquistas de Alexandre, o Grande, mas no tempo de Jesus era contra os romanos. Este

The Making of A Saga dos Capelinos

messias iria se sentar no trono de Israel, tornando-se um rei, portanto, era fundamental, para ter legitimidade, para não ser mais um usurpador, que ele fosse descendente da família do rei David. Não era, portanto, um messias doce e meigo, mas um homem de fibra indômita e, de certa forma, violento, a ponto de poder lutar contra forças muito superiores e mesmo assim ganhar.

Por outro lado, este esperado messias também seria um guerreiro de Yahveh, o senhor dos exércitos. Era esperado que ele tivesse poderes mágicos, assim como havia tido o lendário Moisés. Entre as suas atribuições mágicas, era esperado que ele fosse capaz de vencer a luta entre o bem e o mal (olha aí a influência persa novamente!), extirpando a tendência para o mal (*ietser ha-rá*) de dentro dos homens. Deste modo, ele implantaria um reino de perfeição entre os homens.

Pode-se ver que se trata de uma concepção bastante ampla, pois, além de guerreiro, seria também um mágico. Esta idealização se casa maravilhosamente com a concepção persa do mundo, quando Mithra renasceria e derrotaria as forças de Arimã, o mítico Angra Mainyu, restabelecendo o bem no mundo. Este messias judeu também expulsaria para o inferno as forças do mal, e julgaria os homens, separando os bons dos maus, o joio do trigo, e fazendo-os 'queimar' como convém se fazer com o joio.

Ora, João Batista esperava o messias, e se havia empossado ou fora empossado, depende do ponto de vista, como a voz que clama no deserto, anunciando a boa nova, ou seja, a chegada iminente do messias. No entanto, mostram os escritos que ele não sabia quem era, e mesmo depois do advento de Jesus, ele o questiona para saber se ele realmente é o messias, ou se devem esperar por outro. Deste modo, ele anunciava a vinda de um desconhecido, o qual ele, intuitivamente ou não, sabia ou imaginava saber que estava prestes a chegar.

Passa o tempo e o messias não aparece com seus exércitos de libertação, o que lhe deve ter causado um certo sentimento de angústia. Será que estou certo quando creio que o messias está para chegar, ou será que ele ainda vai demorar bastante? O que será que eu devo fazer para que ele apareça? Estas dúvidas, muito humanas, devem ter passado pela sua mente e, como homem um pouco ou quiçá bastante descomedido, ele se torna cada vez mais feroz em suas alocuções. Como todo profeta destemido, ele devia ser como uma verdadeira 'metralhadora giratória', 'atirando' para todos os lados. Aliás, esta atitude destemida e furiosa era típica dos profetas

124   A SAGA DOS CAPELINOS

judeus, e não há motivos para crer que João Batista fosse diferente. Chamar os seus interlocutores de 'raça de víboras', 'sepulcro caído', 'geração ímpia e maldita' era comum não só a João Batista, como ao próprio Jesus, ou pelo menos é o que ficou registrado daquilo que ele falou.

Ao atacar Herodes Antipas, tetrarca da Galiléia, um títere colocado no trono pelos romanos, ele se colocava não só contra o monarca, mas principalmente contra os romanos. Ora, toda aquela região, dividida em tetrarquias, vivia continuamente em conflito. Sempre havia um líder carismático o suficiente para arrebanhar os descontentes, que não eram poucos, e levá-los à sedição. Pôncio Pilatos e outros prefeitos romanos (erroneamente chamados pelos historiadores de procuradores) viviam apaziguando a região, usando de extrema força. Deste modo, João Batista deve ter atraído a ira romana, o que obrigou Herodes, um pusilânime, a agir e prendê-lo.

Pôncio Pilatos deve ter pedido a sua morte e acabou por obtê-la através da decepação de sua cabeça. No entanto, a igreja primitiva não podia dizer que João Batista era um sedicioso, que falava mal de Roma e dos romanos, já que quando os Evangelhos foram finalmente reescritos e tomaram a forma atual no Concílio de Nicéia, em 325 d.C., isto foi patrocinado por Constantino, o imperador romano da época. Ele não iria permitir que entrasse para a história um sedicioso e a lenda deve ter sido engendrada para dizer que João Batista perdeu a cabeça por causa de Herodíades. Na continuação do mito, a filha de Herodíades, na dança dos sete véus, consegue convencer o padrasto a mandar decepar a cabeça do Batista, usando de ardis bem femininos.

A história da dança de Salomé é inverossímil, pois Herodes Antipas vivia em Cesaréia marítima (existia outra mais central na Galiléia) e João Batista estava preso em Maqueronte, a uma distância considerável. Mas novamente caímos no caso do Concílio de Nicéia. Como dizer para os romanos que eles é que foram os causadores da morte de João Batista, um homem, para todos os efeitos, santo. A saída foi imputar a morte do Batista a Salomé e à pusilanimidade de Herodes Antipas.

Concluindo, João Batista deve ter sido um essênio, que, em certa altura de sua existência, separou-se de sua ordem e saiu para pregar a chegada iminente do messias, sem mesmo saber de quem se tratava. Teria recebido comunicações espirituais (intuição, vidência, audição etc.) para começar sua missão? É uma possibilidade que não deve ser desprezada.

O batismo feito aos fiéis era um marco de uma nova vida, uma preparação para a chegada do messias. Sua missão também era de pregar o arrependimento (basicamente uma mudança de atitude existencial por parte do fiel), era, mais do que tudo, anunciar a chegada iminente do messias, o que lhe deve ter provocado discursos inflamados contra os romanos, os que se associavam aos romanos, por bem ou por mal (o templo de Jerusalém, como veremos mais tarde, os cobradores de impostos e os nobres, o rei Herodes Antipas), causando-lhe, finalmente, a prisão e a morte.

4.16 – João Batista foi a reencarnação de Elias?

Esta é uma pergunta difícil de ser respondida com absoluta certeza. Na minha história eu confirmo este fato, mas convenhamos que não passa de uma pressuposição. A história de Elias é contada para dar ao leitor o conhecimento da personalidade do profeta que lutou contra Jezebel e seus adoradores do deus fenício/cananeu Baal. Este profeta é de grande importância para os judeus e, provavelmente, a minha versão há de causar certo constrangimento entre eles. Entre a história bíblica e minha versão há pequenas alterações, como é de meu costume fazer para tentar tirar alguns aspectos excessivamente místicos ou maravilhosos que só fazem tornar a lenda inverossímil. No entanto, ao analisar friamente a personalidade de Elias, não se chega a bom termo.

Realmente, tratava-se de um profeta inflamado que lutou contra a invasão de deuses fenícios em sua terra, impedindo a proliferação da idolatria, mas Elias também era sagaz, cruel, sedicioso, lançando um rei contra o outro, não tendo pejo em usar de todo tipo de estratagemas para alcançar seu objetivo. Era, portanto, um homem de sua época, e mesmo que seus fins fossem nobres, os seus meios foram deploráveis.

O leitor pode se perguntar se naquela época era possível se agir de outra maneira. Eu diria que provavelmente não, mas ele poderia ter feito uma oposição diferente. Reconheço que os tempos eram duros e que, provavelmente, qualquer um em seu lugar iria procurar utilizar os estratagemas que ele usou. Mas, isto não lhe retira a responsabilidade de ter chacinado os sacerdotes de Baal, e nem de ter levado vários reis à luta armada, com a morte de muitos seres humanos. É uma responsabilidade que lhe deve ser imputada, pois a conduta moral correta é se ter fins morais e se utilizar meios também ilibados para alcançá-los.

126   A SAGA DOS CAPELINOS

João Batista tinha um tipo de comportamento estranho, típico de quem passou um certo tempo nas trevas, sofrendo de obsessões terríveis e sendo avassalado por arrependimentos profundos. Por outro lado, Elias havia vivido oitocentos anos antes de João Batista, portanto, mesmo sendo um ser que não titubeava para obter seus fins, há um considerável tempo entre uma encarnação e outra, permitindo que tivesse havido várias existências intermediárias, o que o teria ajudado a superar suas deficiências espirituais. Se analisarmos por este ponto de vista, Elias teria tido a oportunidade de várias, pelo menos duas ou três, reencarnações, o que o teria elevado a um patamar espiritual mais evoluído.

Há, contudo, dois pontos a serem considerados. O primeiro é que reencarnações purgatórias não aprimoram, de modo geral, o caráter do ser espiritual, apenas retiram de seu íntimo os complexos de culpa mais profundos, permitindo o livre curso de seu progresso, que os complexos de culpa bloqueiam. Segundo, é que João Batista era de estofo superior a Elias, pois nunca procurou jogar um rei contra o outro, nunca usou sua força política para cometer assassinatos ou estratagemas que levassem à morte, e sempre usou o poder que lhe fora conferido com dignidade. Isto posto até onde se sabe. Podia ser comburente como o fora Elias, mas era mais de vociferar do que de agir na calada da noite, preparando emboscadas e guerras contra seus inimigos. Portanto, sendo João Batista moralmente mais evoluído do que Elias, as possibilidades passam a existir. Se fosse o caso contrário, as dúvidas seriam quase intransponíveis.

Um outro raciocínio que pode ser aplicado é que João Batista teve uma morte muito semelhante à que Elias infligiu aos sacerdotes de Baal. Neste ponto, a lei divina nos dá uma orientação bastante clara, pois ao mesmo tipo de crime cometido, a mesma pena é auto-aplicada ao penitente. Se ele mandou degolar − costume bastante normal na época − os sacerdotes de Baal, para poder livrar-se da última nódoa de seu espírito, ele teria que passar por tal sofrimento de livre e espontânea vontade. Deus não impõe castigos, mas deixa que a própria consciência culpada busque se redimir.

Concluindo, há possibilidades de que João Batista possa ter sido a reencarnação do profeta Elias, mas estamos apenas no terreno das hipóteses. Mesmo que não fosse a reencarnação de Elias, João Batista foi de fundamental importância para o início da missão de Jesus.

4.17 – Yeshua foi discípulo de João Batista?

Os exegetas concordam num ponto básico: Jesus foi, durante algum tempo, membro da comitiva de João Batista. Ele participou ativamente, se presume, de seu ministério e o próprio Jesus chegou a batizar pessoas, causando certo mal-estar entre os demais discípulos do Batista. Os trechos no evangelho de João (o Evangelista e não, o Batista) atestam que ele praticava o batismo, seja sistematicamente ou esporadicamente (João, 3 – vv.22 e 26).

Jesus era primo de João Batista e era natural que ele tivesse visitado o primo em determinada época. Estou plenamente convencido de que João Batista deve ter nascido e se criado em Jerusalém. Isto porque o seu pai Zacharias era um sacerdote da classe de Abdias e participava dos ofícios do templo. Seria inconcebível que ele morasse longe e praticasse seu ofício esporadicamente. Os sacerdotes tinham que morar em Jerusalém ou nos arredores, pois naqueles tempos, viagens a pé, através dos campos, seriam impraticáveis.

Pelo que se sabe, Zacharias tinha uma longa ascendência de sacerdotes e deve ter insistido muito para que seu único filho também se tornasse sacerdote. Se ele chegou a ser sacerdote e desistiu por livre vontade, a história não registra, mas pela sua atitude de batizar longe de Jerusalém e de se embrenhar no deserto, ele era, ostensivamente ou moderadamente, contra o templo. Não é muito improvável que João Batista tivesse cursado a escola do templo e eventualmente fosse recusado, indo parar entre os essênios.

Sua atitude em adulto me leva a crer que ele devia ser uma personalidade muito forte, portanto, difícil de se lidar. Ora, o templo não é lugar adequado para um tergiversante, um contestador, um revolucionário. Pelo contrário, é um lugar onde a ordem e a disciplina devem reinar absolutas, assim como a obediência à hierarquia. Acho difícil que o jovem João, ainda não Batista, fosse dócil e calmo, pois ninguém muda radicalmente sua personalidade da noite para o dia. Se ele demonstrou ser um vulcão em adulto, já devia dar mostras de sua intemperança quando adolescente.

Se ele realmente foi um membro da escola do templo, e já demonstrava seu caráter, provavelmente irascível, ele deve ter sido recusado. Ter freqüentado os essênios que eram mais dogmáticos e radicais do que os membros do templo, deve ter sido um suplício para sua personalidade

128 A Saga dos Capelinos

comburente, quase mercurial. Ele deve ter feito um esforço sobre-humano para se adaptar às rígidas disciplinas essênias, até que, certo momento, seja porque não conseguiu galgar uma determinada posição hierárquica, ou porque se desiludiu, ou porque recebeu alguma mensagem dos espíritos que o guiavam, abandonou os essênios e tornou-se um ermitão.

Jesus, assim como vários de seus primos e, quiçá, irmãos, devem ter estado com João, seja temporariamente, seja de forma permanente, participando de seu apostolado místico, de sua pregação quanto à chegada do messias. Aliás, estou plenamente convencido de que Jesus reuniu seus primeiros apóstolos junto aos discípulos de João.

Judas Tadeu e seu irmão Tiago (Yacob) eram notoriamente primos de Jesus, filhos do irmão de José, o pai carnal e social de Jesus. Assim como o outro Tiago e João, que viria a ser chamado de Evangelista, cujo cognome era Boanerges (voz de trovão) eram primos por parte de mãe, ou seja, eram filhos da irmã carnal de Maria, mãe de Jesus. É claro que esses primos se conheciam e freqüentavam a casa uns dos outros, especialmente na Galiléia e Judéia, onde os laços familiares representam muito mais do que na sociedade moderna. Quando João Batista começou a se notabilizar, ou até mesmo antes, estes primos se aproximaram dele, seja de forma temporária, seja de forma definitiva.

Por outro lado, João, o futuro Evangelista, e seu irmão Tiago eram da cidade galiléia de Cafarnaum, filhos de Zebedeu, e, portanto, também conhecidos de Simão, futuro Pedro, e de André, seu irmão. Na minha história, eu os faço serem primos por parte de Zebedeu, mas não há evidências históricas deste fato. É apenas uma intuição. Ela se baseia principalmente no fato de que, entre os judeus, era muito comum o casamento dentro da própria família e, conseqüentemente, a probabilidade de Pedro e André serem primos, por afinidade, de Jesus cresce muito.

Ora, estes primos participaram, de uma forma ou de outra, do grupo de discípulos de João Batista, e deve ter sido lá que Jesus começou a se destacar em relação aos demais, atraindo os primos e irmãos para perto de si, e criando certa animosidade entre os demais membros da comitiva do Batista (João – 3 v. 26). Jesus, por sua personalidade magnética e sua taumaturgia desenvolvida, deve ter se destacado de forma admirável entre os demais. Seu vasto conhecimento cultural assim como seu cabedal de conhecimentos espirituais devem ter atraído a atenção de todos e também do seu primo o Batista.

Sabe-se que o Batista não era um taumaturgo, ou pelo menos não há registro de tais fatos. Pode ser que ele fosse, mas os evangelistas da igreja primitiva não quiseram destacar essa particularidade para não ofuscar Jesus. Mas, é mais provável que ele não fosse dotado de poderes espirituais especiais, pois a resposta que Jesus lhe dá quando ele está preso em Maqueronte, afirmando que os cegos vêem, os coxos andam e assim por diante, demonstra que com Jesus os milagres são um fato corriqueiro, o que não devia ser com o Batista. Se assim o fosse, ele, o Batista, poderia se perguntar em que Jesus era notável, se ele também era capaz de fazer as mesmas coisas. Jesus se torna notável, e a resposta ao Batista tem senso, se João, não sendo capaz de fazer os milagres, finalmente encontrava em Jesus a figura do messias, fazendo os milagres importantes, especialmente expulsando os demônios do corpo dos loucos, demonstrando que ele estava vencendo a luta entre o bem e o mal, sendo, portanto, o messias.

No entanto, algo aconteceu para que Jesus largasse o discipulato junto ao Batista e partisse para sua própria missão. Em minha opinião, deve ter sido um conjunto de fatos. Jesus não era um homem orgulhoso e prepotente que um único fato o levasse a deixar o primo e iniciar seu próprio movimento. É minha opinião que ele não era orgulhoso e prepotente, mas isto é mais um ato de fé do que uma verificação de fato. Os Evangelhos estão cheios de referências que demonstram o contrário. Nos Evangelhos, Jesus se autorga como sendo o único caminho ao Pai. Ele também critica acerbamente os demais, especialmente os ricos, os fariseus e os escribas. Ele se afirma como sendo o filho de Deus, assim como diz que reconstruirá o templo de Jerusalém em três dias, após destruí-lo. Em suma, se formos nos basear nos Evangelhos, Jesus seria uma pessoa cheia de vaidade, orgulhosa, prepotente, teimosa (não aceitava os conselhos de seus apóstolos para não ir a Jerusalém) e arrogante. É, pois, um problema a ser encarado de frente.

Se Jesus era tudo isto que os Evangelhos falavam, ele então não era um espírito tão evoluído assim, sendo apenas um homem normal. Sua taumaturgia devia ser fruto da manipulação dos elementos físicos e espirituais feitos pelos espíritos superiores. Ele, portanto, descresce em estatura espiritual e seus detratores passam a ter razão quanto ao fato de ele ser glutão, beberão, devasso (vivia com meretrizes e viúvas), mal acompanhado (existiam coletores de impostos no seu grupo) e um feiticeiro (no sentido de se utilizar de poderes espirituais através dos espíritos dos mortos).

130   A SAGA DOS CAPELINOS

Uma análise, no entanto, de sua pregação (moral elevada, perdão, amor etc.) não condiz com esta figura imoral e devassa. Ele poderia até ser tudo isso e falar palavras belas com o intuito de ludibriar os ouvintes e atingir seu objetivo, mas seus seguidores deveriam ser igualmente imorais e devassos. Convivendo diariamente com Jesus, estes apóstolos ou eram todos uns idiotas, ou eram mancomunados com o objetivo de ludibriar os incautos ou teriam notado que Jesus pregava uma coisa e praticava outra. Como há referências históricas positivas quanto ao caráter da maioria dos apóstolos, até mesmo por detratores do cristianismo nascente, devemos concluir que os seus seguidores eram homens de bem, razoavelmente argutos e inteligentes, e que não o teriam seguido por anos a fio, abandonando grande parte de suas atividades, se Jesus fosse um crápula enganador, por mais dissimulado que conseguisse ser. Aliás, é impossível dissimular a bebedeira, a glutonice e os casos sexuais com várias mulheres (Maria Madalena, Suzana e outras). Temos, pois, que concluir que Jesus não era um ser orgulhoso e prepotente e que seu afastamento do grupo de João Batista deve ter se dado por motivos sérios e não mesquinhos, egoísticos e pessoais.

Analisando os discursos de João Batista e sua arenga contra os romanos, Jesus deve ter discordado principalmente de sua alocução. Jesus era bastante bem informado para saber que não poderia ir de encontro ao poder romano, e que qualquer coisa que viesse a fazer deveria contar com o beneplácito de Roma. Aquele império era capaz de mobilizar grandes quantidades de tropas bem treinadas tanto da Síria, da Ásia Menor e do Egito, e afogar Israel em sangue, como aconteceria em 70 d.C. Deste modo, um dos aspectos de que Jesus teria discordado seria os meios para se implantar o reino de Deus, ou seja, a chegada do messias.

Uma única razão não deve ter sido suficiente para que Jesus partisse, especialmente porque a arenga de João Batista ainda era muito restrita, ficando confinada às margens do Jordão. No entanto, o evangelho de João Evangelista nos mostra mais uma provável razão para a ruptura, amigável ou não, de Jesus com o seu mestre João Batista. Jesus também passou, em certo momento, a batizar, e o fazia visitando vários lugares, levando a palavra de fogo de João Batista. Sabemos que isto criou sérios embaraços com os demais discípulos de João Batista, a ponto de eles o interpelarem, questionando o direito de Jesus de batizar. As respostas de João Batista, dizendo que era chegada a hora de ele diminuir para que

Jesus fosse enaltecido, nos parece mais uma interpolação da igreja primitiva. Não há muita lógica neste fato, pois João ainda não estava de todo convencido de que Jesus era de fato o messias, para enaltecê-lo publicamente. Mas, para não tergiversar demais num único ponto, eu tomei o escrito no evangelho de João Evangelista como uma possibilidade real que pode ter ocorrido, mas mesmo assim tenho minhas dúvidas se João Batista aceitou tão bem este fato e não interpelou Jesus, seja de forma dura, seja de forma branda. De qualquer forma, criou-se um clima de animosidade entre certos discípulos de João Batista e Jesus, tornando, provavelmente, o ar do local irrespirável.

Chegamos ao momento do batismo. Os Evangelhos não são muito claros quanto ao momento do batismo. Jesus foi batizado assim que ingressou nas hostes de João Batista, sujeitando-se ao seu novo mestre, ou foi batizado depois que houve queixas dos demais discípulos pelo fato de ele estar batizando também? Parece-nos mais lógico que ele fosse batizado assim que chegasse, mas a história aponta para a outra possibilidade. Deste modo, tudo parece indicar que ele ingressou lentamente, se é que se pode dizer desta forma. Como se fosse uma aceitação gradual. Como ele era um desconhecido dos demais, mesmo sendo um primo do Batista, ele não havia ainda se destacado a ponto de chamar a atenção para sua figura, e, portanto, não houve a necessidade de ele se batizar de imediato. Ele deve ter ingressado nas hostes do primo, até para tirar as dúvidas que corriam na época, pois quase todos os discípulos do Batista diziam que ele era o verdadeiro messias, mesmo que o Batista nunca o afirmasse de fato, pelo contrário.

4.18 – Yeshua teve uma experiência mística durante o batismo?

Agora, dentro de um novo prisma, com Jesus já tendo chamado a atenção sobre ele, fazendo curas, expulsando demônios e para o cúmulo do absurdo, na opinião dos demais discípulos, também batizando, Jesus precisava de uma ato público para demonstrar sua obediência tácita ao mestre. E que maior demonstração de humildade, de arrependimento e de obediência do que o batismo?

Algo saiu errado neste batismo, ou muito certo, dependendo do ponto de vista. Jesus é batizado por João Batista, mas logo depois parte de vez

132 A SAGA DOS CAPELINOS

para nunca mais voltar. Toda a cerimônia de humildade e obediência acaba por se voltar contra os que queriam a sujeição de Jesus ao comando inequívoco do Batista. João o enaltece, mas mesmo assim ele parte. Por quê?

Vejamos o que um analista ateu poderia concluir. Ele poderia dizer que Jesus só se sujeitou ao batismo porque foi premido pelas circunstâncias. Provavelmente ele não o queria, mas João Batista o convenceu, pois seria uma forma de apaziguar os seus detratores, e não criar um clima de dissensão em suas fileiras. Ele não podia se dar ao luxo de ter seus discípulos partindo à vontade e batizando todo mundo. Isto seria uma revolução contra seus princípios. O batismo era um marco de renovação, mas para aqueles que já se renovaram, e não um ato mágico que limpava os pecados dos pecadores. Já o batismo a torto e a direito seria uma vulgarização de um ato que não deve ser apenas uma adesão, mas sim uma verdadeira iniciação para aqueles que já se arrependeram e trilham o caminho do Senhor.

Jesus, neste caso, teria aceitado, no entanto, constrangido, e mesmo os elogios do primo não o fazem se sentir bem. Provavelmente, após o batismo, há olhares jocosos dos seus rivais demonstrando que ele teve que curvar a cerviz ao verdadeiro messias. Pode até ter havido discussões e repreensões em público por parte de alguns, que poderiam lhe dizer que esperavam que ele não fizesse mais isto. Quem sabe até palavras falsamente paternais, que lhe diriam que ele ainda é jovem, tendo muito que aprender, e que com o tempo, ele veria que seu ato de batizar a torto e a direito, mesmo sendo cheio de boas intenções, vai de encontro à doutrina do messias. Neste caso, após ouvir estas recriminações e admoestações, Jesus se afasta agastado.

Esta é uma possibilidade real e especialmente se for complementada com o fato de que Jesus devia discordar da vociferação exaltada do primo contra tudo e todos, especialmente da forma sediciosa contra o poder de Roma com que ele falava. Jesus deveria sentir nestas palavras o perigo maior, que seria a completa destruição do povo judeu, quem sabe até sua dispersão e sua destruição pela aculturação forçada em outros lugares, o que de fato aconteceu.

Esta possibilidade, que seria desenvolvida por um ateu, não encontra eco completo em minha mente. Não porque não possa ter sido desta forma, mas porque creio que realmente algo aconteceu durante o batismo que mudou radicalmente o comportamento de Jesus.

Meu raciocínio é o seguinte: Jesus até o momento do batismo não devia se achar o eleito do Senhor para ser o messias. Como já afirmamos, o messias esperado era um guerreiro, um homem violento, que devia destruir seus inimigos. Jesus não tinha estas características. Ele não era um homem de armas, não tendo sido treinado nas artes da guerra. Deste modo, ele não se via como um guerreiro, um líder de revolta.

Como é que ele se via dentro deste cenário? Podemos especular longamente, mas ficaríamos restritos a quatro possibilidades:

1 – Jesus não se via como messias, e não tinha idéia definida do que queria ser.

2 – Jesus não se via como messias, mas tinha uma idéia definida do que queria ser.

3 – Jesus sempre soube que era o messias, mas tinha dúvidas quanto ao caminho a seguir.

4 – Jesus sempre soube que era o messias, e não tinha dúvidas quanto ao caminho a seguir.

A primeira hipótese encontra eco na lenda de que ele se retirou para o deserto por quarenta dias para meditar e jejuar, e principalmente, no fato de que Satan o tentou. Se olharmos esta tentação como sendo uma luta interior, concluiremos que Jesus tinha vários caminhos a seguir, mas ainda não tinha certeza de qual seria o melhor.

A segunda possibilidade faz com que sua ida para o deserto tinha sido apenas para colocar suas idéias em ordem e ver o melhor caminho. A tentação de Satan é a discussão interna de Jesus consigo mesmo no sentido de analisar e optar pelo caminho que lhe pareceria mais seguro. Do momento em que escolheu uma certa forma de agir, "os anjos vieram e lhe serviram", ou seja, sua mente encontrou paz e tranqüilidade em sua decisão.

A terceira possibilidade faz com que sua ida para o deserto tinha sido apenas para definir melhor os caminhos e retemperar sua alma para o belo combate que viria.

A quarta possibilidade faz com que ele tenha ido ao deserto apenas para meditar e escolher o momento certo para seu ingresso 'oficial' na vida pública.

Os fiéis mais devotos de Jesus devem optar por esta última possibilidade, ou seja, Jesus sempre soube que era o messias e sempre soube o que devia fazer.

134 A SAGA DOS CAPELINOS

Sou contra esta possibilidade, mesmo que não descarte o fato de poder estar errado. Baseio-me no fato de que qualquer espírito, por mais evoluído que seja, ao ingressar na matéria física, deve se sujeitar às leis materiais. Esta lei iria protegê-lo contra uma rememoração excessivamente rápida, impedindo sua adaptação à matéria. Com isto, suas lembranças deveriam ser despertadas de forma gradual e não de supetão. Deste modo, ao reencarnar, Jesus iria perder a memória de vidas pregressas, assim como acontece com todo mundo, mesmo que possa recuperar momentos, assim como acontece amiúde com muitas pessoas, que se lembram bem ou mal de certos momentos de encarnações passadas, mesmo que possam lhes parecer, no momento, como fruto de uma imaginação excessivamente fértil.

A lei material também obriga o espírito reencarnante a recuperar gradativamente os seus conhecimentos anteriores, assim como suas aptidões desenvolvidas em outras existências, a não ser que elas fiquem interrompidas por razões específicas, através de um bloqueio mental ou físico. No caso de Jesus, tal recuperação deve ter sido rápida, pois é por isto que ele apresentava uma precocidade tão grande. Por outro lado, ele deve ter despertado suas aptidões espirituais no momento correto, pois, por mais evoluído que ele fosse, os espíritos superiores não o teriam submetido a uma mediunidade extemporânea. Ou seja, sua vidência espiritual não deve ter aparecido antes dos oito a dez anos de idade. Qual seria a vantagem de ele ter vidência com quatro anos, se isto só iria perturbar seus sentidos de forma excessivamente precoce. Por outro lado, duvido muito de que os espíritos superiores tivessem determinado, em conjunto com ele, antes de renascer como Jesus, que ele pudesse se lembrar de suas existências e condições pregressas. Seria um martírio para um espírito de elevada estirpe sideral ter que se lembrar de paragens angelicais e viver no meio de uma população ignorante, devassa e suja. Seria mais conveniente que sua memória fosse voltando gradativamente, de forma que ele pudesse assimilar melhor a sua nova condição, e, por isto mesmo, adaptar-se de novo ao mundo físico.

Durante os trinta anos de sua vida, ele foi reaprendendo a conviver com a matéria. Nisto irei me explicar melhor. Um espírito de elevado jaez não se manifesta como os espíritos do plano astral, especialmente o inferior e o médio. Nosso raciocínio é elaborado através de várias imagens e conceitos, sendo construído passo a passo. Já um espírito que superou o mundo astral, tem outras formas de raciocinar, sendo muito mais intemporal e inespacial, comunicando-se por blocos de mensagens, vívidas de imagens e conceitos abstratos, de uma forma muito mais intuitiva e rápida do que nós. O cérebro humano ainda não é preparado para tais manifestações, e por mais que Jesus tivesse recebido uma carga genética modificada, permitindo uma maior elasticidade neurônica, ainda assim todo o seu organismo físico iria lhe impedir a plena manifestação de sua espiritualidade, conhecimento e poderes angélicos.

Estou plenamente convencido de que Jesus tinha noção de uma missão de importância, mas não estava completamente seguro de que ele era o tão propalado messias, especialmente porque a imagem feita pelos judeus era de um guerreiro sanguinário e impetuoso, completamente diferente da personalidade forte e magnética, mas tranqüila e elevada de Jesus. Tinha que ter acontecido algo de especial para que Jesus despertasse de suas dúvidas (tão bem retratadas na cena do deserto e das tentações de Satan) e escolhesse o caminho de seu apostolado. Creio, portanto, que o batismo foi este fato.

A cena descrita no livro é uma imagem poética. Não há como comprovar este fato, mas ele se baseou nas aparições que outros videntes e homens santos tiveram do trono de Deus. Não que se tratasse do próprio trono, pois isto é uma representação simbólica para designar a majestade de Deus, e nem que fosse o próprio Deus, pois acredito que Deus não se manifesta diretamente no mundo. Aliás, isto é um tema que mais adiante será abordado, e deixaremos esta discussão para o momento azado.

O que deve ter acontecido no momento do batismo, ou no processo do batismo (antes, durante e depois), foi uma experiência mística que, sem dúvida, envolveu Jesus e, provavelmente, João Batista. Esta experiência reveladora, de ordem espiritual, psíquica, deve ser ter sido de tal ordem que tirou as ultimas dúvidas de Jesus e o fez ver que o messias não precisava ser o general de um exército violento, guerreiro, mas de um exército de amor, a grande arma para combater o mal.

Sua ida para o deserto, para mim, não durou quarenta dias, mas foi onde, no silêncio de si próprio, ele definiu sua linha de ação. Neste instante, ele se viu pronto para iniciar sua missão e deixou de ser o divino discípulo para se tornar o mestre divino.

Capítulo 5

JESUS, O DIVINO MESTRE

Os anos de pregação e martírio

5.1 – Introdução

Este era para ser o livro mais polêmico de toda a série *A saga dos capelinos*, no entanto, para minha surpresa, a aceitação do Jesus que eu descrevi foi imediata. A idéia não era criar um livro apenas para ser polêmico, mas tentar encontrar, através do Jesus histórico, o Jesus real. Além disto, analisar os motivos que o levaram para a morte, assim como o cerne de sua mensagem doutrinária. Será que Jesus queria efetivamente criar uma nova religião ou ele tinha outra idéia em mente? Estes são os pontos importantes do livro. Além disto, há outros aspectos de sua taumaturgia que podem analisados, assim como sua relação com as pessoas e seus seguidores. Avaliar até onde ele fracassou em sua missão e sua vitória teria sido obra de um bom trabalho de *marketing* posterior?

Como já dissemos, analisar Jesus deve ser encarado pelo ponto de vista racional, e não se deixar levar pela emoção. Se o leitor achar que isto é impossível, peço que não mude de opinião por minha causa, mas apenas acrescente à sua fé aquilo com que sua emotividade concordar e renegue aquilo que sua fé não lhe permite aceitar. Este alerta é também muito válido para mim, pois, motivado por idéias, eu posso estar sujeito a erros e é importante que se possa estar pronto para, no futuro, ou ampliar uma idéia mal formulada, ou rejeitá-la completamente em face de novos

138   A SAGA DOS CAPELINOS

conhecimentos que brotam diariamente. O mesmo alerta faço ao leitor, pois numa época em que a ciência descobre fenômenos novos e estarrecedores a respeito da natureza e da própria espiritualidade (regressão, fenômenos de pré-morte, reencarnação etc.) devemos estar sempre com a mente aberta para aceitar novas faces da realidade, sendo que muitas solapam por completo nossas crenças anteriores.

5.2 – Qual era a verdadeira personalidade de Yeshua?

Estamos acostumados a ver através dos filmes americanos de Jesus, um homem de voz macia, de rosto impassível, um tanto monocórdio, sempre asséptico e santificado. Ele jamais levanta a voz, nem mesmo para enfatizar seus sermões, assim como não geme na cruz, não blasfema nem quando está agonizando em excruciante dor. É sempre capaz de perdoar e sua figura é pouco máscula, quase sempre etérea. Será que esta figura realmente corresponde à realidade?

Se analisarmos as maldições de Jesus levantadas contra as cidades impenitentes, contra os fariseus e os escribas, chamando-os de sepulcros caiados, raça de víboras e outras 'gentilezas' do gênero, dificilmente conseguimos conciliar esta doce figura com as palavras duras, ásperas e tonitruantes. Qual dos dois Jesus está mais correto? O doce e meigo mestre galileu ou o profeta exasperado, vociferante e até mesmo vingativo? Será que ele nunca ria, sendo sempre sério, ou só na presença das crianças se dava o luxo de ser simpático? Como conciliar ensinamentos meigos e amorosos com um homem que amaldiçoa uma figueira fazendo-a secar? Ou existe um simbolismo que não entendemos ou interpolações posteriores que a igreja primitiva e a emergente igreja romana, em Nicéia, construíram para justificar uma certa postura?

Por outro lado, há bastante evidências de que Jesus era hermético, eventualmente falando coisas incompatíveis com seu ministério. Como conciliar a meiguice e a força do sermão da montanha com sentenças em que afirma que não veio trazer a paz, mas sim a espada? Como entender o setenta vezes sete perdões que se deve a dar ao irmão que erra, com as sentenças em que diz que seu reino irá dividir a família, levando filhos a ficar contra o pai, assim como uma danação eterna aos que não obedeceram à lei, lançando-os no fogo do inferno onde haverá choro e ranger de dentes? Como compreender um Jesus cheio de misericórdia para com os pobres e desvalidos, curando os doentes, falando de um Pai infinitamente bom, mas, logo depois, sendo severo com os impenitentes, chamando seriamente a atenção dos seus apóstolos? Como conciliar um Jesus cheio de fé, perdoando e mandando dar a outra face, a capa ao assaltante, e, ao mesmo tempo, dando ordens para que se as cidades não aceitarem seu reino de Deus, que os enviados devem sacudir todo o pó de suas sandálias, dar-lhes as costas e amaldiçoar os que não seguirem seus ensinamentos? Por último, como concordar com um Jesus, filho de Deus, portanto um espírito divino, com suas atitudes arrogantes onde diz que ele é o único caminho, a luz do mundo, a único a entender o divino Pai, pois ele e Deus são um só? Será Jesus, o único caminho para a salvação? O que pensar então das pessoas que nunca o conheceram, seja porque nasceram antes de sua vinda, ou devido ao fato de habitarem locais onde o cristianismo nunca chegou? Será que elas estão condenadas à danação eterna?

Trata-se de difícil tarefa, quase hercúlea, e exige um pouco mais do que ler os Evangelhos e tentar ver (vislumbrar seria a palavra mais correta) de que personalidade o homem Jesus era possuidor.

Inicialmente, sabemos que ele era fluente no seu linguajar, conseguindo eletrizar as massas da época. Isto mostra que ele tinha uma personalidade magnética, dinâmica e que seu grau de comunicação era além da média. Os psicólogos, em seus estudos, viram que as pessoas que mais têm poder de comunicação junto às massas são aquelas que têm um poder histriônico intenso. Isto significa que sabem utilizar a linguagem corporal assim como as expressões faciais com inteligência e coerência, adequando os gestos, o tom e a altura da voz, e a expressão do rosto com aquilo que estão falando. Isto não significa que estejam dizendo a verdade, apenas que sabem representar bem a fala que estejam proferindo. Não estamos ainda falando de Jesus, e nem dizendo que ele era falso, mas apenas constatando um fato levantado pela ciência da psicologia. No entanto, Jesus, pelo fato de ser um bom comunicador, para o seu tempo, devia ter as qualidades acima citadas.

Um ponto, portanto, sobre Jesus começa a ser esclarecido. Ele devia ser um homem de voz possante, que anunciava de forma clara seu pensamento, expressando-se tanto corporalmente (braços, postura do corpo e rosto) como doutrinariamente de forma perfeita. Isto significa que ele devia ser claro em suas alocuções, assim como sabia entremear exemplos com posições doutrinárias curtas e concisas. Ele sabia prender a aten-

140 A SAGA DOS CAPELINOS

ção de seus interlocutores não com longas arengas, gritos estentóricos e ameaças vociferantes, mas, principalmente, com assuntos que os ouvintes entendiam, e, por isso, podiam acompanhá-lo em sua conclusão.

Ao falar para camponeses, ele usava histórias curtas (as famosas parábolas) que envolviam assuntos agrários. No entanto, a própria Bíblia cita que Jesus falava por parábolas, de um modo incompreensível, deixando a todos perplexos. Tenho uma teoria a este respeito. Creio que somente uma parte de sua alocução foi reproduzida, retirando-se o restante do discurso do contexto. Realmente se uma frase é retirada de seu contexto, ou seja, do restante da alocução, ela pode ser interpretada de várias maneiras, inclusive de forma hermética. Creio que a igreja primitiva, também sem entender bem algumas de suas parábolas, acabou por interpolar que ele falava de modo difícil. No entanto, a parábola, no Oriente, não tem como objetivo ser hermético, mas apenas um meio de fixar na mente do interlocutor uma dada imagem ou mensagem. Isto facilita o entendimento, assim como a recuperação da mensagem, pela memória, após algum tempo.

Voltando à expressão corporal, Jesus tinha que ter, portanto, uma postura física de bom porte. Se ele fosse um homem baixo, de figura triste e de voz sumida, ele jamais poderia ser um profeta, porque simplesmente ninguém lhe daria atenção e crédito. As pessoas, em todas as épocas e regiões, gostam de gente bonita, que vende saúde (mesmo que sejam velhos), com ar de vitoriosa, bem apessoada, de presença imponente. Jesus tinha que ter uma postura adequada ao povo de então, senão não seria aceito.

Uma pessoa que se apresentasse também com extrema suavidade seria motivo de chacota e de repúdio por parte dos judeus. Eles não toleravam homens afeminados, e um excesso de suavidade beira a feminilidade, o que seria malvisto pelos judeus daquela época. Já os gregos não teriam nenhum problema se o interlocutor fosse levemente afeminado, pois eles, que toleravam bem o homossexualismo, eles o achariam um sábio, já que muitos de seus filósofos ou eram assexuados, ou homossexuais ou bissexuais.

Jesus, portanto, não podia ser a figura asséptica que os filmes americanos nos mostram, pois ele não seria levado em consideração pelos judeus. Ele tinha que ser alto, forte, másculo e de voz tonitruante, caso contrário ele não conseguiria ser ouvido por cinco mil pessoas em ambiente aberto.

Jesus também ensinava nas sinagogas. Neste lugar, sua postura devia ser diferente. Primeiro porque sua voz poderia ser ouvida por todos. Se-

THE MAKING OF A SAGA DOS CAPELINOS 141

gundo, porque nas sinagogas, os judeus convidados a lerem trechos das sagradas escrituras, tinham por hábito fazer interpretações. As interpretações que Jesus mormente fazia eram carregadas de autoridade, ou seja, com uma voz pausada, forte o suficiente para ser ouvida no recinto. Sua atitude devia ser paternal e sua mensagem objetiva, revelando aspectos incomuns da lei judaica, o que lhe granjeava fama de sábio, assim como discordâncias entre os detratores, que se perguntavam de onde ele tinha tirado tais assertivas. Dificilmente as pessoas que se julgam mais cultas aceitam uma versão diferente daquela que estão acostumadas.

A não ser que os Evangelhos estejam completamente errados, algumas interpretações da lei por parte de Jesus suscitavam a mais viva comoção e, por várias vezes, ele foi literalmente perseguido pelos que lhe ouviam a palavra, querendo matá-lo. Ele consegue se livrar da morte em várias ocasiões. O que será que ele disse que deixou os ouvintes tão furiosos? Tentaremos ver mais adiante.

Por outro lado, os Evangelhos nos mostram que Jesus tinha um excelente bom humor, tendo dado vários apelidos aos seus amigos, os apóstolos. Ele chamou João Evangelista de Boanerges, voz de trovão, além de chamar Simão de Cephas, que significa pedra, provavelmente pelo fato de ele ser um obstinado, um turrão, e um inamovível obstáculo quando se tornava teimoso. Ora, a imagem de um homem sempre sério não casa com alguém que é capaz de dar apelidos, por mais carinhosos que possam ser. Esta pessoa tem que ser uma pessoa feliz, e Jesus tinha que ser feliz e demonstrar esta felicidade. Os espíritos superiores têm bom humor, pois isto é característica de inteligência e felicidade. Um espírito superior não pode ser um emburrado, sempre colocando defeitos nos outros, criticando as pessoas, mas deve ser imensamente tolerante.

Deste modo, creio que as maldições vociferadas por Jesus não passam de uma interpolação da igreja primitiva, que utilizou as técnicas de terror espiritual, do tipo: − *Quem não faz o que eu mando, irá para o inferno.* Jesus pode ter falado certas coisas mais ásperas, mas que devem ser vistas dentro do contexto da sua conversa.

Quando ele se queixa das cidades impenitentes, provavelmente seu tom era de lamentação. Não de lamúria, mas de alguém que vê uma obra boa ir por água abaixo devido a uma situação absurda, ridícula ou irracional. As cidades regrediram a condições anteriores ao trabalho que Jesus desenvolveu naquelas paragens e quando isto acontece por causa de

142 A SAGA DOS CAPELINOS

alguns homens, ele lamenta que tal fato tenha acontecido. Não num tom de ódio, ou de lamentação lamuriosa, mas como quem diz: – *Que pena, teremos que refazer tudo de novo, mas desta vez, teremos que tomar outra ação, mais duradoura e mais correta, pois o que fizemos não foi bem-feito, senão não ruiria na primeira oportunidade.* O tom é de comentário objetivo, de análise concreta de uma situação. Esta sim, passa a ser uma atitude correta e adequada a um grande espírito, e não amaldiçoando a sorte, os outros e os seus inimigos.

Jesus devia ser um homem em público e outro na intimidade de seus amigos. Isto não significa dizer que ele fosse uma pessoa falsa ou que fosse um bom ator, representando um papel em público e outro na intimidade. Apenas isto é mais do que normal, pois todo mundo é assim. Em público é necessário entusiasmo e uma postura específica, enquanto que em particular, a atitude é menos formal, menos tensa, e mais natural. Não se trata de duas ou mais personalidades, mas apenas a expressão adequada devido às circunstâncias. Em público, ele tinha que ser vibrante e, até certo ponto, teatral, enquanto que em particular, ele podia ser mais alegre, intimista e cordial.

Por outro lado, ninguém que ensina deixa de ser um pouco paternalista. Ora, Jesus dava explicações não só aos seus interlocutores, como também doutrinava seus apóstolos e os homens que estavam nas sinagogas. Neste ponto, sua voz devia ser calma, mesmo que possa ser vibrante, pois o bom professor é aquele que ensina com entusiasmo. No entanto, ele não podia ser excessivamente humilde, como quem expressa uma opinião de outro na qual não acredita muito, ou sua própria opinião de forma medíocre e insegura. Se ele era um mestre e reconhecido como tal, ele devia ser capaz de passar segurança e autoridade. Neste ponto, é que creio que havia nele um certo paternalismo, ou seja, uma postura levemente altaneira (sem exageros de vaidade e prepotência) e uma postura de compreensão. No fundo, as pessoas que estão atrás de um novo entendimento querem e precisam desta segurança passada por uma atitude acima descrita. Não há nenhum inconveniente nisto e nem desdouro para a figura de Jesus.

A sua personalidade demonstrava uma segurança muito grande a ponto de ele não se importar com os comentários maledicentes. Se ele se importasse, ele não teria ido para a casa de publicanos, não teria dado acolhida a ex-prostitutas e nem freqüentaria certas festas onde, sem dúvida, havia libações e farta comilança. Ele também não tinha nojo de se

THE MAKING OF A SAGA DOS CAPELINOS   143

imiscuir com pessoas doentes, aleijadas e leprosas, demonstrando que se
ele algum dia foi essênio ou de algum grupo de origem essênia (exceto
os terapeutas), ele havia se distanciado consideravelmente, já que esses
grupos religiosos não mantinham contato com tais pessoas e, quando
isto acontecia, eles se tornavam impuros, obrigando-os a cerimônias de
purificação demoradas e cansativas.

Concluindo: estou fortemente convicto de que Jesus era um homem
alegre, risonho, de elevada estatura, de voz tonitruante, provavelmente
abaritonada (máscula) e tinha várias formas de se portar, seja em público,
seja na intimidade com seus seguidores. Em público, em ambiente aberto, ele devia ter gestos largos, expressões faciais adequadas ao que falava
(sério quando o assunto era sério, risonho quando a conclusão de seu discurso era compreendida etc.) e devia se movimentar para dar oportunidade a todos de vê-lo e ouvi-lo. Em público, em ambientes fechados, tais
como sinagogas, ele devia ser mais reservado, já que o ambiente o exigia,
ficando parado num determinado lugar e fazendo suas exegeses com autoridade. Estou plenamente convencido de que sua mensagem devia ser
clara e objetiva, mas que certas partes de sua mensagem, provavelmente
o objetivo de sua pregação, não deviam ser manifestadas.

5.3 – Como Yeshua reuniu seus apóstolos?

Os Evangelhos nos contam que os primeiros apóstolos foram reuni-
dos de um modo quase mágico. Jesus chega às praias do lago ou mar da
Galiléia e chama Pedro e André, que não o conhecendo largam tudo o
que estão fazendo e o seguem. Trata-se de uma história bela e poética
que ressalta a divindade de Jesus e a fé cega dos apóstolos. No entanto, é
inverossímil que dois homens que tinham família e que, portanto, deviam
sustentá-la, largassem todos os seus afazeres para seguirem um perfeito
desconhecido. O mesmo acontece com vários outros de seus discípulos,
que abandonam tudo (família, lar e amigos) deixando-os, provavelmente
sem sustento, para seguirem os passos de um perfeito desconhecido. Esta
história é de difícil assimilação e a verdade deve ter sido menos poética
e mágica.

Pela minha teoria, Jesus já conhecia Pedro e André previamente e
muito provavelmente da época em que foi discípulo de João Batista. Os
seus outros discípulos também já eram seus conhecidos. Judas Tadeu e

144 A SAGA DOS CAPELINOS

Tiago, filhos de Cephas, eram seus primos, assim como João Evangelista e o outro Tiago, ambos filhos de Zebedeu, também eram seus primos. Judas, o famoso incrédulo (sic) Tomé, era seu irmão gêmeo, assim como Mateus e os demais eram primos por afinidade, ou parentes (cunhados).

Pode-se chamar Jesus de nepotista? Em parte sim, pois todos ou quase todos seus apóstolos, os principais, eram de sua família. No entanto, é preciso entender o espírito judeu da época, pois o grupo familiar era a ligação mais forte que existia. Não é como hoje, onde a família se reúne nas festas eventuais, e procura-se, muitas vezes, ter pouco contato com os familiares com medo de que peçam favores. A sociedade moderna mudou muito o comportamento familiar, mas naquela época, a família era tudo. Os clãs, o patriarca da grei, os relacionamentos entre primos, irmãos, cunhados e demais membros eram fundamentais para poder se levar a vida. Pessoas de fora da comunidade familiar eram de difícil aceitação e Jesus, como homem inserido em sua época, tinha que seguir esta forte tradição. Não lhe restava outra oportunidade de obter fidelidade, confiança e segurança a não ser entre seus familiares. Pelo menos entre aqueles que o aceitavam bem, já que vimos que alguns não o aceitaram de imediato.

5.4 – Qual era a verdadeira missão de Yeshua?

Se nós nos basearmos nos Evangelhos, a missão de Jesus seria fundar uma nova religião que levasse os homens a se aprimorarem e ganharem o reino de Deus. Este reino seria de ordem espiritual, passível de ser adquirido após a morte, e através da aceitação tácita de que Jesus era o messias, o salvador dos homens, o redentor esperado, e da aceitação de sua mensagem.

Sua mensagem, aquela que ficou definida nos Evangelhos, era de amor ilimitado ao próximo, a não-violência, o perdão irrestrito, a iluminação interna através da providência divina e o combate à riqueza, gerando uma espécie de comunismo simples, onde tudo é de todos, exigindo que todos vendam seus bens e os tornem comunitários.

Será que isto é realmente o que Jesus pretendia, ou tinha mais alguma coisa que ele falava e depois, os homens alteraram o sentido? É o que iremos investigar.

Os exegetas, todos, concordam que o cerne de sua doutrina era a implantação do reino de Deus. Tudo gira em torno deste reino perfeito.

The Making of A Saga dos Capelinos

145

Não é preciso repetir que para os judeus daquela época, o messias era um homem que iria colocar Israel em seu devido lugar no concerto das nações do mundo. Ele iria derrotar as forças do mal e tornar-se o rei deste reino. Era por isto que ele devia ser da família de David, ou seja, para ser um rei legítimo, e não um usurpador, como o eram os demais reis que governavam os judeus. Ele, o messias, devia ser também aquele que iria reunir as dez tribos perdidas de Israel, num único reino. Israel, que havia sido desmembrada em várias tetrarquias, iria ser reunida num único e forte país, um exemplo para o mundo.

Apenas à guisa de informação complementar, a palavra messias – *mashiah* – significava em hebraico 'ungido'. Os reis de Israel da casa de David, David e Salomão, foram ungidos com os óleos santos ao assumirem o trono de Israel. Portanto, ungido não é no sentido de ser unido, mas sim de ser um rei abençoado por Deus através dos óleos santos.

Para entender o que o judeu pensava é preciso saber que, para eles, não havia a cisão entre Estado e religião. Aliás esta concepção ainda persiste entre os muçulmanos chiitas e os judeus ortodoxos. Para os judeus daquela época, Deus não era um ser distante, que não se preocupava com sua criação. Pelo contrário, era um ser participativo, que fulminava com a morte os que lhe eram contrários, assim como provocava secas, inundações e flagelos terríveis para os seres ímpios. Sodoma e Gomorra não era um fato passado, mas sim parte do presente, do dia-a-dia, na mente dos judeus.

Deste modo, sendo Deus um ser participativo, atuante no mundo, os reis são colocados e tirados do trono por sua vontade. Aliás, esta concepção se tornaria parte integrante da monarquia absolutista e do feudalismo. O rei só era rei porque Deus assim o determinara. Caso contrário, ele não seria nada. No entanto, esta determinação divina nem sempre encontrava eco nos corações dos monarcas, que preferiam se achar seres acima da lei, do que servidores da lei divina.

Retornando ao âmago da questão, Jesus, que era um bom judeu (discutiremos tal fato a seguir), desejava a implantação do reino de Deus na Terra. Não era um reino celestial, no mundo dos espíritos, mas no mundo dos homens. Isto se concilia perfeitamente com a crença dos persas e também dos judeus, que achavam que todo mal, doenças e guerras eram produto de Satan, das forças malévolas. A expulsão de Satan, Belzebu, Lilith e outros ajudantes do outro lado (*achra sitra*) levaria os homens, inevita-

146 A SAGA DOS CAPELINOS

velmente, ao bem. Mas, os judeus não eram tão ingênuos assim, achando que todo mal era gerado por forças espirituais negativas. Eles também sabiam que o mal estava incrustado no homem através de uma tendência para agir de forma errada (*ietser ha-rá*) e a chegada do messias iria retirar tal tendência substituindo-a pelo *ietser tov* – tendência para o bem.

Baseado nestas assertivas, o que eles esperavam era um messias que lutaria não só contra as forças dominadoras romanas, mas também que expulsaria as forças trevosas espirituais, colocando no coração do homem a tendência para o bem. Para os derrotados, sejam espíritos demoníacos, sejam homens que sofreriam um julgamento por parte do messias, o destino seria o inferno perpétuo.

Jesus, na minha opinião, era, ao mesmo tempo, um homem além de seu tempo, e um homem integrado em sua sociedade. Ele acreditava na versão judaica do messias e achava que este era o caminho. Não há como separar o mundo perfeito de Deus e o mundo terreno do homem. É preciso unificá-lo, torná-lo uno. O mundo dos homens é criação divina e não pode ficar apartado de Deus. O mal deve ser combatido e vencido.

Um dos pontos que eu reputo de grande importância é o fato de que Jesus era judeu e um bom judeu. Em momento algum ele trabalha para solapar a autoridade do templo, e nem para renegar a fé judaica. Para ele, a lei deve ser cumprida em todos os seus 'tis'. A frase em que Pedro será a pedra em que repousará sua igreja é bem contrária à sua pregação.

Se ele não fosse um bom judeu, por que ele cumpria os rituais da época com tanto empenho? Por que ele ia a Jerusalém para rezar no templo? Por que ele participava de todas as festas religiosas com devoção? Por que ele afirmava que não tinha vindo para revogar a lei, mas para cumpri-la? Se eu fosse católico e resolvesse fundar uma nova religião, eu iria rezar no Vaticano e tomar a bênção ao papa? Falaria para todos que Jesus era Deus feito carne e que só através da santa igreja católica e de suas regras e dogmas a salvação era possível? É claro que não! Se eu fizesse isto, só provaria que sou um bom católico, e não que eu queria fundar outra religião, dissidente da católica.

O leitor pode argumentar que Jesus teria provocado uma comoção no templo destruindo as tendas dos vendilhões do pátio dos gentios, e como tal não concordava plenamente com todo o cânon da lei judaica. Realmente, é verdade, mesmo que este episódio seja contestado por vários exegetas, achando que se trata de uma interpolação posterior da igreja primitiva

THE MAKING OF A SAGA DOS CAPELINOS

para enfatizar que Jesus havia se revoltado contra o templo. Mesmo que fosse verdade que Jesus pudesse discordar de alguns pontos da religião judaica, isto não o impede, de ser um bom judeu. Muito pelo contrário.

Se eu fosse católico, apenas à guisa de exemplo, e fosse contra alguns aspectos de minha religião, isto não me transformaria num herege (pelo menos hoje, no século XX), ou num reformador que deseja fundar uma nova religião, mas apenas num católico que quer aperfeiçoar a minha religião. Se eu fosse um bom católico, eu não iria me preocupar com a religião judaica, ou muçulmana ou hinduísta, querendo alertá-las e aperfeiçoá-las. Não se deve duvidar de que Jesus era um bom judeu e que não tinha intenção de fundar uma religião própria. Creio que isto será mais bem explicado mais adiante.

Voltando para o reino de Deus, estou mais do que convicto de que Jesus desejava tornar-se um rei, efetivamente terreno, reunindo as doze tribos de Israel, assim como reagrupar todas as tetrarquias num único país forte e pacífico.

O leitor que eventualmente não leu o sétimo volume da *Saga, Jesus, o divino mestre*, pode ter ficado horrorizado com esta hipótese. Alguns que o leram, também ficaram atônitos com esta possibilidade. Mas, tudo isto se deve à nossa visão do século XX, pois estamos acostumados com eventuais governantes inescrupulosos, muitos políticos desonestos e crápulas almejando o poder apenas para usufruto próprio, que imediatamente comparamos este conceito com a figura divinizada de Jesus, e a repudiamos. No entanto, assim como há médicos desonestos, há também médicos honestos. O mesmo acontece com os políticos, pois há pessoas de bem, de bom caráter, que almejam o bem geral, em todas as profissões do mundo. Jesus não tinha que ser necessariamente um crápula para almejar o trono de Israel. Ele podia ser, e creio que era, um idealista de elevada estirpe que sabia que somente um lídimo representante de Deus na Terra podia sentar-se no trono de Israel e implantar o reino de Deus.

Para tal, ele precisava de vários fatores. Um deles era demonstrar que através de novas formas de relação de trabalho era possível uma igualdade social, sem servilismo, ou dominação econômica de um grupo sobre o outro. Além disto, ele precisava do apoio dos nobres, dos membros do sinédrio e do próprio templo. Para tal, ele instituiu um programa de convencimento, de face a face, onde ele procurou visitar os principais membros da nobreza e convencê-los de que o reino de Deus lhes traria vanta-

148 A Saga dos Capelinos

gens. Para vencer a eventual resistência de alguns membros do sinédrio, ele contava com o forte apoio popular. Ele sabia que se o povo o apoiasse, os membros renitentes cederiam. Mas, por outro lado, ele sabia que só havia uma forma de vencer o poder de Roma, e era se associar com ele.

Havia duas formas de vencer Roma. Uma seria através das armas, o que lhe repugnava, além de saber que ele não encontraria em Israel, recursos humanos e financeiros suficientes para enfrentar Roma em combates abertos. A atividade dos zelotes, com sua implacável guerrilha, lhe era intolerável, pois para ele todo ser humano era digno de viver.

A segunda opção seria uma forte pressão por parte dos nobres e dos membros do sinédrio junto a Tibério para destituir os reis usurpadores e colocá-lo no trono. Já havia acontecido em passado próximo. Arquelau, filho de Herodes o Grande, havia feito um governo tão revoltante, perseguindo ferozmente seus inimigos, que uma delegação de judeus notórios havia conseguido sua destituição. No entanto, os romanos, não tendo quem colocar no trono, preferiram transformar a Judéia, o ex-reino de Arquelau, numa prefeitura, com um prefeito romano, subordinado ao governador da Síria.

Os prefeitos romanos (erroneamente chamados de procuradores) haviam feito tamanho desgoverno que as revoltas pululavam em toda a parte. Pôncio Pilatos já havia aplacado várias revoltas com banhos de sangue, o que não era bem-visto pelos romanos. A morte de judeus diminuía a arrecadação, e as revoltas obrigavam a gastos com tropas legionárias. Para os romanos, o ideal seria a paz e um aumento na arrecadação dos impostos. Se Jesus se tornasse rei, ele poderia se comprometer com uma grande e radical mudança na política do reino, trazendo paz e uma melhor distribuição de riquezas, transformando os pobres e miseráveis em pessoas mais abastadas, e como tal, haveria um aumento nos impostos.

Era tudo, portanto, o que os romanos queriam, desde que um grupo de judeus notáveis (os nobres membros do sinédrio) pleiteasse por ele, e só o fariam se o povo o apoiasse. Para tal, ele precisava demonstrar aos nobres que sua receita de aprimorar a sociedade funcionava, e para o povo, ele precisava demonstrar de forma inequívoca que ele era o messias. E de que forma? Através de sua poderosa taumaturgia.

A seus discípulos, ele os havia convencido não só a através de seu poder de cura e de milagres, mas também através da distribuição de futuros cargos. Mais uma vez o leitor deve ter ficado horrorizado, mas ele menciona tal fato nos próprios Evangelhos quando diz que vai para o Pai preparar

The Making of A Saga dos Capelinos

um lugar de proeminência para eles. No entanto, ele deve ter proposto uma posição no seu governo não como uma troca por apoio, mas porque ele precisava ter ministros devidamente preparados para assumir quando ele subisse ao trono de Israel unificado. Os discípulos, os doze, representavam as doze tribos de Israel, reunidas e reunificadas, trazidas do exílio, vindas para ocupar seu legítimo lugar no seio da nação de Israel.

O leitor tem todo o direito de duvidar desta teoria. Ele deve se perguntar até onde eu tenho certeza deste fato. Claro está que não há nada escrito, mas, como diz o ditado popular, para bom entendedor um pingo é letra. Procuremos, pois, os pingos.

Inicialmente, é preciso falar dos costumes romanos, especialmente no que tange à morte. Os romanos não executavam na cruz bandidos comuns, criminosos que tivessem cometido crimes normais, se é que se pode usar esta expressão. Os romanos não executavam assassinos, ladrões e outros tipos na cruz. Para os ladrões, eles tinham um destino muito mais interessante, do seu ponto de vista. Eles os enviavam para as galés, para serem remadores, ou para as minas de sal, onde escavavam em túneis perigosos e de salubridade tenebrosa, a ponto de nenhum criminoso sobreviver mais de cinco anos. Eles tinham uma falta de escravos muito grande e, por isto mesmo, os casos de roubo, latrocínio, furto e congêneres eram punidos com a prisão com trabalhos forçados, seja nas galés, nas minas ou em trabalhos pesados de construção civil.

Os romanos permitiam que os crimes considerados de natureza religiosa fossem castigados de acordo com a lei religiosa de cada país. Havia, naturalmente, uma exceção, ou seja, aqueles que eram cidadãos romanos só podiam ser julgados e condenados, caso ficasse comprovada a culpa, pela lei romana.

Para quem se destinava a cruz? Para os sediciosos, os revoltosos contra o poder e a dominação romana. Era uma morte que tinha um duplo sentido. Primeiro, matar o sedicioso lentamente, infligindo-lhe um castigo terrível, e em segundo lugar, dissuadir futuros sediciosos a não se meterem com Roma, pois este era o fim que lhes aguardava.

Se Jesus e mais dois pretensos ladrões foram crucificados era porque os romanos os consideravam como sediciosos, revoltosos contra o poder de Roma. Jesus não seria morto por um crime de blasfêmia, pois o sinédrio tinha autoridade para aplicar a pena de apedrejamento, como aliás o fez com Estêvão. Os famosos dois ladrões, o bom e mau do evangelho, não

150   A SAGA DOS CAPELINOS

podiam ser ladrões, pois senão teriam ido parar nas galés, nas minas de sal, ou em outro campo de prisioneiros de trabalhos forçados pesados. Eles só podiam ser sediciosos, amotinados contra Roma, provavelmente zelotes.

A história de que Pôncio Pilatos cedeu aos rogos e até ameaças do templo e do sinédrio é pura interpolação posterior, pois Pôncio Pilatos havia sido mandado por Sejano, braço direito de Tibério, um notório antisemita que lhe havia dado carta branca. Para se ter idéia do panorama político daqueles dias, é preciso dizer que o imperador Tibério estava muito doente, vivendo praticamente recluso em Capri, deixando os assuntos de Estado para Sejano. Portanto, Pôncio Pilatos não teria medo de que os judeus fossem se queixar a Tibério, pois Sejano o apoiaria, como aliás o fez, em toda a sua carreira política.

Após a morte de Tibério, Calígula assumiu por poucos anos e depois de morto pela sua própria guarda palaciana, os pretorianos, foi substituído por seu tio Cláudio. Por mais que Cláudio fosse inepto, ele conseguiu se cercar de bons conselheiros e administradores. Coube a Cláudio tomar a Bretanha e pacificá-la, assim como seus administradores descobriram os desmandos de Pôncio Pilatos, especialmente no que tange a enormes desvios de dinheiro para seus próprios cofres, e o exilaram em Viena, na Gália. Com a saída de Pôncio Pilatos descobriu-se a extensão de suas falcatruas, e Cláudio acabou lhe dando ordem de suicídio, a qual relutantemente Pôncio Pilatos cumpriu.

Naqueles tempos, os homens mais importantes de Roma não eram condenados à morte, mas sim convidados a se suicidarem. A vantagem deste ato era excelente para ambas as partes. Para o imperador, impedia que houvesse um processo público, arrastado e custoso, que, no final, condenaria à morte o infeliz, mas lhe tomaria todas as posses, desgraçando seu nome e de sua família. Com isto, a família ficaria desprotegida e à mercê das circunstâncias. Já no suicídio, o caso se encerrava com a morte do condenado, mas a família ficava plenamente protegida, recebendo pensão vitalícia e mantendo todos os bens amealhados pelo suicida. Para os casos mais resistentes, o centurião, ou outro oficial que levava a ordem de suicídio, ajudava o infeliz a morrer mais rápido, ajudando a cravar no peito seu gládio. Épocas terríveis!

Retornando ao caso de Jesus, quem o condena a cruz é Pôncio Pilatos e mais ninguém. O sinédrio pode ter dado a aquiescência, mas a ordem final tinha que ser romana. Se ele foi morto na cruz é porque Roma o

THE MAKING OF A SAGA DOS CAPELINOS 151

considerou como sedicioso, e não foi à toa que Pôncio Pilatos mandou colocar em cima de seu poste, na cruz, a inscrição INRI – *Iesous Nazaretius Rex Iodorum*, ou seja, Jesus de Nazaré Rei dos Judeus.

Muitos dizem que ele o fez como chiste. Este argumento é válido, mas não condiz com um Pilatos obrigado a mandar matar um homem que ele julgava inocente, tendo sido forçado por um Caifás tenebroso, e tendo lavado as mãos depois deste ato. Condiz melhor com alguém que condenou um homem que ele achava ridículo por desejar ser rei de Israel, fato que se acontecesse tiraria Pilatos do poder, e portanto, das falcatruas que o estavam enriquecendo.

Quanto a lavar as mãos, era praxe dos juízes romanos lavarem as mãos quando condenavam alguém à morte. Era a forma de expressar que ele não era responsável pela morte do condenado, pois apenas aplicava a pena cabível ao caso. Eles faziam isto como se dissessem que o sangue daquele homem condenado à morte não iria recair sobre ele. Um fato parecido acontecia com os juízes britânicos quando aplicavam a pena de morte para alguém. Eles cobriam a parte superior da peruca branca que eles usam nos tribunais com um pano negro, antes e durante a sentença.

Pilatos condenou Jesus à morte porque o achava responsável por um movimento sedicioso que pretendia destronar e destituir o rei Herodes Antipas, Herodes Felipe e ele próprio, que, mesmo que não fosse rei, representava a majestade de Roma. Este movimento sedicioso, na opinião de Pilatos e de vários membros do sinédrio e do templo, podia ser pacífico, mas em algum momento e em vários instantes, tornou-se violento, e a agitação se tornou insuportável para os romanos e para os judeus que tinham a perfeita noção de que não tinham a menor chance de conquistarem a liberdade pela via das armas.

A história nos diz que a fortaleza Antônia foi atacada pelos judeus na festa da Páscoa do ano 30, e coincide com a morte de Jesus. Este ataque não deve ter sido comandado por Jesus, e nem articulado por ele. Estou plenamente convencido de que ele era um pacifista, um político, que, de certa forma, desejava tornar-se rei de Israel, e num movimento de não-violência, ir, pouco a pouco, tornando-se cada vez independente de Roma. Ele iria agir de forma muito parecida como agiu Mahatma Gandhi na Índia contra a ocupação britânica.

Sabemos que na Judéia, na Galiléia e na Samaria, as tropas legionárias romanas estavam, permanentemente, sob ataques de guerrilheiros

152 A SAGA DOS CAPELINOS

zelotes. Este tipo de guerrilha é profundamente irritante para os comandantes, já que a operação de 'morder e correr' impedia o desenvolvimento de tropas regulares em formações adequadas, nas quais os romanos eram mestres. Pilatos sufocou com sangue vários levantes e até mesmo manifestações religiosas. Conta-nos Josefo, em suas *Antigüidades judaicas* 1885-87, o seguinte trecho:

> Um homem que não tinha o menor escrúpulo de enganar as pessoas e bajulava a multidão para atingir os seus objetivos, arregimentou-os (os samaritanos) para acompanhá-los ao monte Garizim, que segundo a crença da região é a mais sagrada de todas as montanhas. Garantiu que ao chegar lá lhes mostraria os vasos sagrados que estavam enterrados naquele lugar, onde Moisés os tinha deixado. Aqueles que o ouviram, acreditando que a história era plausível, apareceram armados. Eles se instalaram numa aldeia chamada Tiratana e, como pretendiam escalar o monte em grande número, recebiam em suas fileiras todos os que chegavam. No entanto, antes que tivessem a chance de subir, Pilatos bloqueou o caminho que pretendiam tomar com um destacamento de cavalaria e outro de infantaria fortemente armado. Assim que viram os primeiros membros da multidão se aproximarem, os soldados os atacaram, matando alguns e desbaratando o resto. Muitos foram feitos prisioneiros e Pilatos condenou à morte os principais líderes, juntamente com aqueles que eram mais influentes entre os fugitivos.

Este episódio marcaria o fim do governo de Pilatos e ele seria removido para Roma. No entanto, isto demonstra dois fatos. O primeiro é que Pilatos massacrava os judeus, galileus e samaritanos assim que eles se reunissem, mesmo para um ato religioso. Não era, portanto, um homem tolerante, mas fruto de sua época. Segundo é que em quase toda manifestação religiosa havia homens armados. Os zelotes aproveitavam todas as ocasiões, religiosas ou não, para fustigar os romanos, assim como levar a sedição ao povo.

Concluindo: estou plenamente convencido de que Jesus articulou todo um plano para se tornar rei dos judeus, mas errou em duas coisas. A primeira é que Pilatos não ia entregar facilmente seu pequeno reinado para um judeu que lhe era desconhecido. Segundo é que os nobres judeus não o receberam bem. Eles estavam vivendo bem sob a égide romana.

The Making of A Saga dos Capelinos   153

Podiam não achar a situação ideal, mas era conveniente, pois os negócios prosperavam, a paz reinava, não havia receio de invasões externas, pois os romanos os protegeriam. Logo, um reino de Deus, um estado igualitário, um estado de direito como o chamamos no século XX, não era adequado aos seus propósitos. Eles viviam bem, arrendando as terras, cobrando corvéias altas dos arrendatários e dedicando-se ao comércio, já que as terras onde estavam situados eram passagem obrigatória para as caravanas que ligavam o norte da África e o Egito à Síria, Parthia e Ásia Menor (Turquia).

5.5 – Os seus apóstolos conheciam a sua missão?

Os Evangelhos são tácitos em afirmar que somente muito tempo após o início de seu apostolado, os apóstolos se deram conta de que ele era o messias. Pedro teria sido o primeiro e, portanto, por causa disto, o eleito para ser a pedra angular da fundação da igreja de Cristo. No entanto, temos que ser desconfiados com tudo o que nos dizem os Evangelhos, pois foram muito manuseados, tanto pela igreja primitiva, como também pela emergente igreja romana, e muita coisa passa a não ter nexo.

Imaginem doze homens abandonando seus lares, suas famílias com crianças ainda pequenas, já que todos eram jovens ou no início da madureza, e seguindo um homem desconhecidos, por todos os cantos da Galiléia, Judéia e redondezas, sem saberem quem ele era e o queria da vida. Quais as vantagens que ele oferecia a eles? Eles o seguiam por razões ignotas, ou sabiam quem ele era e o que pretendia?

Eu posso entender que Jesus escondesse dos demais a sua missão, pelo menos no período inicial, mas não era possível que ele o fizesse de seus próprios seguidores. Ele não teria confiança neles? Ele os estariam testando? Ambos os casos são possíveis, mas como conciliar, então, que os doze o seguissem sem saber qual era a sua missão.

O leitor pode argumentar que eles não sabiam que ele era o messias, mas que o seguiam porque viam nele uma santidade, um conhecimento acima da média, um poder taumatúrgico fantástico e porque, na sua doutrina exotérica, para consumo público, ele anunciava a chegada do reino de Deus, e, como tal, eles queriam ser os escolhidos para participarem deste reino mítico e fascinante onde só existiriam o bem, a extirpação de todo o mal e, conseqüentemente, a felicidade absoluta.

Concordo que é uma teoria bastante consistente. Eles realmente podiam estar atrás de benesses pessoais e aceitarem estas possibilidades (acima mencionadas) como um investimento do qual extrairiam grandes dividendos.

O leitor pode refutar tal argumentação, dizendo que os apóstolos eram homens santos também, escolhidos, provavelmente, pelos espíritos superiores antes mesmo da vinda de Jesus e, como tal, não eram movidos por interesses pessoais, mas por um senso de dever pouco compreensível aos comuns mortais. Além do que não se deve analisar uma época por uma cultura de outra época. Tudo irá parecer absurdo, assim como no futuro, os homens dos séculos vindouros, provavelmente, irão achar que os valores que norteiam os homens do século XX eram um total absurdo, se analisados pelos novos valores que eles inelutavelmente terão.

Há, no entanto, outras colocações que devem ser feitas. Uma delas é que as famílias dos apóstolos deviam ser sustentadas, assim como os próprios deslocamentos exigiam recursos financeiros. De onde vinham tais recursos? Eles eram ricos a ponto de não precisarem trabalhar? Há algumas descobertas recentes feitas em Cafarnaum, terra de Pedro e André, demonstrando que a casa de Pedro era grande e espaçosa, demonstrando que ele não era um pobretão, mas vivia com bastante conforto. Ele seria parte de uma classe média alta, se fizéssemos uma comparação entre sua época e a nossa. Os apóstolos não eram tão ignorantes quanto os Evangelhos os querem fazer passar. Eles tinham meios de se sustentarem, pois, senão, como fariam para satisfazer as necessidades da família, estando longe quase o tempo todo, em suas longas peregrinações com o mestre Jesus?

Um outro aspecto é que a mensagem original de Jesus, na minha opinião, foi mudada radicalmente após a morte do mestre, e grande parte do que ele falou tornou-se passível de interpolações e reinterpretações. Sua verdadeira missão tornou-se, portanto, espiritual e, nem tanto material, e a igreja primitiva, e mais ainda a igreja romana, modificou substancialmente o teor daquela mensagem.

Eu não consigo acreditar que homens razoavelmente cultos como eram os apóstolos (não creio que Jesus se cercasse de beócios) se metessem numa empreitada se não soubessem muito bem o que esperar daquilo tudo. Ninguém de sã consciência abandona afazeres, negócios, família, para se meter numa aventura perigosa (pois, afinal de contas, Jesus foi morto) sem saber o que estava fazendo e, muito menos, sem saber o que o líder pretendia. Por outro lado, imaginar que Jesus tenha escondido dos demais, o que ele pretendia, seria imputar a Jesus um caráter dúbio e enganoso. Seria prometer uma coisa quando na realidade se tem a intenção de outra coisa.

Creio que os apóstolos sabiam bem das intenções de Jesus desde o início e o apoiavam, não só porque acreditavam que ele era de fato o messias, mas também porque tinham interesses pessoais, que seriam os de se transformarem em ministros do futuro reino de Israel, do reino de Deus. Entendam que não vejo nisto nenhum desdouro e nem egoísmo. Creio que todos estavam imbuídos da mais alta intenção em desejarem um posto no futuro governo, pois Jesus precisaria de uma equipe e eles se achavam preparados e legitimados, pois todos tinham vinculações diretas ou indiretas com a casa de David.

5.6 – Yeshua queria ser rei desde o início?

Eu não tenho dúvidas quanto ao fato de que Yeshua queria ser rei de Israel. O que eu não posso precisar é se ele partiu com este objetivo desde o início ou se este surgiu posteriormente.

Analisando os Evangelhos, e devemos fazê-lo com muito cuidado devido às interpolações posteriores, somos levados a crer que o ministério de Jesus se divide em duas etapas. A primeira na Galiléia onde o sucesso inicial é grande, e a segunda na Judéia, quando as coisas complicam. Os evangelhos sinópticos têm, na minha opinião, dois tons. O primeiro tom é de falar de um líder carismático que faz curas, dá a sua mensagem e se torna conhecido. É bem recebido aonde vai, mas não apregoa que é o messias. Quando o faz, a resistência é imediata e, muitas vezes, tentam enxotá-lo, e até feri-lo de morte, como é o caso em Nazareth.

O segundo tom é de lástima e destruição, que coincide com a sua missão na Judéia. Nestas passagens, ele continua fazendo milagres e, até mesmo, milagres maiores como a ressurreição de Lázaro, continua sua pregação, articula grupos de discípulos que vão para todas as cidades menores pregar a chegada do reino de Deus, e há um tom de fracasso. Neste período, na Galiléia, as cidades onde ele tinha feito reformas, retornam ao sistema anterior. Trata-se das cidades impenitentes que recebem maldições terríveis (Cafarnaum, Betsaída e Coroazim).

Neste período ele se afirma como o messias. Ele pergunta aos apóstolos o que o povo fala dele. Alguns lhe respondem que uns acham que ele

156 A SAGA DOS CAPELINOS

é Elias, outros de seus discípulos dizem que o povo acha que ele é João Batista ressurrecto, mas só Pedro diz que ele é o messias, e, por isto, recebe as chaves de sua igreja. Típica passagem interpolada. Jesus não deseja outra igreja. Ele é judeu e acha o judaísmo perfeito. A nova igreja surge da perseguição dos judeus contra os seguidores de Jesus. Se não tivesse havido a sistemática perseguição dos judeus aos nazarenos (primeira seita derivada do ministério de Jesus), a igreja cristã provavelmente não teria nascido.

Por outro lado, a nova igreja nasce do proselitismo de Paulo junto aos gentios, mormente os gregos. Se Paulo não tivesse existido, provavelmente Pedro não teria tido a idéia de procurar os gregos e romanos. A igreja cristã teria sido apenas mais uma seita judaica. Deste modo, na diáspora, poderia ter sido destruída, ou assimilada.

Retornando ao âmago da questão, eu creio na seguinte teoria. Jesus começa sua missão almejando não só passar sua mensagem de que o reino de Deus está às portas, mas também acreditando na possibilidade de se tornar rei, caso o seu plano geral dê resultados. Não creio que neste período, ele apregoe que ele é o legítimo rei de Israel, nem o messias. Primeiro, porque as primeiras apresentações sobre este assunto trazem maus resultados. Segundo, é que os seus discípulos ainda são novos, e ele provavelmente ainda não os tinha testado, ou ainda não tinha total confiança neles.

Por que creio nisto? Acredito neste fato, pois Jesus não era um inconseqüente. Ele devia ter um plano e todo planejamento correto deve prever várias situações e o desenvolvimento de alternativas e circunstâncias. Ninguém, nem mesmo Jesus, é capaz de prever todas as circunstâncias, mas é possível trabalhar com grupos de possibilidades.

Eu imagino que, em certa altura da missão, Jesus deve ter analisado a situação e visto que seus discípulos (não os doze apóstolos, mas os outros) estavam debandando. As aldeias não estavam aceitando a possibilidade de ele ser o messias e os nobres deviam estar pressionando o sinédrio para que tomasse uma medida contra este sedicioso que pregava a chegada de um reino de justiça e ordem, fato que estes reacionários daquela época não deviam querer, pois mudaria as relações de trabalho e os seus negócios já instalados.

Em determinado momento, seu discurso se modifica. Ele sente que se continuar com sua forma de agir, terá que voltar para a Galiléia, de cabe-

The Making of A Saga dos Capelinos

ça baixa e tornar-se apenas um taumaturgo vivendo numa caverna, pois até sua base inicial, Cafarnaum havia voltado ao estado anterior. Neste ponto, ele deve ter pensado que sua missão estava indo ladeira abaixo e, portanto, ou ele dava um *tour de force* e com isto reverteria a situação, ou o fracasso estava perfeitamente delineado.

Neste momento, ele muda seu discurso. Sim, ele é o messias. Sim, o reino de Deus já chegou. Não é mais uma coisa distante, mas imediata. Roma terá que aceitá-lo como messias ou ele morrerá tentando.

5.7 – Que tipo de rei Yeshua queria ser?

Esta é uma pergunta crucial. Se respondermos que Jesus queria ser um rei completo, ou seja, sentado no trono efetivo de Israel, temos que concluir que ele queria desalojar os dois filhos de Herodes, assim como expulsar os romanos. Para tal, ele teria que constituir um exército, pois nenhum deles cederia seu lugar espontaneamente. Como não há indícios de que Jesus tivesse montado um exército armado, temos que concluir que ele aceitaria aliar-se com os romanos.

Por outro lado, os dois Herodes (Antipas e Felipe), que tipo de reis eram? Na realidade, nenhum dos dois governava, propriamente. Eles eram figuras quase decorativas, pois o verdadeiro poder era dos romanos. Então, para Jesus, eles poderiam ficar onde estavam, continuando seus reinados de mentirinha.

O que interessava para Jesus? Tornar-se rei de fato, com trono, séquito e pompa? Creio que não. Estou convencido de que o que lhe importava era o poder. Não o poder corruptor, sedutor e que desvia o homem do caminho do bem. Mas, o poder de fazer suas reformas pessoais e coletivas. Para tanto, ele não precisaria estar no trono, mas ser visto e aceito pelos romanos como o poder além do trono.

Para dar uma idéia mais geral e melhor, darei um exemplo mais recente. No Irã, dos anos oitenta e noventa do final do século XX, o verdadeiro poder está nas mãos do Aiatolá, o líder religioso. É ele que através de seu poder controla a máquina do Estado, dá as ordens de como a população deve se comportar e para onde caminha a sociedade.

Sei que para muitos ocidentais tal imagem é negativa, já que os aiatolás são considerados radicais e excessivamente rígidos. No entanto, quando falo que Jesus tinha em mente algo parecido com o sistema dos

158   A SAGA DOS CAPELINOS

aiatolás, não significa dizer que ele se comportaria como tal, mas apenas teria o mesmo sistema de governo. Numa teocracia, o governo está, na realidade, nas decisões do líder religioso e não nas mãos do governante temporal, eleito ou não.

Muitos podem até ficar horrorizados com esta possibilidade, mas antes que fechem o livro e o joguem fora, é preciso lembrar-se de que tal sistema é bastante comum, tanto no passado como na atualidade, entre os povos do Oriente próximo. Moisés era de fato um rei dos hebreus, mesmo que não ostentasse este título nobiliárquico. Cada tribo tinha seu príncipe, mas todos devotavam obediência a Moisés. Por quê? Porque Yahveh falava através dele.

Moisés não é apenas um fato isolado. Há um longo período na história judaica em que eles não tiveram reis de fato e eram, de certa forma, coordenados pelos juízes. E por quê? Porque os juízes falavam com Deus. Eram seus porta-vozes. Quando os israelitas quiseram ter um rei, eles são advertidos por um juiz que lhes diz que isso não dará certo, pois trará dissensão entre eles, corrupção e a cisão do país. Infelizmente ele estava certo. Nem Saul, nem David e nem Salomão, reis de fato, conseguem impedir a insídia do poder temporal. Assim como os aiatolás e os líderes religiosos do Islamismo inicial, somente os juízes, aqueles que falam com Deus, podem governar, sem serem necessariamente reis de fato com trono e coroa.

Jesus fala do reino de Deus, portanto ele é um teocrata, por mais que tal imagem não agrade ao leitor mais religioso. Se ele e o Pai são um, ele se considera o lídimo representante de Deus na Terra, portanto, por família (a linhagem de David) e por graça de Deus (os milagres etc.) ele é o messias, o Príncipe da Paz, o Conselheiro de Deus, portanto, o mais legítimo sucessor de Moisés e dos juízes de Israel.

Veja que na transfiguração, Jesus está cercado por Moisés e Elias. Elias para confirmar que ele é o messias, e Moisés para confirmar que ele é o seu sucessor. Assim como Moisés liderou seu povo para fora da escravidão do Egito, Jesus há de liderar seu povo para fora da escravidão das forças do mal. Assim como Moisés peregrinou quarenta anos no deserto, Jesus também ficou no deserto em meditação por quarenta dias. Simbolismo óbvio. Falar que Jesus veio do Egito, lembra também Moisés. Quando Jesus fala que veio reforçar a lei de Moisés, vem também reafirmar que Jesus é o novo Moisés. Aquele que há de libertar Israel. Aquele que há de se tornar rei – governante de fato – sem necessariamente desalojar ninguém de seus lugares (Herodes Antipas, Herodes Felipe e principalmente os romanos).

A importância de se tornar rei, sem necessariamente ter que usar a coroa e ter a pompa, é a possibilidade de fazer as reformas que ele julgava necessárias. Sem este poder investido pelo sinédrio e pelos romanos, toda a sua missão não passaria de mais um profeta, e Israel tinha fama de matar seus profetas.

5.8 – Qual era o cerne da mensagem de Yeshua?

Os estudiosos mais sérios acham que o cerne da mensagem de Jesus girava em torno do reino de Deus. Mas o que representa este reino de Deus? As igrejas cristãs falam de um reino de Deus nos céus, ou seja, após a morte, onde Jesus nos esperaria para nos oferecer um lugar de honra entre os anjos. Para os infiéis e os perversos, o destino não é tão agradável, sendo destinados ao inferno perpétuo.

A tradição judaica nos fala de uma idade do messias e de um mundo a vir – *Olam Ha-ba* – onde todos viverão uma vida maravilhosa, não haverá mais o mal e tudo será perfeito. Aliás, é a mesma idéia que os persas tinham: depois da vinda de Mithra como Xaosiante e o mal for definitivamente derrotado pelas forças e poderes de Xaosiante, será implantado um reino de justiça. Ambas as concepções eram de um mundo maravilhoso, não no mundo espiritual, mas no mundo físico.

Faz sentido, pois no mundo espiritual, já existe um mundo maravilhoso que pertence à classe dos anjos e do mundo divino. O que precisa se tornar maravilhoso e perfeito é o mundo físico. Como bom judeu que Jesus era, tendo sido influenciado pelas teorias da vinda do messias, tanto por parte de seus correligionários judeus, como dos persas e dos próprios indianos que esperam a última encarnação de Vishnu como Kalki, ele desejava um mundo perfeito na Terra. Não estava falando do mundo espiritual onde as coisas já são perfeitas, mas da própria Terra.

O reino de Deus na Terra exigiria várias modificações, que poderíamos dividir em dois grandes blocos: individual e coletivo. Individualmente, as pessoas para participarem do reino de Deus devem ser puras como as crianças, livres do pecado que escraviza, isentas do mal e da tendência para o mal (*ietser ha-rá*), com uma atitude fraterna e longe do egoísmo, do preconceito e dos defeitos tão humanos, como a mesquinhez, a usura e a maledicência. Devem ser também ativas, fraternas, cooperativas e desejarem o progresso de todos. Devem ser isentas do mal, mas terem a tendência para o bem (*ietser tov*), sem o qual não serão admitidas neste reino.

Coletivamente falando é preciso que este reino seja constituído de pessoas iguais, que tenham o mesmo direito e as mesmas obrigações. Este reino deve dar idênticas oportunidades a todos os seus membros. Não é possível que haja escravidão ou servilismo, que haja dominação econômica, física ou social de um grupo sobre os outros. Deve haver um sistema de igualitarismo, de eqüidade e de estrito cumprimento da lei. Os doentes e os párias devem ser admitidos, consolados e cuidados. Não devem ser excluídos.

Se analisarmos bem os Evangelhos, veremos que todas as falas de Jesus que estão voltadas para uma nova atitude falam das qualidades que os homens devem ter em face do reino de Deus. No entanto, as atitudes coletivas já não são tão óbvias, e algumas até parecem ser contraditórias. Jesus fala contra a riqueza, mandando o jovem rico dar toda a sua riqueza, e por outro lado, incentiva o bom servo que multiplicou a riqueza de seu amo. Claro que esta fala pode ser interpretada de várias maneiras, mas aí reside um dos problemas das falas que são atribuídas a Jesus: todas estão sujeitas a interpretações. Como não há nada escrito pelo mestre, dando explicações inequívocas, suas palavras estão sujeitas a deturpações e interpretações as mais variadas.

Baseado nisto, quem me garante que as minhas interpretações estão corretas? Realmente não há como afirmar que uma interpretação feita por mim seja correta e, portanto, tudo está sujeito a divagações e dúvidas. No entanto, procurei me basear em algo mais do que simples palavras, mas em fatos que podem se cruzar. Senão vejamos.

Jesus aparentemente não tinha uma doutrina socioeconômica, mas os primeiros apóstolos tinham. Para entrar na comunidade era preciso que o homem vendesse todas as suas posses, trouxesse o dinheiro apurado e o doasse à comunidade, transformando-o em recursos comunitários. Aliás esta atitude era tipicamente essênia e terapeuta, pois ambos os grupos agiam desta forma para o ingresso dos novos membros. Várias comunidades do cristianismo primitivo tinham este hábito. De onde teria vindo senão do próprio Jesus?

Por que ele amaldiçoa as cidades ditas impenitentes (Cafarnaum, Betsaída e Corozaim), ou pelo menos na minha forma de ver as coisas,

The Making of A Saga dos Capelinos

ele se lamenta do regresso destas comunidades a um situação anterior? Porque é mais do que óbvio que lá ele encetou reformas econômicas e sociais, que, pelo menos no início, deram bons frutos, mas que com seu afastamento para ir pregar em outros lugares, essas cidades retornaram ao estado anterior.

Terá sido Jesus um reformista, provavelmente um socialista do tipo utópico? (Define-se socialismo utópico como aquele que deseja alterar as relações socioeconômicas através da mudança de comportamento das pessoas.) Tudo indica que sim. Terá sido um comunista na acepção mais ampla do termo? Um comunismo primitivo, provavelmente! Por mais que isto possa parecer horrível, dentro do conceito de reino de Deus, onde existe um igualitarismo perfeito, o comunismo não é algo tão horrível quanto possa parecer.

Abro aqui um parêntese que creio ser importante para o perfeito entendimento da doutrina econômica e social. O comunismo, em tese, jamais chegou a ser implantado em nenhum lugar do mundo, nem sequer na antiga União Soviética, e nem em nenhum país. O que tivemos foi uma experiência socialista que foi mal conduzida por uma única grande falha: a humana. Para que o socialismo e, posteriormente, o comunismo sejam implantados num país é fundamental que todos os seus membros e, especialmente, os governantes, em todos os níveis, sejam impolutos, voltados para o bem comum e administrem a coisa pública com grande proficiência. Os participantes deste sistema também devem agir de acordo com as mais elevadas normas de conduta e de fraternidade. Deste modo, o comunismo é o sistema dos anjos, portanto, para a Terra, com o tipo de humanidade atual (fim do século XX), não passa de utopia.

Para deixar ainda mais clara minha posição pessoal, sou um neoliberal que acredita que deve se combater a miséria e a pobreza através de oportunidades de crescimento pessoal. Somente através do investimento de pessoas abastadas e dos órgãos governamentais e privados, seja diretamente, seja através de órgãos competentes (bancos de investimento, poupança etc.) gerando empregos, abrindo novos negócios, ou seja, através de *underwritings*, investimentos a médio prazo, financiamentos a médio e longo prazo etc., é que teremos um sistema mais justo e eqüitativo.

O leitor poderá se perguntar até que ponto eu não coloquei minhas idéias pessoais, acima descritas, na vida de Jesus, adaptando os fatos para que coincidam com meu pensamento. É uma possibilidade que já me assaltou, mas creio que tenha chegado a esta posição pessoal muito mais analisando a vida de Jesus e sua mensagem, e tentando ler nas entrelinhas e cruzando informações, do que através de qualquer outra forma de leitura.

Na minha opinião, Jesus iniciou um movimento simultâneo, ou seja, atuando sobre os homens no sentido de modificá-los, preparando-os para o reino de Deus, e nas relações de trabalho, procurando fazer com que os nobres favorecessem mais os miseráveis, dando-lhes oportunidades melhores. Isto teria refletido entre os ricos nobres da Galiléia como uma inovação interessante, pois os resultados iniciais foram excelentes. Isto é mais do que natural, pois quanto mais gente rica ou razoavelmente abastada existir, maior é o mercado consumidor. Deste modo, aqueles que têm comércios, indústrias e serviços encontrarão ainda mais pessoas com recursos disponíveis para adquirirem seus bens e serviços, tornando-os ainda mais ricos. As conseqüências deste fato são facilmente verificáveis, com os preços dos produtos diminuindo, o que vem a tornar ainda mais fácil o consumo e a distribuição da riqueza. Não há nada demais com isto, pelo contrário. Creio que para Jesus, o reino de Deus não era um reino de miseráveis, pobres e desvalidos, mas de homens abastados, provavelmente de classe média alta (em nossos termos atuais).

Não é na miséria em que Jesus apostava, mas no aumento gradativo da riqueza, e para tal era necessário consorciar-se com os ricos. Por isto ele vivia entre eles, em suas festas, conversando com eles, mostrando-lhes que no reino de Deus todos têm oportunidades de se tornarem ricos. Leia-se rico não no sentido da riqueza exagerada, aquela que escraviza o homem, mas a riqueza que traz tranqüilidade às pessoas e permite que trabalhem bem, vivam condignamente e eduquem e sustentem seus filhos adequadamente.

Se na Galiléia ele obteve sucesso, o mesmo não aconteceu na Judéia, onde seu trânsito entre os nobres tornou-se tenso e difícil, gerando polêmicas e discussões teológicas intermináveis. Se, por um lado, ele atingia os pobres, os ricos achavam sua doutrina estranha e a repudiavam, gerando conflitos entre os senhores da terra e seus arrendatários. Cada vez que este conflito se manifestava, mais os ricos se opunham à sua doutrina social, gerando reclamações e queixas acerbas no sinédrio, e de lá para a prefeitura romana era um pulo.

O leitor acostumado a ver em Jesus uma figura etérea, divinizada, irá achar que Jesus jamais iria se imiscuir com assuntos tão prosaicos e ma-

THE MAKING OF A SAGA DOS CAPELINOS 163

teriais. Por que lhe deviam importar as formas de relação econômica e social dos judeus, se ele pregava uma moral superior? Eu já discordo desta visão excessivamente divina de Jesus, pois para ele a Terra é também parte da criação do seu divino Pai, portanto, não podia estar afastada de seus pensamentos. Ele achava que combatendo o mal, em suas várias formas, ele estaria implantando o bem, o reino de Deus.

O profeta Joel nos dizia que no tempo do messias, todos, judeus e gentios, serão plenos do *Ruach ha-Kodesh* – Santo Espírito, ou também traduzido como o Espírito de Deus. Para os judeus, o poder de *Ruach ha-Kodesh* pode ser transmitido de mestre para discípulo, como aconteceu com Elias e Eliseu. As pessoas podem se inspirar por meio de rituais extáticos, como os *simchat beit ha-shoeva* – a festa da água, (olha a história do batismo novamente!) quando se dizia que o *Ruach ha-Kodesh* era elevado junto com a água. Outros judeus diziam que os seus profetas eram possuídos pelo *Ruach ha-Kodesh* e que a *Sheshiná* – morada de Deus (também considerado um ser de luz criado por Deus para entrar em contato com os homens) – falava por suas bocas. Como se pode ver, Jesus, que também devia acreditar nisto, falava da descida do *Ruach ha-Kodesh* sobre seus seguidores, quando estariam possuídos do espírito de Deus e os seus jovens iriam profetizar e os velhos sonhariam.

Muitos acham que Jesus mencionava que quando o mal fosse vencido através das formas que ele pregava, que eram basicamente amor ao próximo, fraternidade, igualdade e devoção a Deus, os homens ficariam plenos do *ruach qôdsô* – espírito de santidade. Este é um ponto diferente, pois o homem que fica possuído do Espírito Santo e profetiza, o tem por um instante, enquanto aquele que se vê possuído pelo espírito de santidade, o tem de forma permanente, ou seja, torna-se santo, puro e elevado. O bem triunfou de forma definitiva, e o homem incorporou dentro de si o reino de Deus.

Para Jesus, e os homens de sua época na Judéia e Galiléia, o mal se manifestava de várias formas. O mal, personificado por Satan e seus asseclas, era o responsável pelas doenças, pela miséria, pela pobreza, pelos castigos (secas, inundações, dominação estrangeira) a que estava submetido o povo judeu. Seus milagres, ao curar as doenças, ao expulsar o demônio do corpo dos possuídos, eram a prova de que ele era o messias (ele não manda dizer a João Batista que os cegos vêem, os coxos andam etc.?), e como tal, ele venceria o mal e implantaria o bem. Ora, o bem

164 A SAGA DOS CAPELINOS

é um estado de justiça, eqüitativo, igualitário, onde as pessoas seriam felizes, sem problemas de alimentação, moradia, doenças, educando seus filhos para a vida e não para a morte (ele não afirma que seu pai é um Deus da vida e não da morte?). Para fazer jus a este estado de justiça, de eqüidade, é preciso que as pessoas se transformem, expulsando o mal de dentro de si e glorificando o bem com uma nova e vibrante personalidade, ou seja, ficando possuídas do *ruach qôdso*, o espírito de santidade. Os maus não têm direito a este reino, apenas os bons, pois eles terão a Terra, como ele menciona no sermão da montanha. Ele não diz que os bons, os mansos de coração e os pacíficos herdarão o céu, mas sim possuirão a Terra. Para terminar, ele nos diz em sua prece, o Pai nosso: venha a nós o vosso reino. Ou seja, o reino de Deus deve vir para a Terra.

5.9 – Yeshua realmente fazia milagres?

O homem do século XX, racional e com a mente muito mais lógica do que a dos homens dos séculos anteriores (exceção feita à segunda metade do século XIX), não acredita em milagres. Isto engolfa também os pretensos milagres de Jesus Cristo, que passam a ser vistos mais como fatos naturais que não foram bem explicados.

Tudo depende da definição de milagre. Se definirmos como milagre a revogação de uma lei natural, portanto, uma lei instituída por Deus, a palavra milagre fica comprometida. Deus é fundamentalmente perfeito para implementar uma lei e, depois, começar a abrir exceções. Naturalmente, o leitor mais arguto pode argumentar que Deus pode ter feito uma lei que permitisse exceções em certos casos, e que Jesus e outros santos puderam fazer milagres, utilizando-se exatamente destas facilidades ou excepcionalidades. Se definirmos, entretanto, que milagre é qualquer fato fora da aparente normalidade, então a palavra é mais palatável.

De um modo ou de outro, acreditar nos milagres de Jesus é um dos pontos fundamentais na crença de que ele era o messias. Se ele fosse apenas um filósofo, teríamos um punhado deles e ele não seria em nada diferente de um Sócrates, que também foi morto pelos seus inimigos. Se ele fosse apenas um judeu proscrito e revoltoso, querendo ou não ser rei de Israel, teríamos mais uma vez um punhado deles. No entanto, se ele fosse também apenas um grande taumaturgo, um homem sagrado, teríamos mais um outro punhado, e ele não teria sido muito diferente de um

The Making of A Saga dos Capelinos

Chanina Ben Dosa, ou de uma multidão de médiuns, feiticeiros, xamãs, rishis e sadus indianos, capazes de feitos semelhantes. Se não de todo igual, pelo menos parecidos.

Os exegetas menos radicais vêem nos milagres a confirmação para o judeu de então que ele era de fato o messias. Se ele expulsava os demônios e se ele curava as doenças (vistas como efeito do mal) era porque ele estava investido de um poder sobrenatural, ou pelo menos não usual, e que tal poder era a confirmação de que ele era o messias.

Tal raciocínio pode ser bem-aceito pelos que já aceitavam Jesus como o messias, mas para aqueles que renegam sua procedência messiânica, como é o caso dos judeus, a sua pretensa obra de taumaturgia não era nada mais do que feitiçaria ou até mesmo obra de espíritos angélicos, mas não o confirma como o messias, já que a história está cheia de homens santos e feiticeiros.

O leitor mais fiel à imagem de Jesus deve estar se perguntando se eu estou comparando sua figura à de um feiticeiro. Não necessariamente, mas é preciso aventar esta hipótese, pois os seus detratores assim o mencionam. O feiticeiro não é necessariamente um ser vil, perverso, que trabalha com espíritos demoníacos, mas um homem que usa de magia (sendo portanto um mago), ou seja, de meios não visíveis e tangíveis, para atingir certos objetivos.

Existem algumas possibilidades quando se refere ao poder de taumaturgia de Jesus. Primeiro, ele não tinha poder nenhum. A pergunta mais óbvia é quem então nos mentiu? Os apóstolos, a igreja primitiva ou a igreja romana emergente? De qualquer forma, Jesus teria sua imagem construída sobre uma grandiosa fraude.

Segunda opção: Jesus só curava as pessoas que tinham doenças psicossomáticas. Esta é uma das teses mais aceitas entre os exegetas ditos modernos. Pessoalmente, acho que é uma boa tese mas incompleta. Quando Lázaro morreu, ele estava, para todos os efeitos, enterrado e 'morto'. Ele estava de fato morto, portanto não podia ouvir os apelos de Jesus para se levantar, ou estava em estado comatoso ou cataléptico, o que é igual a morto para os sentidos físicos, e também não podia ouvir o mestre chamá-lo. Ou então estava fingindo, o que convenhamos devia então envolver o mestre, o rabino que o enterrou e outras pessoas, pois podia se tratar de uma grande fraude (e, aliás, os seus detratores aventaram esta hipótese). Neste caso, Jesus não passaria de um crápula e os seus seguidores, de uns embusteiros. O maior problema é que Lázaro teria que ficar 'enterrado' vivo por quase dois dias. Esta tese é difícil de sustentar. Como se pode ver, Jesus devia ser capaz de curar casos efetivamente graves, o que não impediria que curasse também casos de doenças de fundo emocional, psicossomáticos e fobias etc.

Terceira opção: Jesus de fato curava, mas não o fazia por seu poder pessoal, mas através de espíritos que o ajudavam. Esta opção não pode ser descartada, pois há casos de curas à distância que demonstram que Jesus era muito bem assessorado por espíritos especialistas. Mas, não se pode imputar todas as suas curas apenas aos bons espíritos, pois há evidências que ele curava com completa consciência da doença da pessoa, sabendo como agir, que foi o caso do cego onde ele cuspiu no barro e passou a argamassa nos olhos do doente.

Voltando ao cerne do problema, vejo que Jesus tinha em sua taumaturgia o grande elemento comprovador de seu poder espiritual. Os meus livros que se referem a Jesus tentam demonstrar que ele agia usando seu poder mental, seu conhecimento do mundo espiritual e, eventualmente, recebia ajuda de uma falange espiritual.

Por que era necessário que Jesus tivesse um poder espiritual? Em minha opinião, há vários fatores que se somam para tal fato. Senão vejamos.

A mais objetiva de todas as razões é que o povo seria mais facilmente convencido por um homem com poderes especiais do que apenas por um ser humano comum, por melhor que falasse e que suas idéias fossem aceitas. O maravilhoso atrai muito mais do que o comum.

Uma outra razão é que o messias derrotaria o mal, portanto expulsaria os demônios do *sitra achra* (o outro lado) e todos os efeitos do mal (doenças, pestes, tempestades, a morte etc.). Se Jesus não pudesse comandar os demônios e dirimir o mal (doenças, pestes, tempestades, a morte etc.), qual seria a prova de que ele era o messias? Não se esqueçam de que o judeu esperava um ser completamente diferente, quase um deus, um anjo iluminado do Senhor, um guerreiro valoroso. Jesus já não atendia a certas exigências, pois não era um guerreiro, não tinha nenhum exército a seu comando, logo, tinha que atender às demais, senão não seria aceito.

O que procuramos mostrar no livro é que todas as curas são feitas usando certas técnicas espirituais, ou seja, não são frutos de nada mais do que a manipulação correta de energias mentais, sendo que cada caso tem a ver com certos fenômenos específicos. Serei mais claro. Para aquele que tem um tumor, este desaparece como se fosse um milagre sob a intervenção de energias poderosas que, como se fosse uma radioterapia de grau superlativo, são capazes de modificar a estrutura íntima dos átomos, e com isto transmudar o câncer em carne normal.

Para o caso dos loucos, desde que seja causada por obsessão, a expulsão do demônio exige o concurso fraterno dos guardiões astrais, mesmo que Jesus tenha se utilizado de suas próprias energias para livrar o possesso dos liames fluídicos que o prendiam. Mostro, entretanto, que se o recém-liberto não alterar seu padrão vibratório com uma nova atitude mental, um novo comportamento e um trabalho profícuo, a obsessão retornará como antigamente.

Em cada caso, tentei mostrar que os milagres se processam por uma ciência ainda desconhecida dos homens, mas que ele, o milagre, também está sujeito a causas e efeitos, não sendo algo de sobrenatural ou de fantástico. É sobrenatural e fantástico para quem não conhece as leis materiais e espirituais, assim como a televisão, o telefone, o avião e outras invenções devem parecer milagres, fenômenos sobrenaturais e coisas fantásticas para os índios recém-saídos das florestas tropicais. Não que os índios sejam seres inferiores, mas apenas por desconhecerem o processo científico, a primeira impressão é de estupor, como seria de qualquer um que tivesse acesso a uma tecnologia avançada de, por exemplo, um extraterrestre que lhe aparecesse subitamente.

Concluindo: creio firmemente que Jesus era capaz de praticar os milagres que lhe foram imputados, tanto por sua elevação espiritual, quanto pela ajuda que os espíritos superiores lhe prestavam, tanto para convencer os demais de sua missão messiânica, quanto pelo seu amor imenso aos sofredores e desvalidos (principalmente este fato).

5.10 – Estava previsto para Yeshua morrer na cruz?

Este é um dos pontos mais cruciais em todo o pensamento cristão. Se optarmos pela resposta positiva, ou seja, sim, Jesus estava predestinado a morrer na cruz, então podemos concluir alguns itens relevantes. Primeiro, os espíritos superiores e ele mesmo já sabiam que sua missão de se tornar rei fracassaria. Segundo, ele fracassando e não se tornando rei, não poderia implantar o reino de Deus na Terra, logo, ele era apenas um homem que se arvorou em messias, pois é inconcebível que o verdadeiro messias falhasse. Ele não poderia falhar porque teria todas as forças espirituais a seu lado. Será, então, que Jesus não era o messias?

Um outro aspecto da questão é: quem determinaria que ele deveria morrer na cruz? Os espíritos superiores, Deus ou o próprio Jesus? Esta decisão seria tomada antes de renascer? Ou teria sido tomada após o início de sua missão e começou a se ver que o movimento principiou a esvaziar?

Se foi tomada antes de ele nascer, qual seria a principal razão? Há duas possibilidades: a primeira é que seria uma forma de consolidar sua missão através de uma morte terrível. No entanto, isto é desnecessário, pois há muitos profetas, enviados dos espíritos superiores, que tiveram vida longa e morreram de velhice e suas mensagens foram bem assimiladas. Damos como exemplo: Buda, Maomé, Confúcio, Lao Tsé, Platão e outros.

A segunda opção seria que Jesus tinha um 'carma' que o obrigaria a passar por uma morte violenta. Esta possibilidade já foi longamente elaborada por mim. Acreditei durante um certo tempo nesta possibilidade, e não haveria, nesta minha crença, nenhum desdouro para a figura de Jesus. Afinal das contas, Jesus, antes de se tornar Yeshua, deve ter sido um espírito da fase humana como nós, sujeito a cometer muitos desatinos que ficam incrustados no subconsciente do espírito e que precisam ser extirpados através de excruciante sofrimento. No entanto, estes complexos de culpa são totalmente resgatados antes de o espírito superar o astral superior, alcançando o mundo mental e angélico. Logo, se Jesus fosse do mundo mental, ou até mesmo além deste plano, ele não teria mais complexos de culpa para resgatar, e sua morte na cruz seria um ato inútil.

Se optarmos pela resposta negativa, ou seja, Jesus não estava predestinado a morrer na cruz, então teremos que concluir outras coisas. Em primeiro lugar, Jesus falhou em algum ponto, pois o seu movimento começou a se esvaziar e ele então deve ter partido para uma atitude extrema. Ele pode ter visto que se não 'conquistasse' Jerusalém, sua missão estava fadada a se perder de vez. Este movimento acabou por determinar sua perda, sua prisão e sua morte. Sua crucificação seria, portanto, uma conseqüência de seus atos.

Quando eu digo que houve um esvaziamento em seu movimento, baseio-me nos próprios Evangelhos. Analisemos os fatos relatados. Primeiro, foram enviadas em grupos de dois, cerca de setenta e duas pessoas, para difundir a chegada do reino de Deus. Muitos nunca voltaram, tendo desistido no meio do caminho. Outros foram escorraçados a ponto de Jesus dizer o que deviam fazer no caso de serem mal recebidos. Várias cidades onde ele implantou as sementes do reino de Deus retornaram à situação anterior, e receberam (?) sérias admoestações de Jesus (caso das cidades impenitentes).

Nota-se no evangelho que ele muda de discurso, crendo ver a sua morte como um fato iminente, e quem sabe inevitável. Pedro tenta insuflar-lhe ânimo, mas ele o admoesta em tom forte, dizendo que este é o seu destino. Teria ele realmente falado isto? Ou já saberia, por intuição, que sua missão principal estava fadada ao insucesso? Teria ele se lançado a uma missão 'suicida' de forma proposital? Ou seja, sabendo que estava fracassando, tentou uma última 'cartada'. Se desse certo, salvaria sua missão. Caso contrário, iria inelutavelmente colocar-se no 'covil do lobo' e como tal, estaria sujeito à morte.

Jesus era um homem inteligente, longe de ser um idealista sonhador, achando que lhe dariam o trono de Israel apenas porque ele assim o desejava. Ele deve ter lançado uma campanha final para arregimentar uma multidão que ainda acreditava nele e partir para Jerusalém com o intuito de pressionar os judeus notáveis a aceitá-lo (sinédrio e templo). Somente com o apoio deles, pressionados pelo povo, eles poderiam levar seu preito a Tibério, como já acontecera no caso de Arquelau. No entanto, na história parece que houve várias circunstâncias ou erros de julgamento que acabaram por levá-lo à morte. Primeiro, porque este movimento não podia ser secreto, pois os romanos tinham espiões em todos os lugares, especialmente entre os próprios judeus. Segundo, porque os zelotes se aproveitaram desta situação para atacarem os romanos, o que trouxe uma séria repressão. Terceiro, porque Pilatos não iria abrir mão de seu 'reinado' a troco de agradar aos judeus. E creio que Jesus devia saber disto, e, por isto mesmo, ele devia estar pessimista quanto ao sucesso de sua última cartada.

A sua morte na cruz acabou por se transformar numa grande vitória. As forças espirituais, e, provavelmente, Jesus, já no mundo espiritual, souberam dar uma guinada na história toda e usaram a crucificação, não como a derrota de um movimento que ia implantar o reino de Deus e não conseguiu, mas de um movimento espiritual, e neste ponto, tornou-se um sucesso. A cruz, conseqüência de sua sedição contra os poderes constituídos, acabou por se tornar símbolo de redenção espiritual.

170 A SAGA DOS CAPELINOS

Não acredito que Jesus estivesse fadado à cruz desde o início de sua existência, pois isto iria pressupor que existiria um destino previamente traçado. Não posso acreditar nisto, pois toda a responsabilidade individual e coletiva se esvai. Um suicida, um homicida, um fracassado ou um vitorioso, não importando o ângulo que se veja, torna-se apenas um boneco comandado por fios invisíveis, ou um ator agindo de acordo com o texto previamente escrito. Quem escreveria este texto, ou puxaria as cordas? Se respondermos que é Deus ou os espíritos superiores, como então conciliar a existência de assassinos brutais, enlouquecidos que cometem atrocidades hediondas. Seriam eles irresponsáveis, já que a peça da vida já está escrita? Se inferirmos que se trata do demônio agindo no mundo, então o poder de Satan é superior aos demais?

Há o argumento do livre-arbítrio. Ou seja, a pessoa é livre para escolher os caminhos que melhor desejar. Portanto, neste caso, não há um destino preestabelecido, pois, pela vontade, o homem pode mudar o 'texto' que teria sido escrito por alguma força superior.

O leitor, já impaciente, então se pergunta, no que eu acredito. Serei breve. Acredito que, ao renascer, os espíritos superiores possam determinar algumas coisas básicas, que serão de imensa importância para a vida e o desenvolvimento espiritual do espírito que renasce. Ou seja, ao estabelecer em que família o espírito irá renascer e o sexo que terá, como conseqüência, saberemos a classe social que irá pertencer e de que forma irá influenciá-lo, assim como o número de irmãos, parentes próximos, o grau de riqueza e como corolário, o tipo de educação etc. Isto sem falar na parte genética que é de fundamental importância para implementação de uma nova personalidade no espírito que renasce.

Mas, acidentes acontecem, assim como cada pessoa está escrevendo sua vida a cada instante, e através de suas decisões, tudo o que foi estabelecido, baseado no nascimento, pode se transformar de um momento para outro. Os mais ferrenhos defensores do destino dirão que tudo está absolutamente previsto e que nada acontece sem que haja a aquiescência divina. Não irei discutir isto, pois se trata de um ato de fé, no qual a minha razão se nega a crer.

Quero tomar um exemplo recente na história universal: Hitler. Quando ele assomou ao poder, em pouco tempo, ele colocou as finanças da Alemanha em dia, gerando uma situação próxima do pleno emprego. Se ele tivesse continuado por este caminho pacífico, ele teria se tornado um dos maiores

THE MAKING OF A SAGA DOS CAPELINOS 171

estadistas do mundo. Poderia ter influenciado beneficamente a formação da comunidade européia, vindo a estabelecer um mercado comum com a liderança da Alemanha. No entanto, em algum momento, ele optou pela violência, pelo lado negro da força, como diriam os aficionados de *Guerra nas estrelas*. E deu no que todo mundo sabe: a segunda guerra mundial.

Pergunta: quem determinou sua decisão para se tornar não um grande estadista, mas um dos maiores criminosos que a Terra já viu? Se está tudo determinado por Deus ou pelas forças superiores, então Hitler foi apenas um instrumento divino, não tendo nenhuma responsabilidade pessoal. Se as coisas não estão determinadas, possibilitando que ele tivesse tomado a decisão de invadir e anexar vários países, assim como perseguir diversos povos, entre eles, os judeus, então a determinação do destino não existe, ou é extremamente frouxa a ponto de que decisões pessoais interfiram e modifiquem a existência de milhões de pessoas.

Se continuarmos a analisar tal assertiva, observaremos que os espíritos superiores vêm trabalhando para unificação da Europa há vários séculos, iniciando-se com Napoleão, que foi outro também que se desviou em determinado ponto de sua trajetória, tornando-se mais famoso por ser um guerreiro do que um estadista. Por que a Europa precisa se unificar? Pois é a única maneira de pararem com as guerras fratricidas que tanto enlamearam e ensangüentaram aquela região.

Se eles, os espíritos coordenadores da evolução terrestre, não conseguiram através de fulano, eles tentam novamente através de sicrano, até atingirem seus objetivos. Se não foi com Napoleão, quem sabe se não tentaram com Hitler? Suposição terrível, eu reconheço, mas se analisarmos o início da trajetória do ditador alemão, veremos que, em parte, ele estava no bom caminho, mas em parte, pelo seu ódio aos judeus, ele já se colocava no lado negro da evolução.

Quando digo, e repito à saciedade, que Deus usa o mal para o bem, noto novamente que se aproveitaram da conflagração mundial para estabelecerem, paulatinamente, uma nova ordem mundial. Após a segunda guerra mundial, devido aos ferimentos profundos e razões políticas e econômicas, a França, através de Charles De Gaulle pôde liderar um movimento de unificação. Uma frase famosa de Napoleão Bonaparte, quando estava preso na ilha de Santa Helena, pouco antes de sua morte, dizia que no século vindouro (ou seja, o século XX) a Europa não seria dominada pelas armas, mas sim pela economia. Ele já tinha a intuição

172 A Saga dos Capelinos

de que este era o caminho. Será que ele viria a ser Charles De Gaulle, em alguma reencarnação futura? Será que ele renasceu como o general De Gaulle para unificar a Europa, que ele ajudara a destroçar? Será que ele se tornou protegido dos ingleses quando ele já fora seu prisioneiro? O leitor sabia que Charles De Gaulle havia escrito em 1934 um livro (*Vers l'armée de métier – A caminho do exército profissionalizado*) sobre o uso e a prioridade de tanques nas forças armadas, livro este que inspirou o general alemão Guderian a desenvolver a *blitzkrieg* – a guerra relâmpago –, demonstrando que De Gaulle era também um excelente estrategista militar, como o fora Napoleão?

Onde quero chegar com este paralelismo? Simplesmente que os espíritos superiores colocam os atores em cena, mas quem escreve o texto são as próprias pessoas, de acordo com sua tendências e circunstâncias pessoais, mas que de uma forma ou de outra, eles – os espíritos superiores – acabam conseguindo seus intentos, mesmo que para isto tenham que colocar posteriormente outros atores em cena, ou os mesmos já devidamente modificados pela experimentação da existência. (Lembram-se de Garusthê-Etak e Zekhen?)

Quem sabe se o caso de Jesus não era se tornar rei de Israel, e através de seu governo extraordinário, demonstrar ao restante do mundo que era possível, na época, implementar um reino de absoluta justiça, de igualdade entre os homens, de eqüidade de oportunidades com profundas mudanças nas relações de trabalho, além de estabelecer um governo onde o governante é um lídimo representante de Deus, agindo com lisura, transparência, amor fraterno e justiça social? Teria sido o maior exemplo e uma verdadeira revolução de costumes e de mentalidade para aquela época. No entanto, ele acabou falhando, seja porque avaliou erradamente certas circunstâncias, seja porque um conjunto de fatores que ele não foi capaz de prever o levaram à derrota (como, por exemplo, o ataque zelote à fortaleza Antônia), ou ambos.

A próxima pergunta pode ser esclarecedora. Terá sido uma missão extemporânea? Ou seja, será que ele recebeu uma missão ou se propôs a uma missão (tornar-se rei de Israel) para a qual ainda era cedo demais? Ou será que sua missão, se tivesse dado certo, teria evitado a revolta dos judeus contra Roma e sua diáspora? Teria sido uma missão também de ordem espiritual, como, por exemplo, tentar recuperar o maior número possível de judeus para impedi-los de serem enviados para a Mesoamérica, onde teriam uma existência terrível e uma morte tenebrosa nos sacrifícios rituais de então? Os expurgos regeneradores não acontecem só entre planetas (Capela/Atlântida e Terra), mas também dentro do próprio orbe. Vejam quantos perseguidores do passado renasceram em Uganda e foram chacinados na guerra civil pelos tutsis!

Concluindo, acho que Jesus não estava 'condenado' à cruz desde antes do seu nascimento, mas que foi uma das possibilidades que foram criadas pela sua ação. Vários são os textos evangélicos que mostram que Jesus escapou de ser morto pela multidão. Se Jesus tivesse modificado sua ação ao ver que seus resultados na Judéia eram pífios, dedicando-se à taumaturgia, ele poderia ter sobrevivido e morrido de velhice, mas neste caso, ele não teria alcançado a notoriedade.

5.11 – Yeshua era um profeta escatológico e apocalíptico?

Os exegetas são unânimes em afirmar tal fato. Jesus tinha uma mensagem de fim dos tempos (ou do mundo), portanto dedica-se à escatologia, que é a teoria sobre o fim do mundo. No entanto, a escatologia não é necessariamente apocalíptica, ou seja, não significa que o mundo acabará em um grande *débâcle*. Mas, Jesus, mesmo que não se dedicasse com grande ênfase a preconizar um fim terrível para o mundo, já que este não era o cerne de sua mensagem, tinha toques apocalípticos em sua escatologia. Para ele o mundo iria acabar em fogo, destruição e grande mortandade da humanidade. Só escapariam aqueles que tivessem se arrependido de seus pecados e aceito o reino de Deus (tanto interiormente como exteriormente).

Mas, por que motivos Jesus pregava um fim iminente, que de fato, até agora não aconteceu? Será que ele realmente pregava isto, ou isto foi uma interpretação equivocada dos apóstolos? Isto parece uma questiúncula à toa, mas, na minha opinião, não é. Se Jesus pregava um fim iminente para o mundo, ele se equivocou, pois já se passaram quase dois mil anos e o mundo continua de pé. Se ele pregava o fim da Judéia, especificamente, então de certa forma ele acertou, pois pouco mais de quarenta anos depois de sua morte, os judeus foram espalhados pelo mundo, na famosa diáspora.

Os seus apóstolos, após sua morte, não pregavam o fim dos judeus, mas sim o fim do mundo. Eles estavam errados? Entenderam mal a men-

174 — A SAGA DOS CAPELINOS

sagem de Jesus? Eles esperavam a segunda vinda de Jesus, quando então ele julgaria os vivos e os mortos, separando os bons dos maus. Ora, fisicamente, este fato ainda não aconteceu, e tenho um certo pressentimento de que não acontecerá da forma como preconizam as aves de mau agouro, ou seja, com a destruição da Terra, com a passagem de um planeta 'chupão', ou seja lá a forma como prevêem os apocalípticos.

Para melhor entender a visão do mundo dos judeus, é preciso se transportar para aqueles tempos e se colocar no lugar de um deles, com seu pouco conhecimento científico, sua visão do mundo e principalmente com sua visão de Deus. Para eles, a Terra havia sido uma experiência mal conduzida por Deus. Por várias vezes, Deus, na Bíblia, arrepende-se de ter criado o mundo e o homem em especial, e resolve destruí-lo. Sua fúria não tem precedentes. Ele envia um dilúvio que mata todo os homens no mundo inteiro, mas apenas faz sobreviver Noé e sua família. No entanto, Ele continua insatisfeito com os homens, mas lhes dá oportunidades e constantemente os testa.

Deus, na concepção judaica arcaica, era, a bem dizer, um homem. Comportava-se com um homem, com bons e maus humores, tendo acessos de fúria a ponto de Moisés, no Sinai, repreender o próprio Deus quando ele, possuído de grande fúria, queria dizimar todos, indiscriminadamente. Resolve destruir Sodoma e Gomorra, porque os homens se comportam mal. Aí está o cerne do problema. Os homens são passíveis de destruição porque não obedecem aos desígnios de Deus. Além disto, Deus testa constantemente os homens: veja a história de Jó. Ele envia pragas, pestes, fome, seca etc., sempre que ele acha que os homens não correspondem às suas mais altas exigências. E os homens sabem que eles não correspondem à altura, estando portanto, sujeitos à ira divina a qualquer momento.

Todos os profetas judaicos são apocalípticos, pois, no fundo, a mentalidade do judeu de então era apocalíptica. A mensagem apocalíptica encontrara sempre receptividade em seus corações. Imaginar que viria alguém que lhes dissesse que Deus não castiga, mas que todo sofrimento faz parte de um longo processo de aperfeiçoamento, de evolução, e que a Terra realmente tem processos telúricos violentos, mas que estes são normais e não obra de um Deus violento, cheia de santa ira e à espreita do menor erro humano para fulminá-lo, seria pregar no deserto, pois não encontraria eco nas mentes dos judeus. Eles só iriam entender a mensagem apocalíptica de um fim do mundo.

Aliás, esta imagem foi inicialmente criada pelos primeiros capelinos a renascerem na Suméria. Eles achavam que os homens foram criados pelos *anunnakis* – filhos de Anu (o céu) – para serem seus escravos e para seu deleite, e que eles se arrependeram, pois o homem demonstrava um comportamento excessivamente perverso e errático (lunático). Deste modo, os *anunnakis* resolveram destruir sua criação, afogando todos num grande dilúvio, sendo salvos por Enlil e Enki, dois *anunnakis*, que informaram a Ziusudra, o Noé sumério, e este se salva com sua família depois de construir uma grande barca. Vejam que a lenda do dilúvio é suméria, e explica as grandes inundações a que estavam submetidos devido ao transbordamento do Tigre e especialmente do Eufrates. Se substituirmos a palavra *anunnaki* pela palavra Deus teremos aí a origem da lenda do dilúvio.

Que os primeiros capelinos fossem pessimistas, é mais do que inteligível, pois haviam sido degredados de um planeta de alta tecnologia para um planeta agreste e primitivo. Qualquer um nestas condições acharia que Deus é perverso, um homem irritável, que simplesmente os abandonou em qualquer buraco sujo para morrerem. Os primeiros capelinos tinham, portanto, razões de sobra para imaginarem isto, mesmo que não corresponda à verdade.

Ora, os judeus sofreram todo tipo de influências e dos persas também trouxeram certas noções apocalípticas, todas originalmente geradas pela memória dos capelinos. Veja a importância desta migração espiritual! Eles influenciaram toda a noção teísta tanto do Ocidente como do Oriente. Entre os arianos do Rig-Veda também havia lendas similares, quando Varuna destruiu uma rebelião de demônios no céu e os exilou na face da Terra, e por isto, ela se tornou maldita.

Os leitores podem imaginar que Jesus falava de um fim dos tempos, do fim de um ciclo. Realmente isto se torna mais palatável, mas o que os Evangelhos dizem é do fim do mundo em fogo e destruição com cataclismos jamais vistos. Não fala do fim de um ciclo, mas da destruição do mundo.

O que a ciência nos fala é que o nosso sol, em alguns milhões de anos, deverá se tornar uma gigante vermelha e sua fotosfera, onde acontecem as grandes explosões termo- nucleares, engolfará a Terra e todos os demais planetas, desintegrando-os completamente. Até aí tudo bem, pois é um processo normal e que deverá acontecer em alguns milhões de anos. No entanto, para os persas, para os indianos e para os judeus, além de

176   A Saga dos Capelinos

outros povos, o mundo era uma construção recente (de doze a seis mil anos) e que teria um fim recente também. Para os habitantes daquela época, falar em bilhões de anos (caso da Terra, que tem 4,5 bilhões de anos) seria o mesmo que falar qualquer coisa para um surdo-mudo: eles não teriam a menor possibilidade de entenderem. (O leitor irá contestar, dizendo que os indianos tinham a noção de Manvatara – grande plano –, sabendo que ele durava bilhões de anos, mas eu retrucarei afirmando que tal noção é bem mais recente, provavelmente do primeiro milênio).

Qual a importância de se falar que Jesus era um profeta escatológico com toques apocalípticos? Em parte, porque isto conflita bastante com seus ensinamentos amorosos e dulcificantes sobre a existência, as relações pessoais e as relações sociais. Como aceitar palavras de aperfeiçoamento interior com uma iminente catástrofe, a qual aplainará a Terra? A lógica nos diz que alguém que 'vende' esperança, não deveria falar de destrui- ção e morte, pois são assuntos antagônicos.

O leitor poderá contestar que o cerne da mensagem não era o imi- nente apocalipse, mas a vinda do reino de Deus. Sem dúvida, mas para os judeus daquela época, as coisas iriam se processar da seguinte manei- ra: primeiro viria uma época de grandes lutas, atribulações terríveis e grandes mudanças, que é chamada a era do messias. Após este período tenebroso, descrito com tintas vivas, viria o 'Olam Ha-ba' – o mundo a vir. Este mundo futuro seria um lugar maravilhoso, onde não existiriam a morte, as doenças, os pecados e os crimes, onde todos viveriam em grande fraternidade e felicidade.

Este ponto é sumamente relevante para se entender não só o pen- samento da época, mas também o que Jesus pregava. Vamos, pois, nos delongar mais um pouco sobre isto.

Para os judeus, como já disse anteriormente, todas as coisas ruins, nas quais incluímos a morte, as doenças, as catástrofes naturais, as guerras, as lutas, os crimes, os pecados e todo tipo de ignomínia, eram provocadas, portanto eram fruto da atividade satânica, seja de Satan em pessoa, seja resultado da ação das forças do outro lado – *sitra achra*. Na era do mes- sias, do escolhido, do ungido, do rei de Israel, haveria o grande combate entre as forças do bem e as do mal, redundando após algum tempo (não se sabe por quanto tempo) na destruição do mal e dos seus aliados (Gog e Magog). Após a derrota final e acachapante do *sitra achra*, o messias, então, julgaria os homens remanescentes e enviaria os maus para o inferno, onde haverá choro e ranger de dentes, e a Terra ficaria para os bons, implementando, então, o *Olam Ha-ba*.

O leitor poderá dizer que o único lugar possível para que não haja a morte, as doenças etc. é o mundo espiritual, e como conclusão, Jesus falava do reino de Deus no mundo espiritual. No entanto, isto é um erro de interpretação, pois para os judeus, o *Olam Ha-ba* não era no mundo dos anjos, mas sim na Terra, fisicamente.

Como provar esta teoria? Facilmente se deduz o que afirmamos, pois como a imensa maioria acreditava em ressurreição, eles acreditavam que Deus, no dia do julgamento final, iria ressuscitar todos os mortos, exatamente como eles haviam morrido. Esta crença foi extremamente nociva para o desenvolvimento da medicina, pois não se permitia abrir o corpo dos defuntos para estudá-lo, assim como amputar membros, ou a retirada de órgãos para estudo, pois, acreditava-se, que quando Deus ressuscitasse os mortos, em seus corpos estariam faltando os pedaços amputados, os órgãos que houvessem sido retirados e ficariam marcados os cortes que houvessem sido feitos nos cadáveres. Cremação, nem pensar!

Para que o leitor tenha noção mais apurada do que estamos falando e das coisas em que os judeus acreditavam, eles diziam que todos os judeus ressurgiriam em Jerusalém, mesmo os que não tivessem sido enterrados naquela cidade, pois os corpos viriam rolando por túneis subterrâneos de onde tivessem sido enterrados até a cidade santa, onde então seriam ressuscitados. A maioria dos judeus de então, especialmente os essênios e os fariseus, acreditava nestas coisas e não aceitava a teoria de que, ao morrer, o espírito se livra, por falta de termo melhor, da matéria e vai para o mundo espiritual. Para eles, o mundo espiritual era constituído de anjos e demônios, que eram uma criação à parte de Deus.

Eu sempre digo que não se deve procurar a lógica nos ensinamentos arcaicos e míticos dos judeus, egípcios e outros povos, pois havia uma amálgama enorme de crenças, as quais conviviam em certa harmonia, sem que as pessoas se dessem o trabalho de contestar ou discuti-las. Ao mesmo tempo que os judeus acreditavam nestas teorias, também acreditavam em *'dibuks'*, espíritos provavelmente dos mortos que se colavam no corpo dos vivos, convivendo com o vivo e sugando-lhe as energias vitais, insuflando-lhe pensamentos esdrúxulos e tenebrosos, podendo levá-lo à loucura e ao suicídio. Como as duas crenças eram antagônicas — ou se acredita em espíritos que sobrevivem ao corpo, ou se acredita que Deus,

178 A SAGA DOS CAPELINOS

no dia do julgamento final, irá fazer ressurgir os corpos do pó – as várias teorias conviviam razoavelmente bem, sendo que os partidários da crença da ressurreição, acreditavam que os *dibuks* eram, na realidade, demônios.

Retornando ao problema fundamental, eu acredito que Jesus falava a língua que o povo entendia, mas ao introduzir certos conceitos ele os deixava confusos. Jesus pregava o reino de Deus que, em última instância, era o próprio *Olam Ha-ba*. Ele começa sua pregação dizendo que o povo devia se preparar para a chegada do messias e o reino de Deus, que era iminente. Depois de certo tempo, à medida que suas curas e, especialmente, a expulsão dos demônios iam ficando mais patentes, ele começou a mudar o discurso e passou a falar que 'se ele expulsava os demônios era porque o reino de Deus já havia chegado'. Muito lógicos seus argumentos, pois se ele estava vencendo a batalha contra o *sitra achra* – o outro lado – é porque o mal estava sendo derrotado e o bem estava se tornando vitorioso. Com a vitória do bem, viria o *Olam Ha-ba*, o reino de Deus.

Para melhor entendimento deste trecho confuso, apenas complementarei dizendo que Jesus usava de um discurso que era de fácil entendimento para os judeus da época, portanto, ele tinha que ser escatológico e um pouco apocalíptico, pois esta era uma preocupação de todos.

5.12 – Yeshua acreditava e falava em reencarnação?

Só com muita boa vontade pode-se ver nos ensinamentos de Jesus uma direta e objetiva fala sobre reencarnação. Há dois trechos em que se pode vislumbrar refernêcia a respeito de reencarnação. Uma quando os discípulos lhe perguntam se as tradições dizem que o messias deveria ser precedido da vinda de Elias, e Jesus lhes responde dizendo que ele já veio, mas ninguém o reconheceu, e, pelo contrário, fizeram dele o que bem entenderam, e textualmente, cita-se a figura de João Batista. Conclui-se que João Batista era Elias reencarnado.

A segunda menção é quando Jesus fala a Nicodemos sobre a necessidade de se renascer de novo. Ele cita a água e o vento, ou seja, o que leva à interpretação de que a água é a matéria e o vento é o espírito. No entanto, os exegetas interpretam este trecho de forma diferente, dizendo que o renascimento que Jesus preconiza é a modificação interior através do batismo (água) e que o vento (espírito) pode ser tanto o Espírito Santo

(Ruach ha-Kodesh), que ao se manifestar no homem poderá levá-lo ao espírito de santidade *(ruah qôdso)*.

Como se pode notar não há confirmação deste fato, ou seja, não há escritos textuais e indiscutíveis de que Jesus acreditava e ensinava sobre reencarnação. No entanto, dizem os partidários desta teoria, que os ensinamentos de Jesus foram reescritos no Concílio de Nicéias e que tudo o que ele falava sobre reencarnação foi extirpado pela igreja católica emergente, pois tal teoria retirava a força política tanto de Roma como da igreja emergente.

Aquilo em que eu acredito, portanto, é mais um ato de fé do que algo que se possa provar, ou seja, que Jesus acreditava em reencarnação como assim acreditavam os terapeutas (e os neopitagóricos), mas que achava que tal teoria não podia ser ensinada em público, por duas razões. Uma é que a maior preocupação dele era estabelecer um reino de Deus em Israel e realmente, começar a falar e pregar sobre reencarnação seria uma longa e inútil discussão que o afastaria do objetivo principal. Segundo, porque a doutrina da reencarnação podia ser usada como força de pressão pelos poderosos para a manutenção da ordem estabelecida, impedindo a mobilidade social, como, aliás, acontecera na Índia.

O leitor pode se perguntar como cheguei a esta conclusão. Primeiro, devido ao sotaque egípcio de Jesus já discutido aqui, tudo indica que ele estudou em Alexandria. Segundo pelo tipo de imposição de mãos, as coisas que ele falava e, as curas que efetuava e a forma como as fazia, mostra que ele teve um longo contato com os terapeutas de Alexandria. Terceiro, os terapeutas de Alexandria eram muitas vezes confundidos com os neopitagóricos e estes acreditavam na doutrina da reencarnação. Quarto, os terapeutas achavam que a doutrina da reencarnação não devia ser divulgada para os leigos, pois os levava a acreditarem que tinham sido isto e aquilo em outra vida, além de certa aceitação excessivamente passiva perante os eventuais problemas: 'é meu destino, o que fazer, estou pagando pecados da vida passada'. Quinto, Jesus teve contato com a doutrina de Buda e de Zarathustra, seja porque esteve na Índia e na Pérsia, seja lendo ou escutando os seguidores dos dois profetas. Neste caso, a reencarnação era usualmente aceita pelos indianos, mas era motivo de forte imobilismo social (castas e párias) e excessiva passividade perante o 'carma'. Já para os persas de Zarathustra não havia a reencarnação, mas havia o conceito do reino forte, onde deveria primar a justiça acima de tudo.

180 A SAGA DOS CAPELINOS

Se analisarmos os escritos dos apóstolos — se é que escreveram pessoalmente alguma coisa — não vemos alusões diretas e óbvias à reencarnação, mas também não vemos a luta contra esta doutrina. Eles, no entanto, esperavam a segunda vinda de Jesus, e este será o tema de nosso próximo ponto.

5.13 – Yeshua falou que voltaria?

A segunda vinda de Jesus é anunciada nos Evangelhos sinópticos e lembra demais as lendas indianas da décima e última encarnação de Vishnu como Kalki. O sol escurecerá, a lua não terá mais claridade, as estrelas do céu cairão e as potências do céu serão abaladas, são algumas das citações. O filho do Homem está próximo, à porta, dizem as escrituras. Não passará esta geração antes que tudo isto aconteça.

São palavras de fogo que encontram terreno fértil no coração de todos os cristãos com tendências apocalípticas. Cada vez que um desastre natural está para acontecer ou que está se processando, lá vamos nós acreditando nas escrituras.

Para o perfeito entendimento dessa idéia, é preciso repetir que os judeus, assim como os persas, acreditavam que o homem era o palco de uma gigantesca luta entre o bem e o mal. A vitória final do bem viria através de um enviado, Xaosiante ou o messias, que lutaria com Angra Mainyu ou Satan (e outros nomes diabólicos), vencendo-o no final. Esta luta era chamada pelos judeus de a 'Era do messias'. Depois disto, o mundo se tornaria um lugar maravilhoso, com o julgamento de todos os homens, a expulsão dos perversos, a ressurreição dos mortos, a inexistência do mal e da tendência para o mal. Para Jesus, este era chamado de reino de Deus. Para os persas era o reino forte de Ahura Mazda. Para os judeus antigos e atuais, é o *Olam Ha-bá* – mundo a vir.

Ora, a 'Era do messias' pode ser interpretada de três maneiras. (Eu falei interpretada, portanto sujeito a dúvidas e discussões intermináveis.) A primeira interpretação é que a 'Era do messias' é algo físico. Portanto, acontecerá na Terra, com a destruição completa ou parcial do mundo físico e o julgamento dos vivos e dos mortos, a ressurreição etc. A segunda interpretação é que a 'Era do messias' é espiritual, portanto, tudo o que é vaticinado acontecerá no mundo espiritual. A terceira interpretação é uma mescla de ambas as coisas, ou seja, acontecem desastres e guerras no mundo físico e o julgamento acontece no mundo espiritual.

Minha opinião é que a última opção é a mais provável. Quem teve a oportunidade de ler o primeiro livro da Saga, *A queda dos anjos*, notará que Varuna (já no mundo espiritual) é o messias de Ahtilantê. Cabe a ele separar o joio do trigo e 'queimá-lo'. Não no sentido literal de queimar e se desfazer do lixo, mas de separar os bons dos maus (se é que se podem usar tais expressões tão dicotômicas) e enviá-los para o 'inferno'. Naturalmente, neste caso, o inferno é a Terra de então. Nosso planeta era um lugar agreste, selvagem, com pessoas ignorantes e simples, sem nenhum progresso tecnológico importante e sem estrutura social complexa. Não é o inferno de Dante, mas não deixa de ser uma coisa terrível. (Adeus à eletricidade, aos equipamentos que trazem tanta tranqüilidade às pessoas, água encanada, gás encanado, carros, telefonia, aviões, computadores, e-mails etc.)

Pode-se, portanto, imaginar que Jesus, seja por intuição, seja por ter recebido uma mensagem de algum espírito superior, seja por conhecimento próprio (que é a melhor hipótese) mencionou a Era do messias como a segunda vinda. Não necessariamente dele em pessoa, descendo do céu fisicamente para julgar os homens, mas como um espírito eleito, escolhido, ungido, um Cristo, um Buda, um iluminado, seja o nome que quiserem dar, que receberá a missão de fazer o grande degredo terrestre, levando os inadequados para outro planeta. Qual? Não sei! Não temos informação precisa.

Dizem que já estamos passando pela Era do messias, pois há informações de que já se iniciou o expurgo. No entanto, isto não é um processo imediato. Algo que acontece num único dia – o dia do julgamento final – mas no decorrer de uma época, que pode durar até duzentos anos, dependendo de várias circunstâncias.

O eleito que deve já estar fazendo o grande degredo terrestre é Jesus? Não há como sabê-lo. Pessoalmente, creio que não o seja. Há bilhões de espíritos no mundo espiritual terrestre que têm possibilidades de ser o eleito. Não precisa ser necessariamente o próprio Jesus. Não temos informações de que é fulano ou sicrano, o que aliás não tem a menor importância. Basta saber que tal processo, tenha ou não começado, é parte da evolução física e espiritual de um planeta.

Analisando a Terra atualmente, podemos ver que ainda é um lugar muito heterogêneo, em todos os sentidos. Está longe de ser o reino de Deus, mas a boa notícia é que há uma forte tendência para tal fato. Basta

182 A Saga dos Capelinos

se notar como as nações estão se unindo tanto em termos econômicos, como de um modo geral. Há alianças contra os déspotas do mundo. Há uma conscientização geral contra o mal (considerando que o mal é o ódio, os preconceitos, a miséria, a fome, a falta de oportunidades e a falta de liberdade, entre outros males que nos afligem.) No entanto, isto é um processo lento e gradativo. Não há milagre e nem instantaneidade, como achavam os antigos. A evolução é feita de forma gradativa, através de saltos tecnológicos, de aprimoramentos pessoais feitos pelos inúmeros renascimentos.

As pessoas de bem têm a tendência de imaginar que os maus, os inadaptados, os psicopatas devem ser eliminados de modo imediato e peremptório. Nada mais natural, pois ao retirarmos a maçã podre, limpamos a cesta de maçãs. Ao retirar o doente do meio dos sãos, todos ficam sadios. Mas, acontece que as maçãs podres e os doentes também são criações divinas, por mais que não pareçam. Para os espíritos superiores, eles são ovelhas desgarradas que devem ser trazidas de volta ao seguro aprisco. Deste modo, eles não instituem um expurgo radical, imediato, feito num único dia, que irá resolver tudo de modo mágico. Pelo contrário, às ovelhas desgarradas, eles dão várias e novas oportunidades de se regenerarem através de renascimentos purgatórios.

Se existem os renascimentos purgatórios, existem as guerras, os massacres, as devastações telúricas, as doenças devastadoras, os nascimentos de crianças excepcionais etc. É o que observamos hoje. Mas como Deus usa o mal (a ausência de bem em determinado grau relativo) para o bem (a perfeição e a perfectibilidade), todas estas desgraças (guerras, desastres, doenças etc.) são instrumentos de aperfeiçoamento físico e espiritual, tanto individual como coletivo.

Concluindo: para mim, a segunda vinda é o grande expurgo espiritual pelo qual a Terra está passando. Jesus não estava falando de uma segunda vinda pessoal, mas da Era do messias, espiritual.

5.14 – Yeshua tinha rixas com o templo de Ierushalaim?

Há várias passagens nos Evangelhos que demonstram que Jesus tinha rixas com o templo. Ao expulsar os vendilhões do templo, ele diz textualmente que os sacerdotes haviam transformado a casa do Pai num covil de

THE MAKING OF A SAGA DOS CAPELINOS 183

ladrões. Noutra passagem, ele fala na destruição do templo, assim como fala mal dos fariseus e dos escribas.

No entanto, é preciso entender as duas passagens. A primeira, a expulsão dos vendilhões do templo, foi nitidamente um fato que aconteceu de forma diferente. O átrio dos gentios não fazia parte do templo. Era uma área agregada, onde se vendiam artigos religiosos e oferendas (flores e animais), assim como trocava-se dinheiro do mundo inteiro (em termos) para poder se usar a moeda corrente no império romano. Jesus, muito provavelmente, ao entrar com sua enorme *entourage*, deve ter causado distúrbios e aproveitando-se da confusão, alguns arruaceiros pilharam as barracas. Este episódio é descrito no evangelho de João logo no início de seu ministério, e nos sinópticos, no final. João dá pouca importância, enquanto que os demais salientam o fato.

João, ou o discípulo que escreveu o evangelho segundo João, não dá importância ao fato, relatando-o no início do ministério de Jesus, pois João havia partido da Judéia e ido para a Ásia Menor, atual Turquia. Lá, ele não foi perseguido pelos judeus do templo. Já para os sinópticos, ou para quem os escreveu, tinha sido perseguido duramente, com várias mortes, inclusive de Tiago o Justo, Estevão e outros. Havia, portanto, ódio ao templo pela perseguição que os seus membros faziam à seita dos nazarenos, futuramente conhecidos como cristãos. Pode ter havido uma interpolação posterior e não necessariamente significar que Jesus tinha ódio do templo.

A segunda passagem é daquelas passagens que podem ser interpretadas de duas maneiras. A primeira é que ele poderia destruir o templo de seu corpo e ressurgir em três dias. A segunda é que, com sua aguda intuição, ele poderia ter visto que o templo de Jerusalém iria ser destruído pelos romanos na revolta de 72, e que ele, com o poder do messias, poderia reconstruir o templo em três dias. Apenas à guisa de informação, nas lendas referentes ao messias, dizia-se que na Era do messias, o templo de Jerusalém, o verdadeiro, o construído por Salomão e destruído por Nabucodonosor, desceria do céu completamente pronto, inclusive com a desaparecida arca da aliança em seu interior. Era mais uma das lendas em que se falava o que o messias, ou sua era, iria proporcionar.

Para que o leitor se informe sobre os costumes e crenças judaicas, é preciso notar que os judeus achavam que no dia do juízo final, todos os judeus ressurgiriam em Jerusalém. Mesmo aqueles que foram enterrados

184 A SAGA DOS CAPELINOS

em lugares distantes, seus corpos viriam rolando por túneis subterrâneos e apareceriam em Jerusalém, quando então seriam ressurrectos. Volto a insistir que não estou aqui para julgar a crença de ninguém, mas apenas para mostrar o que se acreditava na época, por mais absurdo que possa aparecer hoje.

Não estou completamente convencido de que Jesus tinha uma rixa com o templo. Creio que ele precisava do apoio do templo e do sinédrio para se sagrar rei, e por isto, ele mobilizou um enorme séquito de seguidores para pressionar os membros do sinédrio e do templo a aceitá-lo como o legítimo rei de Israel. No entanto, devido à ação nefasta dos zelotes, atacando a fortaleza Antônia, este apoio nunca foi dado, e ele acabou perecendo nas mãos dos romanos, com o apoio do sinédrio e do templo. Não havia mais nada a fazer, pois era impossível se distinguir quem ordenara o ataque à fortaleza romana. Teria sido Jesus com o apoio dos zelotes, ou os zelotes por conta própria. Pessoalmente, acho que os zelotes tomaram esta decisão sozinhos, pois senão Jesus teria fugido ao ver que seu ataque havia fracassado e a maioria dos líderes zelotes que participaram haviam sido ou mortos ou feitos prisioneiros. Como ele não fugiu e nem se escondeu, isto prova que ele não participara, mas para Pilatos, ele participou ou foi considerado como o motivo da revolta e do ataque. Com isto, morreria na cruz junto com os dois principais líderes zelotes (não eram ladrões, pois ladrões não eram crucificados).

Como conclusão, pode até ser que Jesus não morresse de amores pelo templo, mas definitivamente não se opunha abertamente a ele, pois precisava do seu apoio para tornar-se rei e estabelecer o reino de Deus na Terra.

5.15 – Iehudá Iscariotes era um traidor?

Falemos de coisas mais amenas. Será que Judas Iscariotes era um traidor desde o início ou se tornou um traidor numa determinada etapa da missão? Será que ele realmente traiu Jesus? Será que Jesus, com sua intuição aguçada, não sabia que seria traído por Judas Iscariotes? Se sabia, por que não o afastou do grupo? Aliás, com sua intuição fabulosa, por que o admitiu? Por que Judas Iscariotes o traiu? Será que Judas Iscariotes não foi transformado em bode expiatório pelo grupo, após a morte de Jesus? Será que agiu de forma tão conspícua que ninguém suspeitou dele?

Será que Judas Iscariotes era o mau-caráter que os Evangelhos apregoam? Qual é o simbolismo que Judas Iscariotes representa na tragédia?

Estas perguntas são motivo de um livro, apenas para tentar responder. Como não quero perder muito tempo com sua figura, desejo abordar a questão de forma mais direta, sem grande divagações.

Jesus sendo quem era, com o apoio espiritual que recebia (as curas e os milagres o atestam) não podia ter assimilado no grupo seleto, um traidor, ou alguém de caráter duvidoso. Sabemos que Judas Iscariotes era o tesoureiro do grupo, portanto alguém que nem sempre é bem-visto. (Basta ver como os funcionários das empresas não gostam muito do diretor financeiro, pois como é ele que controla as finanças, ele exige o cumprimento dos orçamentos, dos prazos e dos resultados. É, portanto, o chato da empresa.)

Minha teoria é que Judas Iscariotes era um dos poucos que tinha o tirocínio político do grupo. Ele acreditava que Jesus era o messias, e o legítimo rei de Israel. Ele pode ter sido movido por razões pessoais ao tentar fazer de Jesus o rei de Israel (tornar-se um dos ministros mais importantes do reino?!). No entanto, ele deve ter ficado desesperado ao ver que o movimento estava indo água abaixo, quando os zelotes transformaram a manifestação pacífica arquitetada por Jesus para pressionar o sinédrio, numa batalha campal de alarmantes proporções.

Ele deve ter ido procurar Caifás, o sumo sacerdote, para tentar algum tipo de acordo. Quem sabe até para justificar a ação de Jesus e dizer que ele não estava de acordo com o ataque dos zelotes. Pode ser até que ele tenha comentado a sua idéia com Jesus, que lhe deve ter dito da inutilidade do gesto, mas deixou-o tentar assim mesmo. Naquele ponto, o que ele tinha a perder? Seu plano já tinha ruído mesmo, devido ao ataque zelote.

Creio que Caifás entregou Judas Iscariotes a Pilatos, assim como o prefeito romano deve ter pressionado o apóstolo a entregar o mestre. Não seria necessário muito para que Judas Iscariotes, um homem mais voltado para a administração das coisas materiais do que um guerreiro, entregasse Jesus. Quem, no seu lugar, não faria o mesmo? Não estou defendendo Judas Iscariotes, apenas justificando que, tendo caído na armadilha de Caifás, só lhe restava entregar Jesus, como de fato foi feito naquela mesma noite, no jardim das Oliveiras, o *Gethsemani*.

Pode até ser que Judas Iscariotes tivesse se matado posteriormente. Se isto de fato aconteceu, não é típico de alguém que entrega outro, por livre

186 A SAGA DOS CAPELINOS

e espontânea vontade. É mais típico de quem foi forçado a fazer algo e não consegue viver com seu erro ou sua covardia. De qualquer forma, eu creio que os romanos não iriam deixá-lo solto e devem tê-lo matado. Se não morreu na cruz foi por pura sorte, e deve ter morrido enforcado por garrote vil ou aproveitado uma oportunidade para se matar, como eu coloquei no romance.

Concluindo: creio que Judas Iscariotes entregou Jesus porque foi forçado a tal atitude e que ele jamais se vendeu ao templo por trinta moedas. Ele deve ter tentado articular uma saída política para Jesus, sem o seu consentimento, e, finalmente, acabou sendo preso e morto pelos romanos ou se matado na prisão. Levou a pecha de traidor, pois era mais fácil para os apóstolos dizer que Jesus foi traído do que admitir que ele teve um erro de julgamento a respeito de alguém tão próximo.

5.16 – Yeshua realmente morreu na cruz?

Os detratores de Jesus dizem que ele morreu enforcado na véspera da Páscoa. Outros, mais indulgentes, acham que Jesus foi retirado vivo da cruz e ainda sobreviveu, e foi para a Índia, onde passou os seus últimos dias com Maria Madalena, e faleceu de velho.

Se ele tivesse sido enforcado, o teria sido pelos seus próprios compatriotas pelo crime de heresia. Aliás, é basicamente esta a versão judaica mais antiga, negando que ele tivesse sido vitimado na cruz. É uma possibilidade remota, pois neste caso, por que os romanos não negaram que o tivessem crucificado? Por que levaram a pecha de assassinos de Jesus se não tivessem nada a ver com isto? Qual o lucro? Em termos de morte, a cruz ainda era mais ignóbil do que o enforcamento, logo, como os romanos tinham algo a ver com sua morte, ele foi de fato crucificado.

Por outro lado, os estudiosos que acham que Jesus sobreviveu à cruz, só alegam tal fato para justificar sua aparição após sua morte. Se ele tivesse sobrevivido, ele de fato poderia aparecer em carne e osso aos apóstolos. No entanto, sabemos que Jesus foi crucificado e fixado à cruz através de cordas e três pregos de cerca de quinze centímetros cada um. Esses pregos, como eram usados várias vezes, deviam estar enferrujados, e portanto, se Jesus sobrevivesse à cruz, ele teria morrido de tétano e/ou septicemia.

Jesus morreu rápido na cruz, é verdade. Em quatro horas, ele estava morto. Normalmente, um homem forte levava cerca de doze a quinze horas para falecer. Há casos de gente que demorou setenta e duas horas. Isto me leva a crer que ou ele foi muito mais martirizado do que realmente contam os Evangelhos, ou então foi envenenado para morrer mais rápido, ou ambas as possibilidades. José de Arimatéia poderia ter subornado ou convencido o centurião romano a lhe dar uma quantidade grande de ópio com mirra e isto daria o mesmo efeito que uma *overdose* de cocaína, ópio ou outra droga potente.

Será que este fato denigre a imagem de Jesus? Não, porque ele não pediu que lhe ministrassem nenhum alívio ou encurtassem seu tempo na cruz. Por outro lado, será que este fato daria munição àqueles que pleiteiam a eutanásia ativa? Em parte sim, mas em parte não. Sim, porque se o fizeram com Jesus, por que não fazer a qualquer outro? Em parte não, porque Jesus não estava doente, não era um doente terminal, e só lhe ministraram a potente droga que lhe acelerou a morte porque sua situação era insustentável. Foi um golpe ou tiro de misericórdia que os verdugos aplicam aos condenados após o fuzilamento.

Conclusão: creio que Jesus de fato morreu na cruz, mas que sua morte foi acelerada pela ingestão de mirra com ópio.

5.17 – Yeshua ressuscitou de fato?

Não creio em ressurgimento em carne e osso de alguém que já morreu de fato. Estamos excetuando todos os casos médicos de reanimamento. Estamos nos referindo ao caso de pessoas que morreram, foram enterradas e o corpo já começou a se decompor. Se o espírito abandonou o corpo, ele só pode vir a ocupar outro corpo através do processo de renascimento.

O que foi que aconteceu com Jesus quando apareceu para os apóstolos? Estou plenamente convencido de que ele se materializou. Ou seja, o seu espírito se revestiu temporariamente de energias semimateriais e que através das técnicas de materialização espiritual, ele pôde se apresentar aos discípulos. Isto exigia um dispêndio grande de energias e uma mobilização de espíritos operadores para dar suporte técnico ao fenômeno. Deste modo, ele não pôde ficar dias seguidos materializado, mas apenas alguns momentos.

Há versões contraditórias quanto ao aparecimento de Jesus. A primeira é relativa à Maria Madalena. É de se estranhar que Maria Madalena, que conhecia tão bem o mestre, não o reconhecesse e achasse que fosse o jardi-

188 A SAGA DOS CAPELINOS

neiro. Depois, ao chegar perto e o reconhecer, ele lhe diz que ela não deve tocá-lo, pois não está ainda completamente materializado. Se tal fato aconteceu, é mais provável que ela tivesse uma vidência e que se ela abraçasse Jesus, seus braços o interpenetrariam, causando-lhe uma grande estranheza. Ele seria visto como um fantasma, e não como alguém ressuscitado. Na minha versão, eu não incluo esta passagem, pois não acredito nela. Dei outra roupagem, pois não posso acreditar que Jesus, depois de abandonar o corpo físico, ficasse perambulando como um espírito qualquer.

Outro fato estranho é a aparição aos discípulos de Emaús. Eles andam com Jesus durante vários quilômetros e não o reconhecem. Estranho, não? Por que Jesus iria aparecer logo para duas figuras tão pouco importantes? Por que eles não o reconheceram e andaram com um estranho por vários quilômetros, para só se dar conta de que era o mestre quando entraram numa estalagem? A história toda parece uma interpolação posterior da igreja primitiva, numa alusão simbólica de que Jesus pode aparecer a qualquer um, desde que a pessoa tenha fé no salvador.

Conclusão: creio que as aparições de Jesus foram 'materializações' e que Jesus não ressuscitou de corpo físico.

5.18 – No que os apóstolos acreditavam?

Eu me questiono sobre o seguinte assunto: se Jesus acreditava em reencarnação – digamos que sim – por que os seus apóstolos acreditavam em ressurreição? O leitor poderá dizer que a igreja católica emergente, no tempo do concílio de Nicéia, retirou todas as alusões sobre reencarnação e assim, nada aparece nos Evangelhos. No entanto, as evidências do evangelho demonstram a seguinte crença dos apóstolos:

Eles acreditavam que Jesus era o messias. Que ele tinha vindo para salvar o mundo. Que ele tinha ressurgido dos mortos de corpo e alma. Que ele subiu fisicamente aos céus. Que ele voltaria fisicamente dos céus para julgar os vivos e os mortos no dia do julgamento final. Deste modo, os mortos seriam ressuscitados em corpo e alma. Eles não sabiam da reencarnação ou não falaram nela nem a mencionaram. Que, na sua volta (a segunda volta), ele implantaria o reino de Deus.

A demora de Jesus em voltar criou vários problemas de fé na igreja primitiva, assim como concitou alguns problemas complicados, dos quais citarei apenas um, à guisa de informação interessante.

Roma, no primeiro século, tornou-se uma grande metrópole, mas também uma grande favela, com odores insuportáveis, especialmente no verão. Os romanos mais pobres construíam casas que subiam em vários andares. Eram casas feitas de madeira, onde se cozinhava em fogões de lenha e existiam lareiras para os dias frios. Por várias vezes, Roma havia se incendiado.

A maior prova de que não foi Nero que tocou fogo em Roma é o fato de que ele havia acabado de construir um palácio maravilhoso com peças raras da Grécia – país que ele muito admirava – e quando o fogo, que os melhores estudiosos acreditam que tenha sido involuntário, tomou proporções descomunais, seu maravilhoso palácio foi totalmente devastado pelas chamas. É mais do que óbvio que Nero não mandou tocar fogo em sua capital com o risco de destruir seu maravilhoso palácio com peças raras que lhe custaram uma fortuna incalculável. Ele se aproveitou do incêndio para reconstruir Roma ainda mais bela. Seus detratores, após sua morte, lhe imputaram a destruição de Roma, mas deste crime ele parece ter sido inocente, ainda que dos demais, ele era bem culpado, como a morte de sua mãe e de sua esposa.

Quando o fogo começou a se espalhar, ajudado por um vento forte, os cristãos da cidade acharam que havia chegado o dia da segunda vinda, quando Jesus incendiaria o mundo para devastá-lo e recriaria tudo novamente, agora com bondade e perfeição. Deste modo, eles saíram à rua, gritando que o dia do julgamento havia chegado, e que Jesus havia incendiado Roma, assim como o resto do mundo. Deste modo, os guardas romanos prenderam vários cristãos que juravam que fora Jesus que tocara fogo em Roma. Nero se aproveitaria disto para desencadear uma brutal represália contra os cristãos, que, aliás, a população não-cristã não tolerava muito devido a seu proselitismo, seu radicalismo e sua doutrina estranha de fim de mundo, ressurreição e outras idiossincrasias. Como se pode ver, a crença dos cristãos os levou à morte num império que era bastante permissivo em termos religiosos, mas intolerante em termos políticos. Nenhuma oposição a Roma era tolerada, mesmo que se pudessem cultuar centenas de deuses, religiões estranhas provenientes de terras distantes.

Uma outra palavra de esclarecimento. Quem acredita na ressurreição não acredita necessariamente que o ser humano tenha um espírito que sobreviva à morte. O que o crente em ressurreição crê, é que após a morte, o corpo se dissolve voltando ao pó, e que no dia do julgamento final,

190   A Saga dos Capelinos

Deus faz ressurgir do pó, o corpo e a alma (que não deixa de ser algo quase físico) e o restitui como ele era no momento da morte. Por causa desta doutrina, a medicina não progrediu à velocidade que poderia, já que não se podia fazer nenhuma autópsia, ou decepar órgãos, ou até mesmo doar órgãos (mais recentemente). Se isto acontecesse, Deus, ao restituir o corpo à sua situação no momento da morte, ou logo após, o novo corpo viria sem os órgãos decepados, autopsiados ou doados. (Não vamos aqui discutir a crença de ninguém. Cada um tem o direito de acreditar no que deseja.)

A simples crença na ressurreição elimina a crença em reencarnação. Como conciliar a crença de que o espírito tem várias vidas com a fé de que só há uma única existência e que depois da morte, no dia do julgamento final, Deus fará ressurgir do pó, os corpos de todos os homens.

O ser humano é ilógico por natureza, especialmente quando se trata de assuntos esotéricos, filosóficos e espirituais. Não é incomum alguém se dizer católico e freqüentar um centro espírita como médium. Como se pode seguir o catolicismo, que é monoexistencial e, ao mesmo tempo, o espiritismo, que é pluriexistencial? Digo isto porque os apóstolos também eram ilógicos. Explico-me:

Eles acreditavam em ressurreição, mas também que Jesus tinha ido para os céus preparar um lugar especial para eles. Os primeiros cristãos acreditavam que quando se morria na fé de Jesus, eles iriam para os céus, onde o mestre os esperava. Ora, isto é ilógico, pois a doutrina da ressurreição nos diz que quando se morre, o corpo volta ao pó e somente quando chegar o dia do julgamento, é que Deus fará os corpos saírem de seu túmulo, ressuscitando-os. Neste caso, onde está o espírito, se nesta doutrina não existe a sobrevivência imediata do espírito?

Muitos podem dizer que o espírito vai para os céus, ou para o purgatório (outra idéia persa) ou inferno, esperar o dia do julgamento final, quando então irá recuperar o seu corpo perdido e viverá em plena glória do Senhor. Mas se eles já estão no céu ou no inferno, ou outro lugar (purgatório, limbo etc.) já passaram por alguma forma de julgamento. Portanto, não há porque ter outro julgamento. Como se pode ver, certas teorias pregadas pelos primeiros cristãos eram inconsistentes.

Mas retornando à pergunta básica, concluo com a seguinte especulação. Jesus não deve ter mencionado ou insistido muito na doutrina da reencarnação para a maioria dos seus seguidores. Primeiro, porque a reencarnação não era uma doutrina aceita correntemente pelos judeus, especialmente entre os fariseus. E não se pode esquecer de que a maioria dos seus apóstolos eram fariseus, acredite ou não. Não eram os fariseus fanáticos que se apegavam à letra da lei, mas eram de origem farisaica.

Segundo, se a minha teoria de que Jesus era ou havia sido um terapeuta está certa, essa doutrina só era ensinada aos altos iniciados. Os terapeutas só tinham acesso a esta doutrina a partir do sétimo ano. Os apóstolos não eram iniciados. Eram galileus não completamente incultos, mas não tinham o conhecimento superior e global que Jesus tinha.

Terceiro, a sua mensagem era voltada para o aqui e o agora. Jesus queria instituir um reino de Deus na Terra naquele momento. Não num distante futuro. A reencarnação é uma doutrina complexa, que se não for bem entendida, dá margens a muita incompreensão e desinformação. Exige que a pessoa que acredita em reencarnação seja um estudioso, pois o envolvimento com muitas outras matérias – física, química, astronomia, cosmologia, medicina etc. – é bastante intenso. A doutrina da reencarnação exige um estudo permanente e muita racionalidade, pois senão passaremos a acreditar em tantas bobagens e maluquices que eu me pergunto, se neste caso, não seria melhor não acreditar em reencarnação.

Concluímos que Jesus deve ter mencionado a reencarnação em alguns casos, mas deve ter visto que a maioria dos seus apóstolos não eram completamente cultos para entender toda a extensão da doutrina. Fixou-se portanto na crença que eles já acreditavam, esperando (quem sabe?) um momento mais propício para informá-los melhor. Morreu antes, infelizmente.

5.19 – Yeshua informou que enviaria um consolador?

Jesus, nos Evangelhos, informa que enviará um consolador que explicará todos os mistérios. Aí está uma prova de que ele não falou tudo para seus apóstolos. Ele mesmo sabia que eles não tinham entendimento para compreender todos os mistérios. Aliás, nós mesmos não temos o entendimento completo de todas as coisas, mas já estamos um pouco mais evoluídos (não necessariamente no lado espiritual, mas pelo menos no lado material) para entender várias doutrinas que se interligam com a reencarnação (cosmologia, corpos espirituais, chacras ou centros de força, energias etéricas, astrais e outras ainda mais sutis etc.)

192 A SAGA DOS CAPELINOS

Quem será este consolador? Os espíritas dizem que é a própria doutrina. Outros, que não comungam totalmente com a doutrina espírita, crêem que pode ser um espírito evoluído que ainda virá. Os que acreditam em comunicações com extraterrestres crêem que possa ser o contato com os Ets que um dia se tornará comum como o contato entre Oriente e Ocidente. Como saber?

Minha conclusão sobre o consolador é que, não importa se é a própria ciência que vai revelando as coisas aos poucos através da experimentação, do erro e acerto, ou se é uma doutrina já revelada (Alan Kardek, Blavatsky, outros). O que importa é que Jesus tinha conhecimento de muitas coisas que ele não passou, pois não teve tempo, ou não era ainda o tempo. Pode ser que as pessoas não estivessem preparadas, ou que ele achasse que sua missão mais imediatista – tornar-se rei de Israel – era mais importante.

5.20 – O que aconteceu com o corpo de Yeshua?

Há duas possibilidades. A primeira é que os apóstolos ou algum apóstolo ou seguidor escondeu o corpo de Jesus, enterrando-o em algum lugar desconhecido. Neste caso, quem teria escondido o corpo de Jesus? Eliminamos a possibilidade de ser algum judeu daquela época, a não ser que o tenham cremado. A cremação não era praticada pelos judeus, em nenhuma época, portanto, trata-se de uma hipótese a ser descartada. No entanto, ele poderia ter sido enterrado em algum lugar ignorado, mas se isto tivesse acontecido, teríamos lendas a este respeito, o que não temos nada confirmando esta hipótese.

A segunda hipótese é que o corpo de Jesus foi dissolvido (pulverizado?) através de alguma técnica que desconhecemos. Neste caso, os espíritos superiores não iam querer que o corpo de Jesus fosse motivo de pesquisa futura, ou de heresia com a venda ou exposição pública de pedaços como se fez com vários santos da igreja católica. Para tanto, podem ter usado técnicas espirituais que desconhecemos, mas que podemos antever. Vocês podem imaginar o que poderia acontecer se a ciência conseguisse clonar Jesus Cristo?

Não devemos descartar peremptoriamente a primeira hipótese: os apóstolos esconderam o corpo de Jesus e o sepultaram em outro lugar. No entanto, é difícil que alguém sepulte o cadáver de alguém e ainda assim acredite que ele tenha ressurgido dos mortos de corpo e alma. Esta hipótese só encontraria respaldo se um só ou no máximo dois tivessem feito isto e depois, ninguém mais saberia do fato, especialmente os apóstolos.

Quem poderia ter feito isto? Um só teria dificuldades, portanto seria preciso haver dois homens. Os candidatos mais sérios seriam José de Arimatéia e Judas, o gêmeo de Jesus. De qualquer forma, Judas partiria para a Índia e nunca mais soubemos dele. É uma possibilidade, mas e os guardas do templo que tomavam conta do sepulcro? Será que foram todos comprados? Muito improvável.

Deste modo, é mais lógico, mesmo que seja uma hipótese aparentemente fantástica, que o mundo espiritual tenha dissolvido, pulverizado, teletransportado, desmaterializado, ou qualquer outra técnica que pode parecer fabulosa. É preciso lembrar que enquanto não se domina uma determinada tecnologia, ela nos parece fantástica, mas depois de ser devidamente dominada, ela se torna banal.

Conclusão: por causa dos guardas do templo, não creio que pudessem ser todos subornados e nem que os apóstolos ou seguidores pudessem ter escondido o corpo de Jesus. Creio, portanto, na hipótese mais fantástica, ou seja, que Jesus teve seu corpo dissolvido, ou outra técnica que desconhecemos, pelos espíritos superiores, evitando assim a profanação imediata ou futura do corpo do mestre.

5.21 – A religião cristã fazia parte dos planos de Yeshua?

Pessoalmente, eu creio que esta hipótese pode ter sido considerada durante o planejamento dos espíritos superiores, mas não acredito que esta era a missão específica de Jesus. Quando Jesus optou pelo enfrentamento com o templo e acabou morto pelos romanos, os espíritos superiores devem ter aproveitado sua doutrina de paz, amor, justiça para tentar modificar o judaísmo. Como houve resistências contra esta idéia, eles devem ter optado por difundir os conceitos, mormente entre os gentios, especialmente porque encontraram um fervoroso defensor desta idéia em Paulo.

Se consideramos que Jesus, após sua morte, deve ter acompanhado nos primeiros tempos sua obra, ele deve ter feito uma opção por transformar sua missão mais imediatista em algo mais longo e duradouro. No entanto, isto é meramente uma hipótese que não encontra sustentação em nenhuma prova, mas podemos imaginar sua eventual possibilidade.

194 A SAGA DOS CAPELINOS

Qual a conclusão? Jesus de fato não pretendia instituir uma nova religião. O fato é que ele sempre se apresentou como um bom judeu, participando de todas as festividades judaicas, assim como ressaltando que devia se cumprir a lei. Ele afirmava que vinha para cumprir a lei e não para revogá-la. (Aliás, será que esta afirmação é verdadeira?)

O leitor poderá argumentar que ele teria dito a Pedro que sobre ele, Pedro, ele iria repousar sua igreja. Estou até disposto a concordar que Pedro tinha uma liderança inata no grupo, mas não sei se esta frase não é uma interpolação posterior. No contexto, Jesus pergunta o que os homens acham que ele é, e somente Pedro afirma ser ele o messias. Ora, será que Pedro entrou numa missão sem saber ou sequer desconfiar do que Jesus pretendia? Já argumentei isto no ponto anterior, e estou convencido de que Pedro e os demais sabiam muito bem onde estavam pisando. Portanto, a frase dentro do contexto parece ser uma interpolação posterior para dar credibilidade à liderança crescente de Pedro.

Observem que, após a morte de Jesus, não é Pedro que assume a igreja primitiva, e sim Yacob, irmão de Jesus, também conhecido como Tiago o Justo. Havia nitidamente uma herança da missão dentro da família. A pergunta que se pode fazer é por que Judas, o gêmeo, não assumiu a liderança. A razão me parece óbvia. Pela sua imensa semelhança com Jesus, ele também estaria sendo perseguido, a ponto de ambos, ele e Pedro, deliberarem que o continuador seria Tiago, enquanto ele é enviado para o reino de Vindapharna e de lá, para a Índia, onde viria a morrer em circunstâncias ignoradas.

Estou convicto de que a missão de Jesus era tornar-se rei de Israel e implantar o reino de Deus na Terra. Deste modo, ele não tinha intenção de fundar uma nova religião, até porque ele estava satisfeito, em termos, com a atual. Sua insatisfação era mais em relação ao povo e aos nobres, pois nenhum dos dois cumpriam a religião judaica na essência, e sim mais na forma. Apegavam-se demais às letras e deixavam o espírito da lei em plano secundário. Para eles era mais importante o ritual do que o sentimento de fervor, de fé e de confiança na providência divina.

5.22 – Teremos um terrível apocalipse na Terra?

Esta é a tese da maioria dos estudiosos apocalípticos que se divertem em aterrorizar as pessoas. Claro está que o mal deve ser punido e, como

THE MAKING OF A SAGA DOS CAPELINOS

tal, a Terra deve ser devastada, já que é este o pensamento destas pessoas. Eu discordo fundamentalmente desta assertiva. Creio que um fim apocalíptico da Terra só depende de nós mesmos. Se enveredarmos por uma guerra nuclear ou tratarmos a Terra com desprezo (devastando florestas, causando problemas ecológicos sérios etc.), então, como conseqüência, o orbe será destruído por nossa imprevidência e loucura.

No entanto, a guerra fria está ficando para trás, as potências estão procurando o difícil caminho da paz, as reações dos grupos ecológicos (mesmo com todo o seu exagero) começam a apontar para um caminho de paz e entendimento. Ainda é um movimento incipiente, mas antes isto do que guerras tenebrosas. Não estamos ainda livres de uma hecatombe nuclear e nem das furiosas reações da mãe natureza, mas pelo menos estamos caminhando na direção certa.

As descobertas científicas e as modificações na economia e na sociedade estão, lentamente, trazendo o bem-estar para as populações mais carentes. Falta muito, é verdade, mas há um processo de conscientização crescente. O reino de Deus, dentro da concepção de Yeshua ben Yozheph, não era uma conquista mágica, mas um processo gradual de conscientização individual e coletiva com reflexos em todos os setores da existência humana.

Há, todavia, a possibilidade de um grande asteróide ou cometa colidir com a Terra. Os cientistas, em vista desta real possibilidade (ou melhor dizendo, probabilidade), estão trabalhando para melhor vasculhar os céus à procura de perigos. Assim, eles estão desenvolvendo armas e meios para evitar que tal fato venha a acontecer. Esta possibilidade é remota, mesmo que real, já que tais fenômenos são possíveis em termos astronômicos. Mas isto não deve tirar o sono das pessoas, pois a humanidade já está trabalhando para evitar tal catástrofe.

Alguns falam de um planeta 'chupão' que passaria perto da Terra e retiraria os espíritos de baixa vibração espiritual. Pessoalmente, acho esta idéia uma completa irresponsabilidade. Cria pânico e não traz o aperfeiçoamento espiritual. Uns falam que o planeta é espiritual, outros que é um planeta físico. Tanto um caso como o outro demonstram um desconhecimento das leis astronômicas (no caso físico) e espirituais (no caso espiritual). Não há fisicamente esta possibilidade, mas nada impede que haja corpos celestes razoavelmente grandes que possam vir a nos perturbar, como é caso de asteróides.

Dizer que dois terços da humanidade serão expurgados também é irresponsável. Todos os estudos sociológicos apontam para uma estatística de uma pessoa para cada grupo de duzentos e cinqüenta indivíduos que apresentariam uma completa inadequação social. Ou seja, para um globo com seis bilhões de pessoas e, digamos, no máximo, o dobro de espíritos em erraticidade, totalizando dezoito bilhões de almas, teríamos, se usarmos esta proporção, um total de setenta e dois milhões de prováveis candidatos ao exílio. Exagerando, uns cem milhões, sendo uns cinqüenta milhões ainda renascidos no corpo denso. Não há, pois, necessidade de um cataclisma abominável apenas para retirar, de forma lenta e gradual, esta quantidade de espíritos. O próprio processo de nascimento, vida e morte, aliado às catástrofes naturais, aos acidentes e a outras imprevidências são suficientes para retirar menos de um por cento da população mundial.

Emmanuel fala em vinte e oito bilhões de espíritos radicados na órbita terrestre, mas devemos nos lembrar de que o expurgo só atinge os que se encontram no astral inferior. A destruição do astral inferior, no final do processo de expurgo, em nada atinge fisicamente o orbe, mas sua limpeza torna a atmosfera psíquica mais suave e agradável, para os espíritos medianos e superiores.

Um fato que deve ficar claro na mente do leitor é que o exílio só retira aqueles que são inadaptados ao convívio social. Os espíritos superiores não desejam retirar todas as pessoas, só porque ainda não alcançaram a perfeição. Se fosse assim, neste caso, a Terra viraria um deserto, já que aqui ninguém atingiu o estado de santidade.

O que os espíritos superiores desejam é que as pessoas ajam com responsabilidade, procurando a fraternidade plena, a justiça individual e social. É bom que as pessoas sejam alertadas para os perigos latentes do lado negro (para usar um termo de *Star Wars*), e que trabalhem para aperfeiçoar-se, e aprimorarem sua sociedade. No entanto, é preciso parar com o terrorismo religioso, falando em infernos perpétuos, castigos desumanos, expurgos maciços e apocalipses apavorantes. É chegado o tempo de as pessoas verem Deus não mais como o Yahveh, o senhor dos exércitos, mas como o amantíssimo Pai sobre quem Yeshua pregava.

Estamos passando para uma nova etapa. Estaremos entrando na fase de planeta de evolução superior e, para tal, temos que nos dedicar ao combate às injustiças individuais e coletivas, à equalização da economia mundial, à paz e fraternidade entre os povos e à aceitação das diferenças entre as pessoas e as culturas (costumes e religiões).

5.23 – Era Yeshua, Orofiel renascido?

No meu romance, eu faço uma associação entre o desenvolvimento do povo judeu, desde Abrahão até Jesus, mostrando que os espíritos superiores sempre tiveram uma preocupação para com este povo. Aliás, não se trata de uma preocupação exclusiva, pois os coordenadores da evolução humana voltam seus olhos para todos os povos, por mais insignificantes que possam parecer. Para eles, todos são filhos do Altíssimo e merecem completa assistência e amor.

No caso dos hebreus, que depois viraram israelitas, e posteriormente, entraram para a história como judeus, deve ter existido um ou mais espíritos coordenadores que, desde o início, acompanharam o progresso deles. Os próprios judeus, em suas cabalas, falam que o arcanjo Miguel é o protetor de Israel, e que sob sua égide a nação de Israel foi criada. No meu romance, *Moisés, o enviado de Yahveh*, eu relato este fato. No entanto, creio que o arcanjo Miguel, dentro do plano evolucionista, já deve ter alcançado um grau de elevada espiritualidade, para, pessoalmente, coordenar a história dos judeus. Assim, eu infiro que outro espírito de elevada estirpe deve ter acompanhado tal evolução.

Há passagens em que os judeus perguntam a Jesus como ele podia conhecer Abrahão, se ele não tinha sequer alcançado os cinqüenta anos. Jesus responde que quando Abrahão era criança, ele, Yeshua, já existia. Uma resposta que suscitou uma séria comoção entre os fariseus e escribas.

A resposta é típica de quem acredita em reencarnação e na preexistência do espírito. Mas, também é típica de quem vê Abrahão apenas como um homem, e não como um deus, e não crê que o fato de ser filho (descendente) do grande patriarca confere salvação imediata, como os judeus achavam, naquela época.

Não é uma passagem de fácil interpretação, já que pode suscitar várias versões, mas, dentro do romance, eu vejo como um sinal de que ele, Jesus, era o responsável pelo desenvolvimento do povo judeu.

Aliando ao fato de que os persas esperavam o renascimento de Mithra, o fato de que ele era um deus persa cuja fama e culto, naqueles

198 A SAGA DOS CAPELINOS

tempos, estavam em alta, eu concluí que tanto Xaosiante como o messias deviam ser a mesma pessoa.

Ora, o messias podia ser o arcanjo Miguel ou Mitraton, também conhecido como Metatron. No entanto, os ensinamentos cabalísticos mais profundos nos dizem que o verdadeiro operador do êxodo dos hebreus do Egito foi o braço direito de Metatron, Orofiel. Logo, eu sou levado a crer que Jesus é Orofiel renascido.

Quanto ao resto − Tarandat etc. − é apenas uma figura poética para demonstrar minha crença de que, qualquer espírito, não importando quem seja, já passou ou vai passar pela fase humana média, que nos caracteriza. Não acredito em evoluções paralelas, pelas razões que já citei. Se o espírito não foi ser humano aqui na Terra, ele o foi em algum outro planeta de alguma galáxia, de algum universo, que apresente similitudes (não necessariamente igualdades) com o nosso orbe.

Capítulo 6

TEODICÉIA

6.1 – Introdução

É fascinante escrever sobre Deus. Deveria ser a primeira matéria a ser tratada, mas deixamos por último pelo fato de ser a mais polêmica e não existir um consenso sobre o conceito filosófico e religioso do ser supremo.

A palavra teodicéia foi inicialmente desenvolvida por Leibnitz, filósofo alemão, e tem por significado o estudo de Deus e da justiça divina pelo uso da razão. É também chamada de teologia natural, que se opõe à teologia sobrenatural, pois esta é o estudo de Deus através da manifestação divina no mundo, sendo, portanto, um assunto muito mais ligado à fé do que à razão. Prefiro o uso da razão, pois permite que se discuta, que se proponham alternativas, enquanto que a fé é individual e não aceita discussões, ou se tem ou não se tem. E depois que se firma a fé, dificilmente se muda. Já a razão permite que se construa um edifício filosófico aos poucos, pois esta é a nossa forma de raciocinar: aos poucos, de forma gradativa, construindo e destruindo o que não ficou adequado.

Para se iniciar falando de Deus, é preciso que sejam analisadas as várias vertentes do pensamento humano sobre a deidade. Podemos dividir as principais filosofias que se referem a Deus em cinco grandes tópicos, a saber:

1) Deus não existe.
2) Não é possível se afirmar sobre a existência de Deus.
3) Deus é uma força, uma energia, impessoal.

4) Deus é o próprio universo. (Há variantes quanto a esta possibilidade).
5) Deus é um ser pessoal, distinto do universo.

Vamos analisar rapidamente cada uma dessas afirmações.

6.2 – Deus não existe

Esta tese é basicamente materialista. Ela nasce da recusa de se acreditar num Deus de bondade e de justiça quando se analisa um mundo cheio de miséria, sofrimentos, injustiças etc. As explicações sobre Deus não encontram eco na mente dos ateus. Esta é uma reação natural a explicações sobre a divindade que não possuem um respaldo racional. Portanto, explanações dogmáticas ou cheias de mistérios levam ao ateísmo.

Eu me oponho a esta tese, que aliás já abracei em idos tempos (dos dezenove aos vinte e dois anos), pois é ridículo achar que uma criação tão fantástica como o universo e tudo o que nele existe foram obra do acaso. É o mesmo que dizer que o quadro Mona Lisa não foi pintado por Da Vinci, mas sim foi efeito de forças cegas e randômicas que foram juntando tintas, espalhando-as por acaso num quadro também construído por estas mesmas forças cegas e determinantes. (É verdade que há quadros de pintores modernos que bem se encaixam nesta teoria.)

6.3 – Não é possível se afirmar sobre a existência de Deus

Esta é a posição agnóstica. Aliás, bastante cômoda. Ela é uma variante do ateísmo, mas disfarçado em posição de neutralidade. Em vez de chocar as pessoas, dizendo-se claramente ateu, o agnóstico se esconde atrás do raciocínio de que Deus, se existe, é tão extraordinário que não pode ser captado. Outro argumento agnóstico nos diz que só podemos conhecer aquilo que os nossos cinco sentidos podem apreender, e Deus, sendo inapreensível pelos sentidos físicos, não pode ser estudado. É uma posição equivocada, pois a microbiologia, a física nuclear e a cosmologia, na realidade, estudam coisas que não são apreendidas pelos nossos sentidos, já que são, ou muito pequenos, ou muito grandes. Deus pode e deve ser estudado pelo uso da razão, assim como o são a física quântica e outros assuntos correlatos.

6.4 – Deus é uma força, uma energia, impessoal

Esta hipótese é outra variante do ateísmo. Quem não tem coragem de dizer logo que é ateu, diz acreditar numa força cega, impessoal, que cria e governa o universo. Não é preciso dizer que isto é um absurdo e caímos na mesma refutação que usamos para impugnar o ateísmo.

6.5 – Deus é o próprio universo

Há basicamente três variantes, a saber:

A) Deus é o próprio universo. Portanto, neste caso, não há diferença entre o universo físico e Deus. Outra variante do ateísmo.

B) Deus é o espírito do universo. Neste caso, Ele é um ser pessoal, ou seja, Ele tem consciência de si próprio e das demais coisas que Ele cria e que mantém através de suas leis (providência divina) assim como pela sua vontade e seu amor. Ele está unido ao universo como o homem está unido ao corpo. Em outras palavras, Deus é a alma do universo, pelo qual não só o cria como vivifica tudo o que nele existe. Ele é a força que move as coisas e seres do universo, por dentro delas, de modo imanente. Neste caso, ele evolui junto com a evolução do universo. Há várias religiões e correntes filosóficas e esotéricas que acreditam neste fato. Chama-se panteísmo evolucionista e foi pregado por vários filósofos, entre eles, Schopenhauer, Hegel, Fichte, Schelling e outros. Neste caso, Deus não é infinito, pois como o universo não é infinito, nenhuma de suas características também o são. Deus teria, pois, uma inteligência colossalmente enorme, mas mesmo assim finita, que cresceria com a expansão do universo. A cada novo universo que ele criasse, ele se tornaria cada vez mais sábio, maior e mais extraordinário. Neste caso, Deus e a matéria que compõe a matéria do universo são duas essências diferentes.

C) O universo e a matéria são, na realidade, uma coisa única, e têm seus princípios em si próprios e não em causas exteriores. Esta tese, que lembra a anterior, mas que não pressupõe que Deus evolua junto com o universo e nem que se construa junto com sua obra, é chamada de panteísmo realista ou imanentista, e foi defendido por Baruch Spinoza. Neste caso, tudo o que compõe o universo e todas as coisas que nele estão, desde a mais simples partícula até a mais complexa, são constituídos da mesma essência divina. O pensador grego Plotino propôs um panteísmo emanatista, ou seja, que tudo emana de Deus, mas Spinoza foi mais fundo, pois para este pensador não só tudo emana de Deus como são manifestações divinas. No fundo, levado ao exagero, este tipo de panteísmo confunde tanto Deus com sua obra que faz o arquiteto ser o próprio prédio.

6.6 – Deus é um ser pessoal, distinto do universo

Esta teoria nos diz que há basicamente duas essências. Uma é Deus, e a outra é a matéria-prima que forma o universo. Trata-se do hilemorfismo, teoria defendida por Aristóteles, pelos escolásticos e por Tomás de Aquino. Deus seria, portanto, um ser pessoal, no entanto, imutável. Seria um ato puro, não sofrendo nenhuma transformação. Como conseqüência deste fato, ele é perfeito, infinito, eterno e todas as suas características seriam perfeitas, absolutas e infinitas. O maior problema do hilemorfismo é que ele pressupõe duas coisas incriadas: Deus e a matéria-prima da qual é formada o universo.

Afirmar-se que Deus é um ser pessoal, não significa dizer que ele é um homem velho, ou que tenha uma forma humana. Significa dizer que Deus é um ser que tem consciência de si próprio e de tudo o que existe. Ele, portanto, não é uma energia cega, de ação randômica, impessoal e, conseqüentemente, caótica.

• • •

Como o leitor mais atento deve ter notado, eu não refutei o panteísmo evolucionista, nem o panteísmo imanentista e nem o fato de Deus ser um ser pessoal, infinito e imutável. No entanto, estas teorias se chocam entre si. Onde reside a verdade?

Se eu fosse me delongar sobre este assunto, teria que escrever um compêndio específico. Para não me estender demais, continuo meu questionamento.

6.7 – Deus é a causa eficiente do universo?

Aristóteles definiu quatro tipos de causas: material, formal, eficiente e final. Causa é definida como sendo o princípio que comunica o ser a ou-

THE MAKING OF A SAGA DOS CAPELINOS
203

tra coisa. É um princípio em virtude do qual um ser é o que é ou se torna tal ou tal. Difere de condição, que é o que possibilita a causa de atuar, e de ocasião, que é a oportunidade da causa agir.

Aristóteles, para melhor explicar os quatro gêneros, nos falava de uma estátua de mármore que representa Apolo, feita por Policleto para ganhar fama ou dinheiro. Ele, em frente à estátua, fazia quatro perguntas: 1) de que é feita? (causa material); 2) que faz com que seja uma estátua de Apolo? (causa formal); 3) por quem foi feita? (causa eficiente); 4) para que foi feita? (causa final).

As duas primeiras perguntas irão nos responder a constituição e formas do ser, e são intrínsecas ao ser. As duas outras – eficiente e final – são externas ao ser. Deste modo, a causa eficiente não faz parte do ser, sendo-lhe sempre externa.

Costuma-se definir causa eficiente como aquilo de que vem o primeiro do movimento ou da produção, mesmo que na ordem intencional, a causa final seja a primeira, movendo a própria causa eficiente.

Se analisarmos o universo e tudo o que nele existe, veremos que a causa eficiente primeira – aquela que não depende de nenhuma outra para agir – é definida como Deus. Pela própria definição de causa, a causa eficiente é extrínseca ao universo. Portanto, Deus não é o universo, o que elimina o panteísmo. No entanto, não impede que Deus esteja ligado, energeticamente e/ou sentimentalmente, ao universo.

Se o leitor tomar o cuidado de analisar o que foi dito sobre as causas e pesquisar qualquer outro assunto, irá descobrir que qualquer coisa ou ser terá que responder a essas quatro questões básicas.

6.8 – Quais são os atributos de Deus?

Quando analisamos o que se sabe da criação do universo, vemos que ele começa com a explosão (ou rápida expansão) de um estado de singularidade. Este estado de singularidade é menor do que um grão de areia e contém toda a energia do universo. Após uma série de processos que não nos cabe analisar no momento, este estado de singularidade vai se transformando em enormes pacotes de energia chamados quasars e, depois, eles se tornam galáxias.

Há milhões de galáxias no nosso universo que estão, atualmente, em processo de expansão. Ou seja, elas trafegam em grande velocidade e se

204 A SAGA DOS CAPELINOS

afastam umas das outras. Cada galáxia tem bilhões de estrelas, das quais o nosso sol é apenas uma delas e mesmo assim não é a maior. Nossa galáxia, a Via Láctea, é apenas uma das milhões de galáxias que existem no universo. No entanto, este universo não é ilimitado. Mesmo sendo colossalmente grande para nossos padrões, ele é finito em todos os sentidos. Teve um início e terá um fim. Ele se expandirá até um certo ponto, quando começará a se retrair até voltar ao estado de singularidade, quando concentrará toda a energia do universo.

De onde veio este universo? Tudo parece indicar que veio da retração do universo anterior. E para onde ele vai? Após a sua retração, ao se tornar um estado de singularidade novamente, ele irá explodir mais uma vez e passará por todo este processo de criação de um novo universo novamente.

Quando começa e quando termina este processo de universos em ioiô (vai e volta)? A resposta mais lógica e mais desconcertante é que ele começou no menos infinito e terminará no mais infinito. Logo, nunca teve início e nunca terá fim.

Por outro lado, imaginemos a seguinte situação: uma casa com três quartos. Num dos quartos, um universo está atingindo a sua expansão máxima, enquanto que no outro quarto, um outro universo está começando neste instante. E, finalmente, no último quarto, um outro universo está chegando a seu final, com o colapso gravitacional geral de seu processo. Com isto queremos dizer que não é necessário que haja somente este universo. Podem e devem existir vários outros. Agora, para finalizar o raciocínio, imaginemos que a casa em questão tem infinitos quartos, cada um com seu universo em determinado estágio de evolução. A criação, portanto, é infinita e ilimitada.

Tudo isto foi para dar a idéia de infinidade, tanto espacial como temporal. Nunca houve um início de criação divina e nunca esta criação cessou um instante sequer.

Para melhor entender a divindade suprema é preciso, a partir do universo e de sua criação, conhecer bem a obra. Com o conhecimento da construção do universo se é capaz de entender (mais ou menos) o construtor ou, como alguns falam, o arquiteto.

Cada um dos atributos que iremos mencionar a seguir requer um estudo longo e minucioso, o que seria matéria de um livro específico. Para não entediarmos o leitor, daremos apenas o resumo.

Desta forma, podemos definir três grupos de atributos de Deus. O primeiro grupo é chamado de entitativos, e O define como Ele é. O segundo grupo de atributos é chamado de operativos, e define como Deus opera. Finalmente, o último grupo é denominado de atributos morais, e define quais as razões profundas por que Deus age.

Para não me estender demais, direi:

i) Os atributos entitativos são: simples, infinito, único, imenso, imutável e eterno.

Basta um simples raciocínio para entender cada um desses atributos. Se Deus não fosse simples, ele teria que ser feito de partes, e como conseqüência, ele seria passível de degradação. Se ele não fosse infinito, imenso (ilimitado) ele não poderia criar os infinitos universos que existem (lembrem-se da casa com infinitos quartos e cada um com um universo). Se Deus não fosse único, ele teria que ser limitado por outro Deus igual a ele. Ambos se limitariam e não seriam ilimitados. Se Deus não fosse imutável, ele estaria se alterando, portanto deveríamos inferir que, em algum ponto do passado, ele seria um Deus ainda em formação. Sendo assim, não seria capaz de criar por falta de conhecimento e habilidades. Ele estaria ainda por se desenvolver. Vê-se, pois, que a idéia de evoluir com o universo não encontra respaldo na análise da realidade. Deus teria, pois, um começo pífio e não teria como evoluir, pois não teria conhecimento para iniciar a sua criação. Não criando, ele ficaria estagnado. Deste modo, ele tem que ser imutável e eterno.

ii) Os atributos operativos são: inteligência infinita e vontade soberana.

A criação demonstra que há leis regendo o universo e todos os seres que nele habitam. Deste modo, para um efeito inteligente, é preciso uma causa inteligente. Não se pode imaginar que uma pedra seja capaz de desenvolver um computador. Foi preciso o homem alcançar um grau de evolução tecnológico e de inteligência para que pudesse desenvolver um computador.

Por outro lado, o que impulsiona Deus a criar? Sua vontade soberana. Se ele não desejasse, ele poderia simplesmente não realizar nada que não haveria ninguém para obrigá-lo. Portanto, ele o faz porque assim o deseja, e ninguém o obriga a nada.

iii) Os atributos morais são: sabedoria infinita, bondade ilimitada e justiça absoluta.

É nos atributos morais que reside a causa final da criação divina. Se Deus é bondade ilimitada, e, conseqüentemente, amor perfeito, ele deseja compartilhar com o maior número de seres possíveis a sua imensa e inexcedível felicidade de ser. O amor compartilha com os seus semelhantes sua satisfação, sua felicidade e seu amor.

Para que Deus possa partilhar de sua felicidade absoluta, é preciso criar seres que lhe sejam semelhantes. No entanto, Deus não pode se reproduzir. Para tal, ele precisaria criar um ser incriado, pois ele é o único incriado. Deste modo, ele é obrigado a criar seres que tenham potencialmente as mesmas características que ele, mas que tenham que desenvolver esta potencialidade, transformando-se em ato (potencial já desenvolvido).

Deus não iria criar seres com graus de perfeição relativa, como dizem algumas religiões, pois isto fere o seu senso de justiça. É preciso ser eqüitativo com todas as suas criaturas. Não iria também criar linhas paralelas de evolução, pois iria beneficiar a um em detrimento de outros. Portanto, somos obrigados a concluir que Deus criou os seres com potencial infinito, mas ato nulo, o que os obriga a longo desenvolvimento para transformarem o potencial em ato.

Ora, para que o ser se desenvolva do ato nulo até o ato infinito, que é Deus, é necessário que ele seja transformado por vários processos, e depois que alcançar um determinado estágio de consciência, ele possa conduzir seu próprio processo de desenvolvimento, até atingir e se amalgamar com Deus. Esta longa estrada de desenvolvimento é feita através do processo da reencarnação, assim como o local de processamento das transformações é o universo, que é lugar adequado para tais mudanças, pois na essência divina não é possível se transformar, já que ele é imutável.

6.9 – De onde vem a matéria?

Vamos partir da premissa de que Deus cria o universo. No entanto, uma questão se faz presente. De onde vem a matéria-prima da qual o universo e todas as coisas que o compõem são feitos.

Se respondermos que eram preexistentes somos obrigados a inferir que existem duas coisas incriadas: Deus e a matéria-prima do universo.

THE MAKING OF A SAGA DOS CAPELINOS   207

Isto gera uma impossibilidade, já que Deus é único, e não podem existir duas coisas incriadas.

Se dissermos que Deus cria do nada ou a partir do nada, estamos impondo uma certa limitação a Deus, pois no nada, Deus não estava presente, sendo, portanto, limitado pelo nada. Se Deus é infinito, ele deve ocupar todos os 'espaços' e não pode ser limitado por nada.

Se dissermos que Deus retira de dentro de si esta matéria-prima, estamos dizendo que Deus não é simples, sendo constituído de partes.

Resta-nos, pois, a opção de que Deus cria de dentro de si próprio para dentro de si próprio, usando sua própria essência. E a única maneira com que conseguimos vislumbrar tal fato seria através de formas-pensamentos, onde ele utilizaria sua vontade e sua inteligência para gerar campos alternativos e diferentes. Deste modo, ele pode criar um *site* dentro de si próprio que sirva de local de transformações – o universo.

Como conseqüência, todas as coisas existentes no universo seriam constituídas da própria matéria-prima da qual Deus é constituído. O que alteraria não seria o tipo de matéria-prima, mas os estados vibratórios particulares de cada uma delas. Plotino e Spinoza não deixam de ter certa razão.

6.10 – O que dá forma à matéria?

O estudo apurado da matéria nos leva, desde o microcosmo até o cosmo propriamente dito, à conclusão de que existe uma força ou conjuntos de forças que dão forma e propriedades à mesma. Desde a menor das partículas elementares até o próprio universo, observamos uma série de forças que atuam por dentro da matéria dando-lhe forma, extensão, propriedades.

Muitas dessas forças agem como se fossem pensamentos, parafraseando Albert Einstein, quando lhe perguntaram como agiam as forças que movem os astros e planetas. No próprio núcleo atômico, há várias forças de coesão, que permitem que várias partículas de mesma carga elétrica fiquem unidas, quando o natural seria se repelirem. A eletrosfera com seus elétrons também se mantém coesa ao núcleo através de campos de forças que atuam para lhes dar forma e extensão. Mais do que isto, as propriedades da matéria, especialmente os sólidos, líquidos e gasosos só existem devido à interação das eletrosferas que se fundem e criam novas substâncias, cada uma com características bem próprias.

208 A SAGA DOS CAPELINOS

Ora, essas forças aparecem como campos de energia, mas há aquelas que têm muito pouco de material propriamente dito. Só para citar um exemplo, os cientistas falam de uma matéria negra, provavelmente de neutrinos, que existe em imensa abundância na natureza e que é responsável pela agregação das estrelas e seus cortejos planetários, assim como das próprias galáxias. As características dessa matéria negra são muito mais relacionadas com as esferas espirituais do que com as materiais, pois não têm carga elétrica, nem momento magnético e nem sequer massa, mas mesmo assim existem e atuam de forma decisiva, agregando estrelas e cortejos planetários, e permitindo que se manifestem as forças gravitacionais (ou serão elas responsáveis pelas forças gravitacionais?).

Como se pode notar, existe algo de aparentemente imaterial que dá forma e características à matéria que existe no universo. É nossa opinião que tais forças sejam de origem espiritual.

Se partirmos desta premissa, poderemos dizer que, dependendo do grau de evolução do espírito, ele congrega em torno de si um determinado tipo de campo que transmite forma à matéria. Portanto, o princípio espiritual, em fases extremamente iniciais de evolução, serve como força de coesão atômica e da eletrosfera. Mais adiante, serve como força de coesão molecular, e assim por diante, até alcançar as fases superiores, quando se torna força de coesão planetária, solar, galáctica e do próprio universo. E além de ser força de coesão, o que dá forma à matéria, também lhe confere, graças a esta atividade, as características materiais.

Se esta teoria estiver correta, teremos algumas conclusões estarrecedoras. Por exemplo, o corpo humano é constituído de trilhões de proto-espíritos em várias fases de evolução. Todos recebem energias do espírito da fase humana que os vivifica e também os faz evoluir. Existiria, portanto, um número imenso – impossível de ser contabilizado – de proto-espíritos, cujos campos se interpenetram e se vivificam uns aos outros, do mais para o menos, ajudando, inconscientemente, cada um a evoluir, alterando os padrões vibratórios e, conseqüentemente, transformando, nestes proto-seres, o potencial em ato.

O mesmo acontece do maior para o menor. Os espíritos de elevado grau vivificam, através de seus campos energéticos e de suas características, todos os seres, inclusive os humanos, que lhes estão afetos. Neste caso, esses espíritos que regem, vivificam e dão forma aos planetas são parte de um imenso processo que começa em Deus e termina na mais simples das energias materiais.

6.11 – Deus cria tudo?

Se partimos do pressuposto de que Deus cria os seres com potencial infinito e ato nulo, e que através de um longo processo de transformação esses seres vão se alterando até se tornarem semelhantes a Deus, temos que concluir que, em algum estágio, esses seres – espíritos – são capazes de também criarem, de forma parecida com a divindade.

Se esta conclusão for correta, significa dizer que, em última instância, Deus não cria os universos, mas sim espíritos de elevadíssima evolução espiritual. Deus, no caso, não é o Logos do universo, e sim seriam suas criaturas, que já teriam alcançado graus fantásticos de evolução espiritual, que chamaremos de Logos universais. Se este raciocínio for correto, então existe uma co-criação absolutamente inacreditável que chamaremos de co-criação em plano maior, que se inicia na formação do universo, e prossegue na co-criação das galáxias por espíritos que chamaremos de Logos galácticos, na criação das estrelas, pelos Logos solares, nos planetas, pelos logos planetários e uma outra forma de co-criação, que chamaremos de em plano menor, que são os ecossistemas dos planetas.

Essas co-criações em plano maior e menor se interligam de forma absolutamente correta e têm como objetivo principal a transformação do potencial em ato dos seres, esses sim, criados por Deus. Neste caso, os panteístas evolucionistas não deixam de ter certa razão, pois os Logos universais evoluem junto com os universos que eles criam. Só que os Logos universais não são o próprio Deus, apenas grandes espíritos de cujo grupo faremos parte algum dia.

Deus, portanto, não seria o criador de tudo e nem dos universos, mas apenas o grande doador da vida. Ele, através de sua infinita energia, doaria aos Logos universais a matéria-prima (sua própria essência – o estado de singularidade) assim como os seres a serem desenvolvidos (proto-espíritos?). Através de um rebaixamento vibracional, os Logos universais receberiam diretamente de Deus (ou não?) a imensa energia divina, diminuiriam a vibração suprema e a difundiriam para as galáxias, que seriam captadas pelos Logos galácticos. E assim, de rebaixamento em rebaixamento, esta energia chegaria aos Logos solares e planetários, nos alcançando, assim como a todos os seres vivos.

O que defendemos, portanto, é o panpsiquismo, e a co-criação em escala universal. Deus seria o criador dos espíritos e o grande coordenador e legislador (tanto das leis materiais como espirituais) dos múltiplos universos.

Há, contudo, uma ressalva. Quando eu menciono que Deus fornece diretamente aos Logos universais a sua energia é apenas uma suposição, pois podemos inferir que, na realidade, Deus esteja ainda mais acima dos Logos universais e, como tal, o rebaixamento vibracional se daria através de um conjunto de outros espíritos, estes sim já totalmente dissociados da matéria. É uma probabilidade bastante instigante e provável.

6.12 – Outras características de Deus

Deus tem várias outras características, algumas das quais nem sequer suspeitamos, pelo fato de sermos finitos, enquanto Ele é infinito. No entanto, um dos atributos divinos é ser intemporal e inespacial. Esses dois atributos são de difícil compreensão, já que, pelo fato de sermos temporais e espaciais, temos dificuldade de nos apercebermos dessa forma de ser.

A intemporalidade de Deus é um corolário do fato de ser incriado, mas eu gosto de inverter esta afirmação, dizendo que Deus é intemporal – fora da seqüência do tempo – e por causa disto Ele é incriado. Sendo intemporal, a sua criação também o é. Portanto, a criação dos infinitos universos em ioiô nunca teve início e nunca terá fim, mesmo que cada universo, em particular, tenha um começo e um término.

Uma conseqüência da intemporalidade divina é o fato de Ele ser onisciente, ou seja, sabe de tudo. Ele o é, não só por causa de sua infinita sabedoria e inteligência ilimitadas, mas também porque toda a série de fenômenos que dependem do espaço-tempo acontece dentro de si como num único átimo. Logo, nada lhe escapa à percepção, já que passado, presente e futuro, para Ele, apenas é. Ele tem, no entanto, consciência da temporalidade das coisas, o que lhe permite estabelecer as leis materiais de um modo seguro, sem necessidade de abrir exceções e conceder favores extemporâneos.

Deus é, também, onipresente. Isto se deve a dois fatos: à sua imensidade, que açambarca tudo e todos, assim como o fato de não ser espacial. Esta característica é aparentemente complicada, mas basta que se defina que espaço é uma característica da própria matéria. Não sendo Deus material na acepção do termo, ele é inespacial. Portanto, a figura geométrica mais próxima da essência divina seria o ponto. Deus seria um ponto, cujo campo de energia, de atuação, de força, ou outra palavra e conceito correspondente, se estende até o infinito. Como ponto, Ele é inespacial, intemporal e simples, não constituído de partes. Nós, portanto, espíritos criados por Deus, também somos pontos, onde se agregam várias formas de energia, desde a mais densa até as mais sutis, formando um conjunto energético integrado.

Pela expansão de seu pensamento, de seu campo energético, Deus é imenso, infinito, ilimitado, perfeito e onipresente. À medida que transformamos nosso potencial em ato, também vamos expandindo nosso campo energético para os limites do infinito, portanto, aproximando-o, cada vez mais, da essência divina, tornando-nos deuses.

6.13 – Nota final do autor

O capítulo "Teodicéia" é de suma importância para o entendimento da existência humana. Quanto mais conhecermos Deus e quanto mais entendermos o processo de co-criação e de evolução, mais entenderemos os processos históricos, evolucionistas e planetários. Melhor poderemos entender o que nos aguarda no futuro, pois tudo indica que se trata de um futuro brilhante. Se analisarmos bem, estamos sendo preparados para nos tornarmos deuses, verdadeiros Logos universais, criadores de universos semelhantes ao que vivemos hoje. O nosso fim último, todavia, é nos amalgamarmos com Deus e usufruir a imensa felicidade, que é a maior característica do nosso amantíssimo Pai. Cabe a cada um de nós nos prepararmos para tal fato. Até a próxima!

Bibliografia

O alcorão. Assoc. Cult. Inter. Gibran, RJ, 1998.

ANNEQUIN, GUY. *A civilização dos maias*. Ferni, RJ, 1978.

ARMOND, EDGARD. *Os exilados da Capela*. Aliança, SP, 1987.

ASIMOV, ISAAC. *Cronologia das ciências e das descobertas*. Civ. Bras., RJ, 1993.

AUDI, EDSON. *Vida e obra de Allan Kardec*. Lachâtre, Niterói, 1999.

AZIZ, PHILIPPE. *Angkor e as civilizações birmanesa e Tai*. Ferni, RJ, 1978.

_____. *A civilização hispano-moura*. Ferni, RJ, 1978.

_____. *A palestina dos cruzados*. Ferni, RJ, 1978.

_____. *Atlântida, civilização desaparecida*. Ferni, RJ, 1978.

_____. *Os impérios negros da idade média*. Ferni, RJ, 1978.

BACCELLI, CARLOS. *Mediunidade e evangelho*. Inst. de Dif. Espírita, SP, 1995.

BELLECHASSE, A. *Herculano e Pompéia*. Ferni, RJ, 1978.

BESSE-CAVEING, G-M. *Princípios fundamentais de filosofia*. Hemus, SP, 1970.

Bíblia sagrada. Ave Maria, SP, 1993.

BLAVATSKY, H.P. *A doutrina secreta – cosmogênese*. Pensamento, SP, 1995.

_____. *A doutrina secreta – antropogênese*. Pensamento, SP, 1995.

_____. *Simbolismo arcaico universal*. Pensamento, SP, 1995.

_____. *O simbolismo arcaico das religiões...* Pensamento, SP, 1995.

_____. *Ciência, religião e filosofia*. Pensamento, SP, 1995.

_____. *Objeto dos mistérios e prática...* Pensamento, SP, 1995.

BLOCH, RAYMOND. *As conquistas da arqueologia*. Ferni, RJ, 1979.

BRAGHINE, A. *Nossa herança da Atlântida*. Cátedra, RJ, 1971.

BRION, MARCEL. *A ressurreição das cidades mortas 1*. Ferni, RJ, 1979.

214 A Saga dos Capelinos

_____. *A ressurreição das cidades mortas 2*. Ferni, RJ, 1979.

_____. *A ressurreição das cidades mortas 3*. Ferni, RJ, 1979.

BRISSAUD, J. M. *O Egito antigo dos faraós*. Ferni, RJ, 1978.

_____. *A civilização núbia até a conquista árabe*. Ferni, RJ, 1978.

_____. *As civilizações pré-históricas*. Ferni, RJ, 1978.

BUDA. *A doutrina de Buda*. Bukkyo Dendo Kyokai, Tokyo, 1982.

CAPRA, FRITJOF. *O Tao da física*. Cultrix, SP, 1975.

CASTELLAN, Y. *O espiritismo*. Difusão Européia do Livro, SP, 1961.

CLARK, T. RUNDLE. *Símbolos e mitos do antigo Egito*. Hemus, S.P.

CONRAD, PHILIPPE. *Os hititas e as antigas civilizações anatolianas*. Ferni, RJ, 1979.

_____. *As civilizações das estepes*. Ferni, RJ, 1978.

CONTENAU, G. A. *Civilização de assur e babilônia*. Ferni, RJ, 1979.

COURTLLIER, G. *As antigas civilizações da Índia*. Ferni, RJ, 1978.

CROSSAN, J. DOMINIC. *Jesus – uma biografia revolucionária*. Imago, RJ, 1995.

CROUZET, MAURICE. *História geral das civilizações*. Bertrand Brasil, RJ, 1993.

DENIS, LÉON. *O gênio céltico e o mundo invisível*. Celd, RJ, 1995.

DOWLING, LEVI H. *Evangelho de Jesus, o Cristo, P...* Objetiva, RJ, 1993.

DUQUESNE, J. *Jesus – a verdadeira história*. Geração Editorial, SP, 1995.

DURANT, WILL. *Nossa herança oriental*. Record, RJ, 1963.

_____. *César e Cristo*. Record, RJ, 1971.

ELLIOT, W. SCOTT. *Atlântida e Lemúria*. Pensamento, SP, 1997.

ENOCH. *O livro de Enoch*. Hemus, SP, 1982.

ESPINOSA, B. DE. *Pensamentos metafísicos*. Nova Cultural, SP, 1991.

EYDOUX, HENRY P. *A ressurreição da Gália*. Ferni, RJ, 1979.

_____. *Realidades e enigmas da arqueologia*. Ferni, SP, 1977.

FIELDING, CHARLES. *A cabala prática*. Pensamento, SP, 1989.

FINI, MASSIMO. *Nero - O imperador maldito*. Scritta Editorial, SP, 1993.

FRÉDÉRIC, LOUIS. *A arqueologia e os enigmas da Bíblia*. Ferni, RJ, 1978.

GINSBURG, C. D. *Os essênios*. Pensamento, SP, 1997.

GOLEMAN, DANIEL *Inteligência emocional*. Objetiva, RJ, 1995.

GRIBBRIN, JOHN. *Génesis*. Publicações Europa-América, Portugal, 1981.

HAMDANI, AMAR. *Suméria, a primeira grande civilização*. Ferni, RJ, 1978.

HAWKING, STEPHEN. *Uma breve história do tempo*. Rocco, RJ, 1991.

HERM, GERHARD. *As civilizações dos fenícios*. Ferni, RJ, 1979.

IMBASSAHY, CARLOS. *Freud e as manifestações da alma*. Eco, RJ, 1976.

JANSEN, EVA RUDY. *O livro das imagens hinduístas*. Binkey Kok Publ., SP, 1995.

The Making of A Saga dos Capelinos

KARDEC, ALLAN. *O evangelho segundo o espiritismo*. Edicel, SP, 1985.

_____. *O livro dos espíritos*. FEB, RJ, 1944.

_____. *O livro dos médiuns*. FEB, RJ, 1944.

KERSKEN, HOLGER. *Jesus viveu na Índia*. Best Seller, SP, 1986.

LAUNAY, OLIVIER. *A civilização dos celtas*. Ferni, RJ, 1978.

LOIBL, ELISABETH. *Egito – ontem e sempre*. Melhoramentos, SP, 1994.

LOPES, F. LEME. *Introdução à filosofia*. Agir, RJ, 1968.

LORENZ, F.V. *Cabala*. Pensamento, SP, 1997.

LOUTH, PATRICK. *A civilização dos germanos e dos vikings*. Ferni, RJ, 1979.

LUNA, ROSSO DE. *O livro que mata a morte*. Três, RJ, 1973.

MAQUIAVEL. *O príncipe*. Civilização Brasileira, RJ, 1981.

MARCILLY, JEAN. *A civilização dos astecas*. Ferni, RJ, 1978.

MEIER, JOHN P. *Um judeu marginal*. Imago, RJ, 1993.

_____. *Um judeu marginal*. Vol. 2. L. 1. Imago, RJ, 1994.

_____. *Um judeu marginal*. Vol. 2. L. 2. Imago, RJ, 1994.

_____. *Um judeu marginal*. Vol. 2. L. 3. Imago, RJ, 1994.

METRAUX, ALFRED. *A ilha de Páscoa*. Ferni, RJ, 1978.

MIRANDA, H. *O evangelho gnóstico de Tomé*. Lachâtre, Niterói, 1995.

_____. *Alquimia da mente*. Lachâtre, Niterói, 1994.

_____. *Nossos filhos são espíritos*. Lachâtre, Niterói, 1995.

_____. *Autismo – uma leitura espiritual*. Lachâtre, Niterói, 1998.

MOURREAU, J-J. *A Pérsia dos grandes reis e de Zoroastro*. Ferni, RJ, 1978.

MURPHY, JOSEPH. *O poder do subconsciente*. Record, SP, 1963.

NIELSEN NETO, H. *Filosofia básica*. Atual, SP, 1985.

PALHANO JR., L. *Transe e mediunidade*. Lachâtre, Niterói, 1998.

_____. *A verdade de Nostradamus*. Lachâtre, Niterói, 1993.

PAPUS. *A reencarnação*. Pensamento, SP.

PELLISTRANDI, S-M. *O cristianismo primitivo*. Ferni, RJ, 1978.

PEREIRA YVONNE A. *Memórias de um suicida*. FEB, RJ, 1954.

PLATÃO. *Timeu e Crítias ou a Atlântida*. Hemus, SP.

PRABHAVANANDA. *Os upanishads*. Pensamento, SP, 1975.

PROPHET, E.C. *Os anos ocultos de Jesus*. Record, RJ, 1993.

RUSSEL, BERTRAND. *Delineamentos da filosofia*. Civ. Brasileira, RJ, 1969.

SITCHIN, ZECHARIA. *A escada para o céu*. Best Seller, SP, 1980.

TIME-LIFE. *No mundo dos sonhos*. Abril Livros, RJ, 1992.

_____. *Viagens psíquicas*. Abril Livros, RJ, 1992.

_____. *O fenômeno OVNI*. Abril Livros, RJ, 1992.

216 A SAGA DOS CAPELINOS

_____. *Poderes da mente.* Abril Livros, RJ, 1992.

_____. *Lugares místicos.* Abril Livros, RJ, 1992.

_____. *Visões e profecias.* Abril Livros, RJ, 1992.

_____. *A era dos reis divinos.* Abril Livros, RJ, 1991.

_____. *Marés bárbaras.* Abril Livros, RJ, 1991.

_____. *A elevação do espírito.* Abril Livros, RJ, 1991.

_____. *Impérios em ascensão.* Abril Livros, RJ, 1991.

TIMES, THE. *Atlas of world history.* Time Books, London, 1989.

TOURINHO, N. *O poder fantástico da mente.* Eco, RJ, 1963.

UNTERMAN, ALAN. *Dicionário judaico de lendas e tradições.* Zahar, RJ, 1992.

VALLA, J-CLAUDE. *A civilização dos incas.* Ferni, RJ, 1978.

VERCOUTTER, JEAN. *O egito antigo.* Difel, SP, 1986.

VIEIRA, W. & XAVIER, F. C. *Evolução em dois mundos.* FEB, Brasília, 1958.

WEINBERG, STEVEN. *Les trois premières minutes de l'univers.* N.Édit, Paris, 1978.

WOLLHEIM, R. *As idéias de Freud.* Círculo do Livro, SP, 1976.

XAVIER, F.C. *A caminho da luz.* FEB, RJ, 1962.

_____. *Ação e reação.* FEB, RJ, 1956.

_____. *Libertação.* FEB, RJ, 1949.

_____. *Os mensageiros.* FEB, RJ, 1944.

_____. *No mundo maior.* FEB, Brasília, 1947.

_____. *Nosso lar.* FEB, RJ, 1944.

_____. *Obreiros da vida eterna.* FEB, RJ, 1946.

ZOHAR, DANAH. *O ser quântico.* Best Seller, SP, 1990.

Esta edição foi impressa em novembro de 2016 pela Art Printer, São Paulo, SP, para o Instituto Lachâtre, sendo tiradas três mil cópias, todas em formato fechado 155x225mm e com mancha de 115x180mm. Os papéis utilizados foram o Off-set 75g/m^2 para o miolo e o Cartão Supremo Triplex 300g/m^2 para a capa. O texto foi composto em Baskerville 10,5/12,85, os títulos foram compostos Baskerville 24/28,8. A revisão textual é de Cristina da Costa Pereira e a programação visual da capa de Andrei Polessi.